教育部人文社会科学研究青年基金项目
“晚明文人的生活美学及其当代再生产研究”（批准号：16YJC751023）资助

晚明文人的生活美学

田军◎著

中国社会科学出版社

图书在版编目（CIP）数据

晚明文人的生活美学 / 田军著. -- 北京 : 中国社会科学出版社, 2024. 9. -- ISBN 978-7-5227-3760-7

Ⅰ. D691. 71

中国国家版本馆 CIP 数据核字第 20241TL330 号

出 版 人　赵剑英
责任编辑　郭晓鸿
特约编辑　杜若佳
责任校对　师敏革
责任印制　戴　宽

出　　版　中国社会科学出版社
社　　址　北京鼓楼西大街甲 158 号
邮　　编　100720
网　　址　http://www.csspw.cn
发 行 部　010-84083685
门 市 部　010-84029450
经　　销　新华书店及其他书店

印　　刷　北京明恒达印务有限公司
装　　订　廊坊市广阳区广增装订厂
版　　次　2024 年 9 月第 1 版
印　　次　2024 年 9 月第 1 次印刷

开　　本　710×1000　1/16
印　　张　20. 25
插　　页　2
字　　数　283 千字
定　　价　109. 00 元

目　录

序 …………………………………………………………………… （1）

绪论 …………………………………………………………………… （1）

第一章　晚明文人生活美学的生成背景 ………………………… （30）
　第一节　晚明江南地域环境的影响 ……………………………… （30）
　第二节　晚明文人思想与心态的变革 …………………………… （37）
　第三节　晚明文人家族传统的熏陶 ……………………………… （47）
　第四节　晚明文人日常生活审美书写风尚的盛行 ……………… （52）

第二章　晚明文人的日常生活审美实践 ………………………… （58）
　第一节　生活情境的审美创构 …………………………………… （58）
　第二节　生活之物的审美观照 …………………………………… （90）
　第三节　生活细节的审美经营 …………………………………… （117）

第三章　晚明文人生活美学的功能指向 ………………………… （143）
　第一节　指向自我 ………………………………………………… （143）
　第二节　指向社会 ………………………………………………… （159）

第三节　功能指向的复杂性 …………………………………（172）

第四章　晚明文人生活美学的内涵特质 ……………………（182）
第一节　日常中的超日常 …………………………………（182）
第二节　物质与精神相协调 ………………………………（188）
第三节　以身心修养通达审美境界 ………………………（197）

第五章　晚明文人生活美学的当代理论再生产 ……………（203）
第一节　日常生活中的审美对象 …………………………（203）
第二节　日常生活中的审美经验 …………………………（216）
第三节　生活与艺术关系的再思考 ………………………（229）
第四节　生活美学与其他美学的关系 ……………………（237）

第六章　晚明文人生活美学的当代实践再生产 ……………（250）
第一节　晚明文人的生活美学与当代“日常生活审美化” ……（250）
第二节　晚明文人的生活美学与当代文化创意产业 ………（264）
第三节　晚明文人的生活美学与当代生活美育 …………（272）

余论　生活美学研究的未来走向 …………………………（282）
参考文献 ……………………………………………………（289）
索引 …………………………………………………………（309）
后记 …………………………………………………………（313）

序

朱志荣

田军2008年进入华东师范大学中文系，通过硕博连读，于2014年取得博士学位。他的《晚明文人的生活美学》一书即将由中国社会科学出版社出版。他嘱我写一篇序，我理当应允。在通读了书稿后，我写下了以下的感受，与本书的读者和田军本人交流。

21世纪以来生活美学研究在中国的兴起，受到了欧美美学家的启发和影响，但是回顾中国几千年丰富的美学思想资源，涉及生活美学的思想独具特色，值得我们深入地进行研究。我20多年前从写作《商代审美意识研究》（人民出版社2002年版）开始，就关注三千多年来中国人日常生活中的审美意识研究，它们无疑是中国古代生活美学思想的重要内容。

我认为日常生活中的审美现象是审美活动的基本面，生活美学是美学在生活中的具体表现形态，是美学基本形态的呈现。日常生活中的审美现象和审美潮流，显示了感官快适与心灵情趣的统一，既是我们美学思想的源头活水，又是美学原理的具体呈现，使美学理论落到实处，真正地接地气。

晚明文人的生活美学思想尤其独特，是中国古代生活美学研究中绕不开的重要话题，其中蕴含着非凡的智慧和深刻的思想。晚明文人在日常生活中实践自己的审美趣味，特别关注日常生活中的审美现象，自觉地对日常生活中的审美现象进行反思，丰富了中国古代的美学思想。他们从基本的衣、食、住、行和文人赏、游等雅趣中探讨审美趣味，出现了一批从未有过的日常生活美学思想方面的著述。

田军重视生活美学思想的理论价值，对晚明文人生活美学思想生成的地域环境和人文环境作了充分的阐释，分析了高濂的《遵生八笺》、屠隆的《考槃余事》、文震亨的《长物志》、计成的《园冶》、张谦德的《瓶花谱》、袁宏道的《瓶史》、许次纾的《茶疏》、黄龙德的《茶说》、董其昌的《骨董十三说》等著作中的生活美学思想，阐发了晚明特定社会背景下的文人雅趣，并结合晚明文人的清言、小品和游记等具体生活中审美趣味的记录，包括对文人的言行的记载等，使两者相互印证，相辅相成，总结了晚明文人生活美学思想的基本特征。

本书重点研究了晚明文人生活美学思想中的具体细节问题。例如"如画的生活情境"，晚明文人将各类物件按照在已有图画中的形貌来制作，生活中的器物布局等也依图画展现，人仿佛是生活在画境中的点景人物，行在山水之间，游观生活。这种将中国画的视觉表现融入日常生活的实际情形，影响和引导了江南地区审美趣味的发展，也是晚明所特有的。再如书中对晚明文人感物、品物、赏物、玩物、用物和置物的细致分析，乃至对插花、饮茶等生活中审美情趣的详尽分析，从理论层面加以总结，揭示其中基于日常又超越日常，以及物质与精神相协调的特点，阐释了晚明文人所强调的"宜"的特点，并且涉及雅俗关系和时尚等重要的生活美学问题，由此丰富和深化了我们对于晚明文人生活美学思想的理解和认识。

田军在论述晚明文人生活美学思想的时候，用他们与西方学者杜威、托马斯·莱迪、斋藤百合子、阿托·哈帕拉等人相关的生活美学理论进行比较，从这些西方理论家"说开去"，对他们的理论观点进行补充和延展。其中对晚明文人生活美学的探讨，立足对晚明文人文献的扎实研读和细致辨析，尝试着将中华生活美学与西方生活美学进行对话，推动中西美学资源的互补。通过中西参证，田军揭示了晚明文人日常生活审美的本来面目。

本书重视生活美学作为一种美学形态的学理意识，深入阐发晚明文人的生活美学思想，重视提炼概括和综合分析，具有理论的建构意识。其中通过史实考证、文本分析、理论阐述与现实指向相结合，从生活实践到理论反思，视角多元，层次分明，具有较强的问题意识和逻辑思维能力。

在本书最后，田军重点讨论了晚明文人的生活美学思想对当代日常生活审美实践和美育的借鉴价值和意义，注重传统与当下的对话性、衔接性和延续性，具有重要的学术价值和现实意义，从总体上揭示出晚明文人的日常生活审美实践具有特色——生活情境的审美创构、生活之物的审美观照与生活细节的审美经营，拓展了生活美学研究的面向，彰显了中华民族的美学智慧，值得学界同行研读参考。

当然，本书对于晚明文人日常生活审美情趣的利弊得失，尚可作出更为客观的评价，为我们当代人审美化的生存既提供经验又提供教训。我期待田军今后在学理上进一步严格界定生活美学范畴，聚焦核心问题，进行深入研究，在生活美学的研究领域达到前所未有的境界。

绪　论

一　21世纪以来生活美学研究的兴起与现状

（一）21世纪以来生活美学研究在中国的兴起与现状

在中国学界，生活美学研究的兴起主要表现在以下三个方面。一是多次召开有关生活美学的学术会议。2010年8月，以“美学的多样性”为主题的第18届世界美学大会在北京召开。会上“开设了‘传统与当代：生活美学复兴’与‘日常生活美学’的两个专题会场”[①]，生活美学得到了热议。[②] 2012年9月，由东北师范大学文学院主办的“新世纪生活美学转向：东方与西方对话”国际研讨会在吉林长春召开，学者们从各自的学术立场和视角出发为生活美学贡献了诸多富有建设性和启发性的话语资源。[③] 2017年10月，复旦大学中文系举办了“生活美学”学术研讨会，与会学者在生活美学的相关论题上既有观

① 刘悦笛：《从“实践美学”到“生活美学”——当代中国美学本体论的转向》，《哲学动态》2013年第1期。

② 关于这次会议上对生活美学的讨论，参见李修建《“美学的多样性”：第18届世界美学大会综述》，《世界哲学》2010年第6期；孙焘《“美学的多样性”与新时代的中国美学——第18届世界美学大会综述》，《美育学刊》2010年创刊号；孙焘《中国美学向世界打开了大门》，《中华读书报》2010年8月18日第8版。

③ 关于这次会议的综述，参见王确《生活美学的多元对话——“新世纪生活美学转向：东方与西方对话”国际研讨会综述》，《东北师大学报》（哲学社会科学版）2012年第6期；赵强《“新世纪生活美学转向：东方与西方对话”国际研讨会综述》，《美育学刊》2013年第1期。

点的共识，也有观点的交锋，从而加深了对生活美学的理解，推进了对生活美学的研究。[①] 2018 年 12 月，由复旦大学中文系和商务印书馆上海分馆主办的“生活美学思想源流学术研讨会暨《情感与行动》译书发布会”召开。这次会议引发了学界对生活美学与实用主义关系的关注和思考。[②] 2020 年 10 月，由复旦大学生活美学研究中心主办的“生活美学与身体行动”高峰论坛召开，这次会议在生活美学与身体美学之间架设了研讨的桥梁。[③] 2021 年 11 月，上海师范大学人文学院举办了“中国美学的生活面向”学术工作坊，与会学者主要就与中国古代生活美学有关的议题进行了学术发言与交流。二是学术期刊组织了有关生活美学的专题讨论。《文艺争鸣》杂志在 2010 年推出了“新世纪中国文艺学美学范式的生活论转向”专栏，分多期讨论了“外国文艺学美学的生活论转向”“中国文艺学美学的生活论转向”“文化研究与生活论转向”“生态理论视野与生活论转向”等专题。[④]《陕西师范大学学报》（哲学社会科学版）于 2020 年第 4 期推出了“生活美学研究”专题，刊发的 4 篇论文虽涉及生活美学的不同论题，但又都表达出了共同的关切，即如何更好地推动生活美学在当代中国的建构。[⑤] 此外，《艺术评论》于 2022 年第 10 期策划的“中华风物与生活美学”专题则侧

---

① 关于这次会议的综述，参见任继泽、叶晓琳《让审美面向更广阔的生活——“生活美学”学术研讨会综述》，《上海文化》2017 年第 12 期；任继泽、叶晓琳《“生活美学”研讨会纪要》，探索与争鸣杂志微信公众号 2017 年 10 月 19 日。

② 关于这次会议的综述，参见张文彩《生活美学思想源流学术研讨会暨〈情感与行动〉译书发布会综述》，探索与争鸣杂志微信公众号 2018 年 12 月 25 日。

③ 关于这次会议的综述，参见吴诗琪《“生活美学与身体行动高峰论坛”综述》，《上海文化》2021 年第 2 期；张聪、周燕妮《贡献理论智慧　探索美好生活》，《中国社会科学报》2021 年 2 月 5 日第 2 版。

④ 关于这次讨论的综述，参见张未民《回家的路　生活的心——新世纪中国文艺学美学的“生活论转向”》，《文艺争鸣》2010 年第 21 期；陈思勤《中国“生活美学”研究的新兴——2010 年“生活论转向”研究综述》，《文艺争鸣》2011 年第 5 期。

⑤ 这 4 篇论文分别是：张玉能、张弓的《新实践美学的生活美学建构》，潘立勇、刘强强的《从现代人生论美学到当代生活美学——生活美学的历史脉络与现代渊源》，张震的《诠释学美学的生活美学意蕴》，刘悦笛的《美作为“幸福的允诺”——论亚历山大·内哈马斯的生活美学》，载《陕西师范大学学报》（哲学社会科学版）2020 年第 4 期。

重在物质文化研究的视域下探讨中式生活美学。三是高校内成立了专门的生活美学研究机构。复旦大学成立了生活美学研究中心，辽宁大学成立了生活美学研究院。从上述生活美学学术会议的召开、学术期刊有关生活美学专题讨论的组织和生活美学研究机构在高校的成立中不难看出，生活美学研究已在中国学界兴起，并呈现出蓬勃发展的态势。

中国学界的生活美学研究主要包括以下三大方面。

第一，生活美学本土资源的挖掘。

一是注重挖掘儒、道、禅各家美学中的生活美学资源。这方面的研究以刘悦笛为代表。首先，他从郭店楚简获得启示，认为“儒家美学可以被看作一种以‘情’为本的‘生活美学’，儒家美学的基石就在于生活践履之‘礼’与生活常情之‘情’及其两者的合一”①，他还探讨了“孔子闲居”“吾与点也”“孔颜乐处”等儒家审美化的生活方式。其次，在刘悦笛看来，道家之“‘道’本身就是‘生活之路’”，“‘道’并不是虚幻地高蹈于‘另一个世界’，而始终实实在在地践行于当下的‘生活世界’之中”②，因此与儒家互补的道家也具有生活美学的面向。再次，刘悦笛指出，“真正的禅宗，就是一种生活化的艺术”，“禅宗就是一种审美化的生活”③，这就揭示了禅宗的生活美学维度。不难看出，这里刘悦笛既是在生活美学的视域下重新阐释和定位了儒、道、禅三家美学，又是将三者共同视为本土生活美学的文化渊源与思想根基。

二是重点关注魏晋和明清时期的生活美学资源。魏晋生活美学研究的代表是李修建的《风尚——魏晋名士的生活美学》。这是第一本中国古代生活美学的断代史研究专著。该书从“人物品藻：魏晋名士

① 刘悦笛：《儒家生活美学当中的“情”：郭店楚简的启示》，《人文杂志》2009 年第 4 期。
② 刘悦笛：《儒道生活美学——中国古典美学的原色与底色》，《文艺争鸣》2010 年第 13 期。
③ 刘悦笛、赵强：《无边风月：中国古典生活美学》，四川人民出版社 2015 年版，第 119 页。

的形神之美”“奇装异服：魏晋名士的服饰风尚”“清谈析理：魏晋名士的语言游戏”“饮酒服药：魏晋名士的诗意人生”“东篱采菊：魏晋名士的雅趣爱好”等方面全方位展现了魏晋名士的生活美学图景。[①]明清时期的生活美学得到了学者们的格外关注。曾婷婷的《晚明文人日常生活美学观念研究》围绕“欲”“闲”“癖”“奇”“生”等相互关联的核心范畴剖析了晚明文人的日常生活美学观念，并将“生”作为其精神旨归。[②] 赵洪涛的《明末清初江南士人日常生活美学》主要论析了明末清初的江南士人在“居室”“颐养”“饮食”“游山水”“逛青楼”“游园林”“读书赏画”“品花鉴草”等中的审美活动，并探讨了江南士人的日常生活审美胸怀和审美情感以及江南士人日常生活美学的本体和悖论。[③] 此外，赵强紧扣“物”，以“‘物’的崛起”[④]凸显了晚明生活美学的独特样貌。毛文芳则以“闲赏”为晚明生活美学进行了定性。[⑤] 清代生活美学的研究主要围绕李渔的《闲情偶寄》展开。研究者们不仅细致分析了李渔生活美学的主要内容，即《闲情偶寄》中的仪容审美、家居审美、器物审美、园林审美和饮食审美等，还注重归纳其要义与特点。在曾婷婷看来，“贵新、活变、独创是始终贯穿于李渔生活美学的精神主旨”[⑥]；贺志朴指出，“行乐”作为“李渔生活美学的最高原则”是“在感性享乐中融合了理性的因素，使之没有堕落成道德层面上的低俗淫亵，而是升华为审美层面的高尚和品位”[⑦]；陈莉则以“明清时期城市生活中的乡村情结”为论述视角，认为“《闲情偶寄》集中表达了居住在狭小城市生活空间中的

---

① 参见李修建《风尚——魏晋名士的生活美学》，人民出版社 2010 年版。

② 参见曾婷婷《晚明文人日常生活美学观念研究》，暨南大学出版社 2017 年版。

③ 参见赵洪涛《明末清初江南士人日常生活美学》，四川大学出版社 2018 年版。

④ 赵强：《“物”的崛起：前现代晚期中国审美风尚的变迁》，商务印书馆 2016 年版，第 18 页。

⑤ 参见毛文芳《晚明闲赏美学》，台北：台湾学生书局 2000 年版。

⑥ 曾婷婷：《试析李渔生活美学的精神主旨——以〈闲情偶寄〉为线索》，《名作欣赏》2009 年第 1 期。

⑦ 贺志朴：《李渔的生活美学思想》，《河北大学学报》（哲学社会科学版）2013 年第 5 期。

文化人营造诗意生活氛围的努力"①，这就对李渔的生活美学进行了颇具新意的阐释。

三是将中国现代生活美学资源纳入研究视野。这方面的研究以人物个案为主，主要涉及林语堂、宗白华、周作人、丰子恺和张竞生等人。丛坤赤认为，生活美学就是林语堂的人生哲学，即"坚持用审美的眼光去看待社会、人生、生命本体等生活的方方面面，力求快乐、自由、有尊严地——诗意地栖居在这片大地上"②，这种生活美学也为林语堂提供了文化融合的基点、标准和方法。她深入探讨了林语堂生活美学的具体内涵、性质特点、形成原因和独特意义，试图从生活美学的视角更准确地解读林语堂的美学观念及文化立场。赵全会认为，"宗白华讲的'艺术人生化'或者'人生艺术化'，从根本上说是为了让人们更好的生活，从这个意义上说宗白华美学可以说是一种生活美学"③。刘丽霞认为，周作人在散文创作中"以日常生活为审美对象，将身边的琐事纳入自己的审美关注"④，展现出了以"苦""淡""趣"为美的日常生活审美追求。许玲论析了丰子恺真善美相统一的生活美学观。⑤ 刘淑锋认为张竞生生活美学的实质在于"力图从个体的衣食住行到社会的组织管理，建立一套完整的美的生活系统，从而实现物质美和精神美的有机统一"⑥。从上述研究中我们不难发现，在中国生活美学中，传统与现代不是割裂和对立的。中国现代生活美学是当时的知识分子在特定历史境遇中对自我人生理想和生命情怀的一种建构，它承继和延续了古代文人追求审美化生存的人生旨趣。同时，中国现

---

① 陈莉：《明清时期城市生活中的乡村审美情怀——以李渔〈闲情偶寄〉为中心的探析》，《文艺评论》2015 年第 8 期。

② 丛坤赤：《林语堂的生活美学》，山东大学出版社 2016 年版，第 9 页。

③ 赵全会：《宗白华生活美学思想初探》，硕士学位论文，山东大学，2007 年，第 1 页。

④ 刘丽霞：《周作人散文中的日常生活美学研究》，硕士学位论文，南京师范大学，2011 年，第 6 页。

⑤ 参见许玲《丰子恺生活美学思想研究》，硕士学位论文，扬州大学，2013 年。

⑥ 刘淑锋：《张竞生生活美学思想初探》，硕士学位论文，首都师范大学，2008 年，第 1 页。

代生活美学又自觉担负起以审美来变革人心，进而变革社会的重要责任，由此推动了本土生活美学由传统向现代的转变。

第二，生活美学西方理论的阐发。

一是注重关注当今西方生活美学理论的发展动向。刘悦笛撰文对 2005 年以来西方学界陆续出版的一批与生活美学相关的著作进行了以点带面式的内容简介，描绘了当前西方生活美学理论的基本概貌，并指出西方生活美学的研究方法论“可以区分为‘认知方法’与‘非认知方法’两类”，而相比认知方法，非认知方法“形成压倒性的趋势”。[①] 除了关注英语国家的生活美学理论外，刘悦笛还将目光投向德语国家的生活美学理论，他着重论析了以吉尔诺特·伯梅“中庸”的“气氛美学”、沃尔夫冈·韦尔施“激进”的“超逾美学”和马丁·塞尔“保守”的“显现美学”为代表的三种可谓“和而不同”的德意志“生活美学”取向。[②] 刘悦笛对德国生活美学理论的开掘有助于促使我们不断拓宽研究视野，主动关注英、美以外的其他国家的生活美学理论，从而一方面进一步体认生活美学之于当下美学新构的重要性和必要性，另一方面也推动生活美学在全球化背景下的多元化建构。

二是注重把握西方生活美学理论对于美学变革与重构的重要意义。张法基于对韦尔施、费瑟斯通、鲍德里亚、舒斯特曼和曼德卡五位学者相关言说的梳理和归纳，认为生活美学批判和突破了以艺术为中心的传统美学以及由此而来的“审美/艺术的距离说和孤立说”“审美/艺术的非欲望论和超功利论”“审美/艺术的自由论，想象论，本质论”和“审美的只有形式论、自律论、目的论”。在他看来，生活美学标志着“新的以日常生活为基础的美学范式开始浮出水面”，其特

---

① 刘悦笛：《今日西方“生活美学”的最新思潮——兼论中国美学如何融入全球对话》，《文艺争鸣》2013 年第 3 期。

② 刘悦笛：《气氛美学、超逾美学与显现美学——当今德国的“生活美学”取向》，《山东社会科学》2015 年第 10 期。

征在于艺术与生活的相互交汇、形式欣赏与功利欲望内容的紧密结合以及日常现实的仿像化。[①] 同时，张法还将西方生活美学置于西方美学的整体发展历程中进行考察，指出西方生活美学体现了西方美学思维范式和美学类型由区分型向关联型转变。他认为生活美学与生态型美学和身体美学一起，成为20世纪末以来西方关联型美学的代表，它们共同否定了长期占据主导地位的区分型美学。[②] 可以说，正是这种由区分型向关联型的转变才是西方生活美学生成的更为根本的动力，也是其对于美学变革与重构更为深层的意义所在，即由以往审美与生活的区分疏离转向二者的关联互渗，从而促进美学回归和走进生活。

三是注重寻求中西方生活美学理论之间的相近相通。这方面的研究虽还处于探索阶段，尚未充分展开，但无疑是一个值得倡导的研究方向。刘悦笛和张未民在此做了开创性的工作。刘悦笛认为，儒家的生活美学与杜威"是可以相互沟通与融合的"，其理由在于儒家的生活美学与杜威的关于"经验"的主客合一体论、"一个经验"的完满观念和"审美经验"之情感性的思想是非常接近的。[③] 张未民则立足中国传统美学中"感兴的情物互动双启作为一个完整的审美经验过程"，提出"是否可以从杜威的'一个经验'而回溯中国传统，说出'一个感兴'这样的中国生活言说"[④] 的构想。可以说，将中西方生活美学理论相互关联、求同存异既有新意，也颇具难度，它有助于形成生活美学研究新的生长点。

第三，生活美学实际应用的探讨。

一是将生活美学应用于衣、食、住、行、用等日常生活的各个领域。这是生活美学最直接和最突出的应用。成远镜、朱晶的《生活美学》[⑤] 选

---

① 张法：《西方日常生活型美学：产生、要点、争论》，《江苏社会科学》2012 年第 2 期。

② 张法：《从世界美学的两大类型看美学的当下演进》，《学术月刊》2015 年第 4 期。

③ 刘悦笛：《杜威的"哥白尼革命"与中国美学鼎新》，《文艺争鸣》2010 年第 9 期。

④ 张未民：《回家的路 生活的心——新世纪中国文艺学美学的"生活论转向"》，《文艺争鸣》2010 年第 21 期。

⑤ 参见成远镜、朱晶编著《生活美学》，湖南大学出版社 2007 年版。

取了人体、服装、饮食、建筑、旅游和环境等生活领域，探讨了审美的原则、规律和方法在其中的具体应用，有助于为人们的生活增添审美的向度，提高人们的生活品质。张轶的《生活美学十五讲》[①] 不仅论及如何在服饰、饮食、建筑和交通等物质生活领域中发现美、欣赏美和创造美，而且还将生活美学延伸和扩展至信念、情感、幸福、礼仪、快乐等精神生活领域，体现出生活美学对于人们物质生活和精神生活的全面影响。朱志荣的《日常生活中的美学》[②] 关注气质、服饰、人生境界和家居装饰等日常生活中的审美问题，力求将美学学理与生活实际有效结合。

二是将生活美学应用于文化创意产业领域。李芳芳对台湾诚品书店展开个案研究，认为其成功之道在于"人文生活美学"。[③] 王玲聚焦于台湾文化创意产业中特有的创意生活产业，探讨了生活美学在其中发挥的作用。[④] 同时，文化创意产业中的设计产业也受到关注。曾辉倡导将东方式的慢生活美学融入现代设计中，从而"推动东方传统生活方式的现代转型"。[⑤] 王海亚、孙高波则强调基于生活美学的工业设计能够为我们创造出更加美好的生活。[⑥] 此外，近年来的研究还涉及将生活美学应用于城市形象的影像再造与传播、民宿经营、文旅项目建设、产品包装设计、服装品牌设计和首饰设计等方面，展现出生活美学在文化创意产业中所具有的巨大的开发潜能，也预示了今后生活美学与文化创意产业的结合将更加密切。

三是将生活美学应用于审美教育领域。陶莉认为，"美育向生活

---

① 参见张轶《生活美学十五讲》，北京师范大学出版社 2011 年版。

② 参见朱志荣《日常生活中的美学》，上海人民出版社 2012 年版。

③ 参见李芳芳《文化创意产业中的人文生活美学——诚品书店个案研究》，硕士学位论文，苏州大学，2013 年。

④ 参见王玲《台湾创意生活产业研究》，硕士学位论文，山东大学，2014 年。

⑤ 曾辉：《东方设计与慢生活美学》，《新美术》2015 年第 4 期。

⑥ 王海亚、孙高波：《基于生活美学的工业设计应用探讨》，《艺术与设计》（理论）2007 年第 11 期。

世界的回归，彰显了当代审美的本质，拓展了美育教育的领域，改变了美育活动的方式"①。刘悦笛指出生活美育的特征在于它是"文化教育""自我教育""终身教育"；生活美育的目标在于塑成"生活艺术家们"，"而人人都是艺术家则是其终极社会理想"②。在学校美育和生活美育的关系上，刘悦笛认为二者"要形成一种良性的互动，形成一种良性的循环"，由此"中国美育就会形成一种非常整全的美育"即"大美育"③。刘悦笛还提出从生活美育建成"观赏文明"，进而走向一种审美化的"文明生态"④，这就进一步提升了生活美育的社会地位。

（二）21 世纪以来生活美学研究在西方的兴起与现状

在西方学界，生活美学研究的兴起是对以艺术为中心的西方美学传统范式的挑战与反拨。从 19 世纪开始，西方美学日益聚焦于艺术领域，美学成了艺术哲学，这一取向延续到了 20 世纪。随着 20 世纪下半叶兴起的环境美学对艺术之外的美学研究领域的开拓，越来越多的学者意识到将美学局限于艺术是对美学研究领域的严重窄化，于是他们将目光投向日常生活以进一步拓展美学的研究疆域。同时，生活美学研究在西方学界的兴起也是对西方哲学中日常生活讨论传统的复兴。自胡塞尔提出"生活世界"的概念以来，日常生活领域得到了西方哲学界的关注。许茨、海德格尔、维特根斯坦、列斐伏尔、卢卡契、赫勒等人都对日常生活问题进行了深刻的哲学思考和剖析。生活美学研究的兴起可被视为在美学层面上对该哲学传统的回应与延续。

2005 年以来，西方学界陆续出版了一系列有关生活美学的研究著述，掀起了生活美学研究的热潮。这些研究著述可以分为以下三类。

---

① 陶莉：《"向生活世界的回归"——一种新型美育观的确立》，《长春大学学报》（自然科学版）2016 年第 2 期。

② 刘悦笛：《走向生活美学的"生活美育"观——21 世纪如何建设中国的新美育》，《美育学刊》2012 年第 6 期。

③ 刘悦笛：《生活美育：一种"大美育"》，《北方工业大学学报》2017 年第 1 期。

④ 刘悦笛：《从"生活美育"建成"观赏文明"——如何走向审美化的"文明生态"》，《杭州师范大学学报》（社会科学版）2013 年第 4 期。

第一，出版了一批明确以“生活美学”（Aesthetics of Everyday Life/Everyday Aesthetics）[①] 为题的论文集和专著。2005 年，由安德鲁·莱特（Andrew Light）和乔纳森·M. 史密斯（Jonathan M. Smith）合编的论文集《日常生活美学》出版。在此之前尽管也有关于生活美学的理论探讨，但多为零星分散的，而真正在“生活美学”论域下的集中而广泛的探讨始于该论文集的出版，这也标志着生活美学由此作为一个重要的理论问题正式引起了西方学者的普遍关注和重视。该论文集分为“生活美学的理论阐释”“欣赏日常环境”“发掘日常审美”[②] 等三个部分，其收录的 11 篇论文基于各自作者不同的思考角度和见解，展现了生活美学的多重面向，为此后的生活美学研究奠定了基础。值得注意的是，该论文集中虽没有探讨生活美学与环境美学关系的论文，但收录了阿诺德·伯林特（Arnold Berleant）、艾伦·卡尔松（Allen Carlson）和斋藤百合子（Yuriko Saito）三位环境美学研究者的论文且在第二部分专题探讨了对日常环境的欣赏，暗示了生活美学与环境美学的内在关联。

随后，卡蒂亚·曼多奇（Katya Mandoki）的《日常美学：平凡性、文化游戏与社会身份》于 2007 年出版。曼多奇在该书中对西方传统美学展开了全面批判，并运用符号学方法对家庭、宗教、教育、医疗等日常生活领域作了详尽的美学分析。[③] 同年，日裔美籍学者斋藤百合子的《日常美学》出版。斋藤百合子在书中试图打破美学研究以艺术领域为核心的传统，强调生活美学的重要性，指出看似细琐的日常生活审美判断和决定对于我们生活品质的影响日益增强。同时，斋藤百合子还考察了日常生活审美的道德面向。她创造性地提出了“道德—

---

① 需要指出的是，本书认为这里的 Aesthetics of Everyday Life（日常生活美学）与 Everyday Aesthetics（日常美学）只是字面上的细微差别，因此不区分二者，将它们统称为“生活美学”。

② Andrew Light and Jonathan M. Smith (eds.), *The Aesthetics of Everyday Life*, New York: Columbia University Press, 2005, pp. v – xv.

③ Katya Mandoki, *Everyday Aesthetics: Prosaics, the Play of Culture and Social Identities*, Aldershot and Burlington: Ashgate, 2007, pp. v – ix.

审美判断”这一概念，认为日常审美反应能够表明和强化我们的道德观念。[①] 2012 年，托马斯·莱迪（Thomas Leddy）的《平凡中的非凡：日常生活美学》出版。该书的主标题“平凡中的非凡”即表明了全书的核心观点。莱迪在书中批判性地借鉴和吸纳了历史上与生活美学有关的理论资源，并紧紧围绕日常生活审美的特性展开研究工作[②]，完成了对生活美学更为深入的理论建构。曼多奇、斋藤百合子和莱迪的著作进一步引发了西方学界对于生活美学的探讨。

第二，出版了三部书名未有但书中明确使用“生活美学”的著作。格林·帕森斯（Glenn Parsons）与艾伦·卡尔松于 2008 年出版的合著《功能之美——以善立美：环境美学新视野》设专章探讨了人工制品和生活美学，认为“功能之美”的概念有助于理解生活美学。[③] 简·福希（Jane Forsey）于 2013 年出版的《设计美学》对生活美学进行了批判性考察，并由此提出了她的设计美学理论，强调了美学、日常生活、审美与设计之间的密切联系，有助于推动生活美学的发展与完善。[④] 2017 年，斋藤百合子的第二本生活美学专著《熟悉的美学：日常生活与世界的创造》出版。该书立足日常生活审美经验，将生活美学分为“熟悉的美学”（即将日常体验为日常）与“陌生的美学”（即通过陌生化将日常体验为超日常）两大类，强调了日常生活审美在环境、政治、经济、社会等领域所发挥的效能。[⑤]

第三，《美学与艺术批评杂志》《英国美学杂志》《当代美学》等学术期刊刊发了多篇生活美学论文。这些论文的作者包括雪莉·欧文

---

① 参见 Yuriko Saito，*Everyday Aesthetics*，Oxford：Oxford University Press，2007，pp. 1 – 8。

② 参见 Thomas Leddy，*The Extraordinary in the Ordinary*：*The Aesthetics of Everyday Life*，Peterborough：Broadview Press，2012，pp. 17 – 55。

③ 参见［加］格林·帕森斯、艾伦·卡尔松《功能之美——以善立美：环境美学新视野》，薛富兴译，河南大学出版社 2015 年版，第 125—145 页。

④ 参见［加拿大］简·福希《设计美学》，杨林译，南京大学出版社 2023 年版。

⑤ 参见 Yuriko Saito，*Aesthetics of the Familiar*：*Everyday Life and World-Making*，Oxford：Oxford University Press，2017。

(Sherri Irvin)、凯文·梅尔齐奥尼(Kevin Melchionne)、克里斯多夫·道林(Christopher Dowling)、奥西·瑙卡里宁(Ossi Naukkarinen)、卡勒·普奥拉卡(Kalle Puolakka)、托马斯·莱迪和卡蒂亚·曼多奇等。论文主要涉及生活美学的释义、生活美学中的日常性、生活美学的范围、生活美学的意义、生活美学中的习惯与功能、生活美学与日常行为、杜威与生活美学、审美在日常经验中的普遍性以及日常生活审美经验等理论问题。

西方学界的生活美学研究呈现出以下四大特点。

一是高度重视杜威的美学理论。几乎所有的生活美学理论家都从杜威的《艺术即经验》中获得启发,莱迪更是称杜威为"生活美学之父"[①]。杜威与生活美学的关联在于他的审美经验观。在杜威看来,审美经验与非审美经验的区分不在于该经验是否针对艺术品等特定的事物,而在于其是否达到"一个经验"(an experience)即完整、圆满的经验。换句话说,不涉艺术的日常生活经验如果能成为"一个经验",那么它也即具有审美特质的经验,这就为在日常生活中生成审美经验提供了可能。

二是注重对日常生活审美经验的探讨。这方面的探讨以托马斯·莱迪、斋藤百合子、雪莉·欧文、克里斯多夫·道林、阿托·哈帕拉(Arto Haapala)、汉斯·乌尔里希·古姆布莱希特(Hans Ulrich Gumbrecht)等学者为代表。莱迪运用现象学的方法,以"光韵"(aura)凸显了日常生活审美经验的超越性。他认为,日常生活审美经验即对日常对象的"光韵"进行体验。这里的"光韵"指的不是本雅明所说的艺术原作的独一无二性和本真性,而指的是"一个被体验为愉快或痛苦与愉快兼具的对象所具有的现象学特性"[②]。在莱迪看来,"光韵"不是对象本身所具有的属性,而是通过审美体验被赋予的新质。"光

① Thomas Leddy, *The Extraordinary in the Ordinary: The Aesthetics of Everyday Life*, Peterborough: Broadview Press, 2012, p. 44.

② Thomas Leddy, *The Extraordinary in the Ordinary: The Aesthetics of Everyday Life*, p. 128.

韵”能够提高对象的重要性，使对象超越自身进入另一个世界从而变得更加真实和鲜活，即“光韵”具有间离日常的效果。因此，只有体验到对象的“光韵”，才能将日常转变为超日常，进而获得日常生活审美经验。不难看出，莱迪其实是肯定和承续了杜威“一个经验”的思路。同时，莱迪还区分了低层与高层两种日常生活审美经验。他认为低层日常生活审美经验与“整洁的”“干净的”等浅表审美属性有关，而高层日常生活审美经验则是一种崇高感的获得。[①] 与莱迪不同，斋藤百合子认为以杜威“一个经验”为代表的超越性日常生活审美经验很少发生且只占据我们生活的很小部分，许多日常经验本身就由审美考虑所引导，包含着审美判断、决定和行动，因此具有审美属性，如日常的穿衣打扮、购物、家居装饰、在庭院种花、打扫房屋和清洁汽车等。在她看来，要获得日常生活审美经验不必超离日常去另创一种特殊的经验，看似微不足道的日常生活本身就蕴含着有待开掘且能对环境、道德、社会、政治以及人的存在施加重要影响的审美潜质，而这又常被人们忽视。雪莉·欧文也不认同杜威的“一个经验”，她注重日常生活审美经验存在的普遍性。欧文认为一些日常经验虽达不到杜威“一个经验”的标准，但依然具有审美特性。她立足对日常感知的细致分析，指出当一个人在屋内时，他的所见所闻，他在椅子上的坐姿以及感受空气的流动等日常经验都可被视为审美的，她甚至认为搔痒也属于日常生活审美经验。[②] 对此克里斯多夫·道林提出了质疑："要确定究竟是什么使一个经验成为审美，对于欧文来说是困难的。"[③] 在道林看来，欧文所说的搔痒等经验只是快感而非审美经验，由此他

---

① Thomas Leddy, *The Extraordinary in the Ordinary*: *The Aesthetics of Everyday Life*, pp. 127 – 149.

② Sherri Irvin, "The Pervasiveness of the Aesthetic in Ordinary Experience", *British Journal of Aesthetics*, Vol. 48, No. 1, 2008. Sherri Irvin, "Scratching an Itch", *Journal of Aesthetics and Art Criticism*, Vol. 66, No. 1, 2008.

③ Christopher Dowling, "The Aesthetics of Daily Life", *British Journal of Aesthetics*, Vol. 50, No. 3, 2010.

以康德意义上的快感与审美愉悦的区分作为评判日常生活审美经验生成的标准，强调生活美学不应轻视什么才算是审美的问题。相比斋藤百合子和雪莉·欧文，阿托·哈帕拉更明确地指出日常生活审美经验可在日常生活的日常性和熟悉性中生成。在他看来，"日常事物虽缺乏令人惊奇的元素或对陌生的新鲜感，但它们能够通过一种令人舒适的稳定性，通过在家一样的感觉以及通过在一个'安全'情境中的正常作息而获得的满足来带给我们愉悦"[①]。也就是说，日常经验中的舒适性、稳定性、如在家般的熟悉性和安全性等特性本身就具有审美价值。从习惯的角度看，哈帕拉提出的上述特性实际上构成了人们对于日常生活的习惯性或者说适应性，日常生活审美经验的生成也有赖于此。但杜威则认为，这种习惯性或适应性会阻碍审美经验的生成。他指出"审美的敌人"是"屈从于实践和理智行为中的惯例"[②]，并且由习惯"所造成的这种人与环境的更加地相互适应，对于进一步的审美创造是不利的"[③]，可见两人在此问题上立场和观点的相异。古姆布莱希特则着重归纳了日常生活中审美经验发生的三种情形：当日常生活之流被中断之时，当物品的形式与其功能达到最大程度的吻合之时，情境转换之时。[④]

不难看出，日常生活审美经验得到了西方生活美学研究者的高度关注，它是西方学界生活美学研究中的一个核心问题，直接关乎生活美学的理论根基及其存在的合理性与合法性。同时，上述不少西方学者在探讨日常生活审美经验时都将杜威的"一个经验"作为潜在的对话对象，他们或肯定和承续"一个经验"的思路，或对其进行否定和批判。此

---

① Arto Haapala, "On the Aesthetics of the Everyday: Familiarity, Strangeness, and the Meaning of Place", in Andrew Light and Jonathan M. Smith (eds.), *The Aesthetics of Everyday Life*, New York: Columbia University Press, 2005, p. 50.

② ［美］约翰·杜威：《艺术即经验》，高建平译，商务印书馆2010年版，第47页。

③ ［美］约翰·杜威：《艺术即经验》，高建平译，第184页。

④ Hans Ulrich Gumbrecht, "Aesthetic Experience in Everyday Worlds: Reclaiming an Unredeemed Utopian Motif", *New Literary History*, Vol. 37, No. 2, 2006.

外，西方学界的日常生活审美经验研究也引发我们思考如何分辨日常经验的审美性质与非审美性质，如何判明日常生活审美经验与非审美经验等问题，进而为日常生活审美经验的生成作出更为合理适切的阐释。

三是注重对艺术与生活美学关系的探讨。这里形成了两种不同的取向：一种主张艺术与生活美学相分离，以斋藤百合子为代表；另一种则主张艺术与生活美学相融合，以托马斯·莱迪为代表。斋藤百合子主张艺术与生活美学是两个各自完全独立的领域，生活美学不应关涉艺术。在她看来，艺术作品中的事物与该事物在其日常情形中的原貌是不同的。日常事物一经艺术表现便丧失了其日常性而超离日常，显得特殊起来，我们对它的感受也会发生变化。换句话说，在斋藤百合子这里，即使是那些以日常生活为题材的艺术依然是艺术，艺术与生活的边界依然存在而没有模糊或消失。同时，斋藤百合子还指出我们生活的审美面向“虽会受到艺术的影响，但其运作截然独立于我们的艺术经验”[①]，由此她反对将分析艺术经验的模式套用于对日常生活审美经验的分析。斋藤百合子将艺术与生活美学对立起来，她反复强调正是由于长期以来美学对艺术的过度重视才导致我们极大地忽视了日常生活审美的多样性和丰富性，而以艺术为中心的美学又不能为我们审美生活的方方面面提供充分的阐释，因此也就无助于生活美学的建构。与之相对，莱迪则批评斋藤百合子“过分轻视了艺术与生活美学之间的动态关系”[②]。因此与她不同，莱迪十分强调艺术与生活美学之间的辩证关系，主张生活美学不能忽视艺术。首先，莱迪富有创见性地指出了黑格尔与生活美学的关联。黑格尔将美学定位为“艺术哲学”，因此通常认为他与生活美学无关。但莱迪认为，黑格尔在对荷兰和西班牙绘画艺术的探讨中关注到了艺术对日常生活的表现并提出这种表现是对日常生活的突出和强化，进而能够改变人们日常生活体

① Yuriko Saito, *Everyday Aesthetics*, Oxford: Oxford University Press, 2007, p. 40.

② Thomas Leddy, *The Extraordinary in the Ordinary: The Aesthetics of Everyday Life*, p. 123.

验的观点。因此在莱迪看来，“黑格尔虽不是生活美学的倡导者，但他通过指出艺术对我们日常生活中那些值得审美关注的特质进行发掘的方式而对生活美学这一新领域有所贡献”①。可以说，莱迪的高明之处就在于从常作为生活美学对立面出现的黑格尔那里寻找理论支援，表明即使是明确将美学限定于艺术的黑格尔也并非只谈艺术而完全忽视生活以及二者之间的互动，这就意味着生活美学显然也不能只谈生活而不顾及艺术，强化艺术与生活美学的关系是必要的。其次，莱迪在生活美学的视野下高度评价了艺术家及其作用。莱迪认为“艺术家是真正的生活美学家”②，并指出艺术家一方面通过艺术创作改变和重建日常生活，因而最能从日常中超越日常；另一方面则“帮助我们‘组构’和塑造欣赏日常的经验。感知艺术家的作品，不仅仅是现实主义作品，使我们能够领会日常生活中的各种元素是如何可以被审美地感知的”③。莱迪举例说一个人在参观完莫奈的画展后便会以不同的方式看待生活中的树，一个人在为悲剧中的英雄人物感到遗憾和畏惧后便会更有意义地体味自己生活中的遗憾和畏惧。也就是说，在莱迪看来，艺术家能够改变我们对待日常生活的态度和方式。再次，莱迪认为以往被艺术美学忽视的内容也可纳入生活美学。莱迪将目光投向了艺术家的日常生活。他认为艺术家的工作室是其日常生活的重要组成部分，并“最明确地体现出艺术与生活美学的辩证法”④，而这很少为艺术美学所关注和讨论。在莱迪看来，艺术家对其工作室内的各种事物（如用于静物写生的一盘水果、颜料、调色板等）所具有的审美特性的感知和对艺术创作中自己肢体运动的体验都可纳入生活美学。这实际上是从生活美学的视角出发对以往艺术研究仅重视艺术作品完成后的情形而忽视艺术创作过程的一种反拨，这虽会造成艺术美学与

---

① Thomas Leddy, *The Extraordinary in the Ordinary*: *The Aesthetics of Everyday Life*, p. 35.

② Thomas Leddy, *The Extraordinary in the Ordinary*: *The Aesthetics of Everyday Life*, p. 121.

③ Thomas Leddy, *The Extraordinary in the Ordinary*: *The Aesthetics of Everyday Life*, p. 99.

④ Thomas Leddy, *The Extraordinary in the Ordinary*: *The Aesthetics of Everyday Life*, p. 80.

生活美学的重叠，但恰恰也是对二者关联的强化。

应该说，由于斋藤百合子着眼于对以艺术为中心的西方传统美学进行批判，因此她激进地强调艺术与生活美学的分离，旨在使被艺术遮蔽的日常生活审美面向得以开显并获得有别于艺术的分析和阐释，从而凸显建立生活美学的必要性和迫切性，丰富美学话语的生产。而莱迪则更多地受到杜威的影响，加之他本人对摄影艺术的浓厚兴趣以及他的妻子是画家，因此他更能以辩证的眼光看到艺术与生活美学之间的连续性，立场上也较为温和。

与斋藤百合子和莱迪不同，梅尔齐奥尼从个体幸福的角度为探讨艺术与生活美学的关系提供了新的路径。他认为从有助于个体幸福来说，生活美学比艺术更具丰富的可能性，也更有意义和价值，其理由有二：一是日常生活审美实践是不间断的、经常性的活动，而人们接触艺术（如去参观艺术博物馆或去听音乐等）则是偶然的；二是日常生活审美实践是自我控制和自我协调的，而艺术则要受到艺术家的影响和制约。因此相比于艺术，生活美学能够更好地提升个体幸福。当然，梅尔齐奥尼也不否认艺术对个体幸福的作用，但前提是人们应改变对待艺术的方式，即应"把艺术视为一种不间断的、自我控制和自我协调的活动去从事"[①]。换句话说，人们只有亲身参与和介入艺术而不是如旁观者那样被动地接受艺术，才能使艺术真正促进个体幸福。梅尔齐奥尼在此将对艺术与生活美学关系的探讨与个人幸福这一现实问题相结合，使艺术与生活美学共同面对该问题，通过比较二者在解决该问题的可能性和有效性上的差异，使对二者关系的探讨更具体和更有针对性，这也是其带给我们的有益启示。

四是西方学界的生活美学研究方法有其特色。一是表现出了基于艺术和基于非艺术的两种生活美学研究方法。基于艺术即将研究艺术的方法运用于生活美学研究，以托马斯·莱迪、克里斯多夫·道林和

① Kevin Melchionne, "The Point of Everyday Aesthetics", *Contemporary Aesthetics*, Vol. 12, 2014.

雪莉·欧文为代表；基于非艺术即建立不参照和依赖艺术研究的独立的生活美学研究方法，以斋藤百合子和卡蒂亚·曼多奇为代表。二是托马斯·莱迪提供了一种独特的生活美学研究方法，即通过考察人们在日常生活中对于美学术语的使用来研究生活美学，这是莱迪对生活美学研究的方法论贡献。既体现了他重视人们日常生活审美经验的表达，又带有分析美学语言分析法的色彩。三是部分西方学者在对生活美学进行研究时，既能重视理论探讨，又能描述日常生活审美的经验和事实，力求将理论与经验、事实结合起来而不作空洞抽象的理论论述。如斋藤百合子在对生活美学的理论探讨中就列举了茶道、园艺、观赏樱花等日本传统日常生活审美的案例，增强了论证的说服力与可信度。在此，描述法也成为西方学界生活美学研究的重要方法。

需要指出的是，西方学界的生活美学研究并非要取消传统美学，而是在探索方向和话语范式上对传统美学进行拓展与突破。莱迪就指出，生活美学“与更传统的美学领域密切相关”①。如果追溯到“美学之父”鲍姆加登（也作鲍姆加滕）那里，他虽没有提出“生活美学”，但美学应关注日常生活的观念已经显现。“对于鲍姆加滕来说，‘美学’有一个关键性的实践性目标，那就是提高人的感知能力与感官意识以便能够提高欣赏和表演；欣赏和表演的范围不仅仅包括艺术与美的事物，而且也包括生活中的实践事务”②。可见，关注日常生活本就是美学的理论传统，只是这一理论传统断裂太久了，现在是时候恢复和接续了。

二　界定生活美学、晚明文人的生活美学

（一）界定生活美学

生活美学不是一个不言自明的概念，因此我们需要对它进行界定。

---

① Thomas Leddy, *The Extraordinary in the Ordinary*: *The Aesthetics of Everyday Life*, 2012, p. 54.

② ［美］理查德·舒斯特曼：《身体意识与身体美学》，程相占译，商务印书馆2011年版，中译本“序”第3页。

目前中西方学者虽都对生活美学展开了界定，但尚未形成一个公认的、统一的界定。

中国学者对生活美学的代表性界定主要有以下三种。

第一，从应用性或实用性的角度进行界定。部分学者认为生活美学是一种应用美学或实用美学。如傅其三认为："生活美学属于应用美学的分支学科，是研究人在现实生活中的审美活动的一门科学。大体而言，生活美学分为自然美学和社会美学两大部分。"① 成远镜、朱晶认为"生活美学是以生活美作为研究对象的应用美学学科""生活美学是实用美学中的一个分支，是运用美学的理论，研究生活中的审美现象，揭示生活中美的事物和审美活动的特点与规律的一门学科"②。刘广新、胡友峰认为生活美学"是深入到大众中去，解决大众生活审美难题的应用美学"③。蒋勋更直白地指出"生活美学是实际在食、衣、住、行当中体现出来的"，他试图"把生活美学拉近到食、衣、住、行，开始实际改善这四个层次"④。

第二，从哲学本体论的角度进行界定。刘悦笛明确反对将生活美学界定为应用美学或实用美学，他认为"'生活美学'更是一种'作为哲学'的美学新构，而非仅仅是文化研究与社会学意义上的话语构建""'生活美学'就是一种回到生活世界的'本体论美学'"⑤。他的《生活美学：现代性批判与重构审美精神》一书从现象学哲学的角度出发，以马克思、海德格尔、维特根斯坦、杜威等人的理论为思想资源，试图建构一种本体论的"生活美学"，这不仅在于解决当代美学的转向问题，而且思考如何在"后现代"下重构"现代审美精神"的问题。⑥

---

① 傅其三：《生活美学的理论构架》，《湘潭大学学报》（社会科学版）1993 年第 2 期。

② 成远镜、朱晶编著：《生活美学》，湖南大学出版社 2007 年版，第 5 页。

③ 刘广新、胡友峰：《从理论美学到生活美学》，《东岳论丛》2007 年第 2 期。

④ 蒋勋：《天地有大美：蒋勋和你谈生活美学》，广西师范大学出版社 2006 年版，第 11 页。

⑤ 刘悦笛：《"生活美学"：是什么与不是什么?》，《艺术评论》2011 年第 4 期。

⑥ 参见刘悦笛《生活美学——现代性批判与重构审美精神》，安徽教育出版社 2005 年版。

第三，从生活的角度进行界定。这里出现了两种界定的思路。一种思路抓住审美与生活二者的关系。如仪平策认为“生活美学是以人类的‘此在’生活为动力、为本源、为内容的美学，是将‘美本身’还给‘生活本身’的美学，是消解生活与艺术之‘人为’边界的美学”①。王确认为“生活美学是确认生活和美的合法性的一种美学原则，是对生活和美学的解放的美学原则。针对生活的不尽人意采取批判和否定的行动来改进，或许是一种拯救方式，但这种方式是颠覆性的；针对生活的不尽人意采取审美的方式至少也是一种救赎，而这种救赎却是建设性的”“生活美学是美学现实主义”“就某种意义而言，生活美学正是基于生活的不尽人意才试图走近生活，以审美的方式来改善生活”②。陈雪虎认为生活美学“顾名思义，通俗地将之理解为一种探讨将生活世界与审美活动沟通甚或同一起来的努力”③。另一种思路则由对生活价值的分类出发，进而对生活美学进行界定。刘悦笛、赵强认为生活的价值可以分为三类，即“生理的价值”、“情感的价值”和“文化的价值”，由此将生活美学分为三类，即“生理的”生活美学、“情感的”生活美学和“文化的”生活美学，三者形成了一个循序渐进的过程。针对中国古代生活美学，刘悦笛、赵强认为“生理的”生活美学包括饮食、饮茶等，“情感的”生活美学包括闲居、交游、雅集、人物品藻等，“文化的”生活美学既包括诗书画印琴曲等中国传统艺术，也包括园林苗圃、博弈等游艺和游山玩水之美。④当然，刘悦笛、赵强也赞同第一种思路，他们认为生活美学是“一种关乎‘审美生活’之学，追寻‘美好生活’的幸福之学”⑤。

西方学者对生活美学的代表性界定主要有以下两种。

---

① 仪平策：《生活美学：21 世纪的新美学形态》，《文史哲》2003 年第 2 期。

② 王确：《中国美学转型与生活美学新范式》，《哲学动态》2013 年第 1 期。

③ 陈雪虎：《生活美学：当代意义与本土张力》，《文艺争鸣》2010 年第 13 期。

④ 参见刘悦笛、赵强《无边风月：中国古典生活美学》，四川人民出版社 2015 年版，第 4—5 页。

⑤ 刘悦笛、赵强：《无边风月：中国古典生活美学》，第 3 页。

第一，在美学学科视野下界定生活美学。托马斯·莱迪认为："尽管拥有许多先驱，生活美学在本质上仍是一门新兴学科。作为哲学美学的一个分支学科，生活美学在其涉及的领域内对典型的哲学问题进行了探讨。"① 他又指出"生活美学是美学的一个分支。……另两个美学的主要分支是艺术美学和自然美学"②。这里莱迪完成了对生活美学的定性和定位。他一方面将生活美学定性为哲学美学，从而把生活美学与应用或实用美学相区别；另一方面将生活美学定位为与艺术美学和自然美学并列共存的另一个美学分支，从而为生活美学在美学大家族中开辟出一块专属的领地。

第二，从审美经验出发来界定生活美学，并以此对以艺术为中心的传统美学进行反思。如《牛津美学手册》中的"生活美学"词条认为："'生活美学'指的是对于非艺术的对象和活动的审美经验的可能性，也指目前在艺术哲学领域中兴起的一场反对或质疑区分纯艺术与流行艺术、艺术与工艺以及审美与非审美经验的运动。"③ 又如《布莱克威尔美学指南（第二版）》中的"生活美学"词条指出："近年来出现了一种走出狭隘化的以艺术为中心的研究路径而承认纯艺术经验与来自生活其他领域的经验之间存在连续性的运动。该运动导致了所谓'生活美学'这一美学分支的产生。生活美学家们通常认为，与艺术或自然没有实质性关联的事物和活动也具有审美属性，并且能够引发有意味的审美经验。"④

不难看出，上述中西方学者从不同的立意取向、逻辑角度和论述层面出发，对生活美学存在着多元化、多义性的理解和认识。我们认为，生活美学可以有广义与狭义之分。

---

① Thomas Leddy, *The Extraordinary in the Ordinary*: *The Aesthetics of Everyday Life*, p. 88.

② Thomas Leddy, *The Extraordinary in the Ordinary*: *The Aesthetics of Everyday Life*, p. 19.

③ Jerrold Levinson (ed.), *The Oxford Handbook of Aesthetics*, New York: Oxford University Press, 2003, p. 761.

④ Stephen Davies, Kathleen Marie Higgins, Robert Hopkins, Robert Stecker and David E. Cooper (eds.), *A Companion to Aesthetics* (Second Edition), Chichester: Wiley-Blackwell, 2009, p. 136.

广义的生活美学是对人类日常生活中的审美活动和审美现象的探讨，它以日常生活审美为研究对象，着眼于建立人与日常生活之间的审美关系和生成日常生活审美经验，促使人们将审美作为把握日常生活的一种重要方式，解决的是日常生活中的审美问题。

狭义的生活美学是将生活美学作为一个历史性、地方性的概念。历史性指的是不同的历史时期有着不同的生活美学，如有两汉时期的生活美学、魏晋南北朝时期的生活美学等；地方性指的是生活美学生成于由具体的民族、国家、地域、阶层、性别以及文化传统等诸多要素所组构的特定的社会文化语境中，如有畲族的生活美学、文人的生活美学等。可以说，只有历史性、地方性地去界定生活美学，才能展呈生活美学存在的丰富性和差异性。因此，不存在一个有关生活美学的唯一的、不变的总体性概念。当然，我们从狭义上探讨生活美学时，为了使其对象更为具体和明确，往往是兼顾历史性和地方性的，如北宋文人的生活美学、17 世纪法国贵族的生活美学等。显然，狭义的生活美学是历史性和地方性地变动着的，并非一成不变。因此对于狭义的生活美学，我们不可能一劳永逸地为其下一个本质主义的定义。对于狭义生活美学的研究，我们应针对具体的研究对象，结合特定的语境，做到具体问题具体分析。

广义的生活美学与狭义的生活美学又是紧密联系、有机互动的。狭义的生活美学是将广义的生活美学历史化和地方化了，表现为某种特定的、具体的和个别的生活美学存在样态。同时，狭义的生活美学可以为广义的生活美学提供有关日常生活审美实践的丰富资源，从而参与到广义的生活美学的建构中。

（二）界定晚明文人的生活美学

对晚明文人的生活美学的界定可以从以下两条路径展开。

一是从广义的生活美学和狭义的生活美学来看，晚明文人的生活美学是一种狭义的生活美学，它指的是身处于晚明语境中的文人将审美作为一种自觉的生活意识、生活方式和生活情怀，努力开拓和发掘日常生活的审美维度，从而在日常生活中实现了超越性的精神自由与升华。这既是晚明文人对自我生存出路的探寻、对自我生存空间的重塑和对自我精神家园的守护，又是晚明文人对日常生活和自我原有的诗性本真的开显，更是晚明文人文化资本和生存智慧的集中体现。

二是从中国古代日常生活审美传统来看，晚明文人的生活美学不仅是中国古代日常生活审美传统的有机组成部分，而且在其中占有十分重要的位置。中国古人历来重视生活与审美的关系，他们善于在看似平淡琐屑的日常生活中发现美、创造美和感悟美，强调日常生活与审美的合一，形成了悠久而深厚的日常生活审美传统。从先秦时期孔子欣赏“莫春者，春服既成，冠者五六人，童子六七人，浴乎沂，风乎舞雩，咏而归”[①] 的闲适惬意的生活、老子追求顺乎自然的本真生活、庄子向往远离功名世俗而逍遥超脱的生活；到魏晋时期陶渊明回避政治而在宁静恬淡的田园牧歌式的生活中解放久被压抑的个性和寻求精神的慰藉、谢灵运以其山水之乐使日常生活清新自然并充满闲情逸致；再到唐宋时期白居易在“中隐”生活观的主导下通过宴集、游赏、弹琴等方式寻觅生活的适意与雅趣、苏轼以清欢平淡的生活意趣在逆境中安顿身心且始终保有对生活的洒脱与热情；等等，终于到晚明形成了中国古代日常生活审美的鼎盛时期。这一时期的文人一方面身体力行，积极从事日常生活审美实践，表现出强烈的日常生活审美的主体意识，其独立自主的审美个性和审美才华得到了高度发展；另一方面撰写了大量不同类型的日常生活审美著述，特别是出现了以文震亨的《长物志》、高濂的《遵生八笺》和屠隆的《考槃馀事》等为代表的系统论述晚明文人日常生活审美的专著，这在晚明之前未曾有过。因此，界定晚明文人的生活美学可以将其置于中国古代日常生活审美的传统之中。晚明文人的生活美学不仅承继和延续了先秦以降的

① （春秋）孔丘著，杨伯峻今译，刘殿爵英译：《论语（中英文对照）》，中华书局2008年版，第194、196页。

日常生活审美传统，而且对这一传统进行了丰富、扩展和深化，使其表现出了某些值得关注的新质，从而有力地将中国古代日常生活审美传统推向了高潮，并对后世产生了深远的影响。

三　本书的问题意识、研究意义与研究思路

（一）问题意识

有关生活美学的研究已在中西方学界兴起。在此背景下，如何找到生活美学的中国问题，凸显生活美学的中国话语与本土经验，同时又使中国学者对于生活美学的研究能够具有普遍性的理论和应用价值，为生活美学的理论建设和实践应用作出应有的贡献等就成为我们必须认真思考的问题。这时我们不妨将目光投向晚明这一中国古代生活美学的高峰期、成熟期和总结期，其丰富的生活美学资源正有待于我们的积极开掘，从而彰显生活美学的中国智慧与中国贡献，开拓生活美学研究的新局面。

为此，本书一方面既从文人日常生活的视角切入晚明美学史研究，又从审美的维度观照晚明文人的日常生活，展现晚明文人丰富多彩的生活美学景观，揭示晚明文人生活美学的实践特色、社会文化意蕴和审美精神，力图形成美学史与生活史的有机互动；另一方面则充分挖掘、激活和利用晚明文人的生活美学资源，使其参与当今全球生活美学的理论建构和介入当代人的审美化生存实践，发挥其应有的理论潜力和实践效能，努力实现生活美学研究的中与西、古与今的积极对话。

同时，本书也力求弥补当前晚明文人生活美学研究中的缺失，使该研究得以进一步深化和拓展。这主要表现在以下五个方面。

第一，当前晚明文人生活美学研究尚未对“生活美学”和“晚明文人的生活美学”这两个概念进行专门界定，本书在绪论中给出了明确界定。

第二，当前晚明文人生活美学研究多为对晚明文人的具体生活美

学观念和生活美学领域（如居室、饮酒、饮食和旅游等）的研究，这当然是研究晚明文人生活美学合理有效的路径，但晚明文人生活美学的功能指向、内涵特质和当代再生产等也是晚明文人生活美学研究中的重要问题，以往学者对此尚未进行集中、系统和充分的探讨，因此本书将上述问题纳入研究视野。

第三，当前晚明文人生活美学研究多在分别挖掘和探讨晚明文人衣、食、住、行、用、赏、游等各个生活领域中的生活美学，如晚明文人的家居生活美学、饮食生活美学等，这样的研究固然有助于梳理并呈现晚明文人生活美学的具体展开，但更可以在此基础上不再作各自孤立地挖掘和探讨，而是立足于晚明文人日常生活审美实践的整体视域和当代人日常生活审美的实际需要，提炼和归纳出晚明文人日常生活审美实践的精髓和特色所在，从而一方面使分散在晚明文人各个生活领域中的生活美学资源能够得到有效的整合和总结；另一方面也为当代人提供值得学习和效仿的日常生活审美实践方式。

第四，当前晚明文人生活美学研究尚未确立使晚明文人的生活美学参与当今生活美学理论建构的问题意识，这就使晚明文人生活美学的理论潜能尚未得以充分打开和释放。晚明文人的生活美学不应仅仅作为一种经验形态的存在，其中也蕴藏着有待开掘和提取的丰富的理论资源，有助于增强当今生活美学的理论建设。

第五，当前晚明文人生活美学研究尚未形成与西方生活美学的对话关系。本书力图使晚明文人的生活美学与西方生活美学之间展开理论对话，即从晚明文人的生活美学出发，或补充、丰富、改进和完善既有的西方生活美学理论，或解决西方生活美学尚未解决的理论问题，或提出并解决中西方生活美学研究者共同关注的新问题，等等，从而形成中西方视域交融和会通下的对于生活美学的双向阐发和建构。

因此，与以往相关研究不同的是，本书力求将晚明文人的生活美学置于生活美学的整体视域中进行探讨，不仅意在重现晚明文人审美生活的风貌、意趣与情韵，而且参与生活美学的理论建构，凸显生活美学的中国话语与本土经验，并对当代人的日常生活审美实践和实现审美化生存提供重要的借鉴和启示，从而推进美学研究中对于日常生活的深入采撷。

（二）研究意义

本书研究晚明文人的生活美学回应了生活美学这一当今国际美学发展的最新思潮，具有理论和实践双重意义。

从理论意义上说，本书一是有助于展现晚明文人独特的日常生活审美趣尚、晚明文人理想的生活范型以及晚明社会多元复杂的文化景观，推进晚明文人生活美学的研究。二是有助于深挖晚明文人生活美学的理论潜能，使其在中西方生活美学的双向对话中参与当代生活美学的理论建构，推动全球生活美学的研究。三是有助于引导当前的美学研究关注日常生活中的审美问题，提倡一种回归生活、直面生活来重构美学的方式，促进美学学科的建设与发展。

从实践意义上说，本书有助于激活晚明文人的生活美学资源，使其在当下重获生机与活力，为当代人实现审美化生存提供重要的借鉴和启示。晚明文人的生活美学有助于引导当代人以审美的方式把握日常生活，重塑审美化的生活理念和生活方式，不断提升生活品质和优化生存状态。具体说来，当代“日常生活审美化”、文化创意产业和生活美育等与当代人审美化生存密切相关的三个问题，能够与晚明文人的生活美学形成对话关系。

（三）研究思路

本书从晚明文人生活美学的自身和当代再生产两大角度展开研究。对晚明文人生活美学自身的研究包括其生成背景（第一章）、日常生活审美实践（第二章）、功能指向（第三章）和内涵特质（第四章）；对晚明文人生活美学当代再生产的研究包括其理论再生产（第五章）和实践再生产（第六章），从而将历史与逻辑、实证与思辨、理论与实践相统一，力求对晚明文人的生活美学作系统性、整体性的深入研究。

本书共分为六章。

第一章探讨晚明文人生活美学的生成背景。晚明文人生活美学的生成并非偶然，而是晚明江南地域环境、晚明文人的思想与心态、晚明文人的家族传统以及晚明文人日常生活审美书写风尚等多种因素相互作用、碰撞和促动的结果。在该章中我们特别注意到晚明文人的家族传统和晚明文人日常生活审美书写风尚这两个重要的影响因素。

第二章探讨晚明文人的日常生活审美实践。即探讨晚明文人如何对日常生活进行审美地规划、设计、品鉴和营构。但是，本章不是对晚明文人各个生活领域中的审美实践进行逐一展现，而是重在概括和总结出晚明文人日常生活审美实践中最有特色与价值、最富建设性与启发性的三大方式，即生活情境的审美创构、生活之物的审美观照和生活细节的审美经营，并对它们展开论析。晚明文人正是通过这三大方式，在日常生活中开掘出了审美的向度，建构起了生活美学。

第三章探讨晚明文人生活美学的功能指向。晚明文人的生活美学具有指向自我与指向社会的双重功能指向。指向自我包括两个方面：一是服务于晚明文人对理想生活的表达；二是服务于晚明文人对其自我形象的建构。指向社会也包括两个方面：一是完成文人对社会生活风尚的批判和引领；二是完成文人对其社会身份的区隔和认同。可见，晚明文人建构生活美学并非为了远离社会、逃避社会，而恰恰是从日常生活审美的角度，以另一种方式介入和参与了社会，具有社会文化意蕴。同时，功能指向又有其复杂性，展现出了晚明文人生活美学的丰富性。

第四章探讨晚明文人生活美学的内涵特质。晚明文人生活美学的内涵特质即以审美改造和重塑日常，这又集中表现在日常中的超日常、物质与精神相协调和以身心修养通达审美境界等三个方面。在晚明文人的生活美学中，日常中的超日常使日常生活成了审美之所在，审美也成了日常生活的题中应有之义，这就强化了审美与日常生活之间的连续性；物质与精神相协调即通过审美赋予物质以精神性，又使精神性有了物质的依托；以身心修养通达审美境界则确证了凭借自省和心境调适也能实现日常生活中的审美，从而在一定程度上促进了日常生活审美方式的多样化。无论是日常中的超日常，还是物质与精神相协调以及以身心修养通达审美境界都展现出晚明文人为审美地重构日常生活所付出的种种努力，凸显了日常生活审美之于晚明文人安放身心和走出生存困境的重要性。

第五章探讨晚明文人生活美学的当代理论再生产。理论再生产指的是晚明文人的生活美学对于当代生活美学的理论建构意义。该章试从晚明文人的生活美学中提出并探讨生活美学的四个普遍性理论问题，即日常生活中的审美对象、日常生活中的审美经验、生活与艺术的关系以及生活美学与其他美学（艺术美学、环境美学、身体美学）的关系，从而使晚明文人的生活美学参与和融汇进当前生活美学理论大厦的建设，贡献其理论方案与理论智慧。同时，该章也意在与西方生活美学进行对话，推动生活美学的中西共建。

第六章探讨晚明文人生活美学的当代实践再生产。实践再生产指的是晚明文人的生活美学对于实现当代人审美化生存的借鉴意义。晚明文人的生活美学与实现当代人的审美化生存具有可衔接性和可对话性，表现为：一是晚明文人的生活美学有助于反思当代“日常生活审美化”，进而明确何为真正意义上的审美化生存；二是晚明文人的生活美学在与当代文化创意产业的融合中不仅有助于实现自身的创造性转化和创新性发展，而且有助于当代文化创意产业围绕大众的日常生活更新其发展理念、提升其审美内涵；三是晚明文人的生活美学具有生活美育的功能，能够引导当代人从培养日常生活的审美之心、提升日常生活的审美之趣和臻于日常生活的审美之境等三方面入手，学会将审美融入自我的生活之中，进而不断提高生活的品质感、幸福感和满足感。晚明文人的生活美学能够对当代“日常生活审美化”、文化创意产业和生活美育等问题给予积极且有效的回应。从这个意义上说，晚明文人的生活美学就不再停留于晚明，其影响力和启示性能够延伸至当代。

总之，本书在研究思路上着力打破以往晚明文人生活美学乃至中国古代生活美学研究中常采用的依照衣、食、住、行、用、赏、游等方面来作探讨的平行并列式的研究思路，而是对晚明文人的生活美学进行从历史阐释（第一、二、三、四章）到理论建构（第五章）再到实践应用（第六章）的逐层递进式研究，力求将研究引向深入。

第一章　晚明文人生活美学的生成背景

晚明文人生活美学的生成有其丰富而复杂的多重背景，主要涉及晚明江南地域环境的影响、晚明文人思想与心态的变革、晚明文人家族传统的熏陶以及晚明文人日常生活审美书写风尚的形成等四个方面。具体说来，晚明江南地域繁荣的经济、发达的手工业和优越的自然条件，为晚明文人生活美学的生成奠定了物质基础；晚明文人在黑暗腐朽和动荡不安的政治时局中转向日常生活的人生选择、其自我意识的觉醒和要求个性解放等思想与心态的变革为晚明文人生活美学的生成提供了社会文化土壤；晚明文人家族传统的熏陶构成了晚明文人生活美学生成的家族渊源；晚明文人日常生活审美书写风尚的盛行则直接推动了晚明文人生活美学由兴起走向兴盛。

第一节　晚明江南地域环境的影响

江南自古以来不仅以其秀美的自然山水源源不断地激发着中国历代文人的审美灵感与创造力，而且以其独有的诗性人文品格凝结着文人们的追忆、感怀与想象，成了他们的精神故乡，到了晚明更是如此。在此江南不具有明确的行政区划的意义，而是更强调该地区在自然生态、经济发展与人文底蕴等方面因具有大体相同的特征而聚合成一个整体。晚明江南经济富庶、手工业繁荣、景致绮丽，对文人生活美学的生成产生了重要影响。

一　商业经济的繁荣

明中叶以来，江南地域的商业经济迅速发展，呈现出由传统农业文明向工商文明转变的蓬勃趋势。这与当时官方抑商政策的松动、海禁解除后海外贸易的发展以及白银的普遍使用等因素有着密切的关系。晚明江南地域商业经济的繁荣主要表现出以下特征。

首先，社会日益商品化。在晚明江南，不仅一般生活必需品，就连诗文书画、古董艺玩等也都成了商品，艺术市场兴旺发达。商业利益的驱动也造成了艺术赝品的泛滥，由此我们也就不难理解文震亨在《长物志》中重视对书画的品鉴和辨伪，这其实也是对其书画世家声誉的维护。小说等文学作品的商品化则促进了其流通，晚明的读者群得以扩大。除文人外，商人、手工业者、艺人等都被纳入了读者的范围，这又推动了晚明阅读文化的发展。同时，书坊主也常常冒用李卓吾、钟伯敬、陈眉公、汤显祖等名人姓氏来刊刻书籍，利用名人的广告效应来增加销路。总之，商品化已渗入社会的方方面面，即使是《长物志》中的种种“长物”也难逃商品化的命运。

其次，商业势力崛起。晚明江南地域出现了一批具有地方特色的商人集团，著名的有徽商、浙商等。商人的社会地位在此时也获得了显著的提升，他们凭借雄厚的经济实力，在生活上奢侈阔绰、纵情声色、挥霍无度，造成了奢靡浮华之风的盛行。不少文人也开始走出书斋，从事商业活动，如以文治生、赚取润笔、经营古玩字画和开设书坊等。文人与商人之间的交往日益频繁，士商合流的现象也十分普遍。这些都成了晚明文人的生活美学所要面对和反思的重要方面。

再次，社会的商品化和商业势力的崛起又必然带动消费的繁盛。晚明江南地域的消费呈现出两大突出特点。一是以点带面的消费。如部分城市园林向游人开放，游人需要向园丁或园主支付整理费用。除了园林本身成为消费场所外，游客众多的园林又带动了其周围消费场所的兴起，包括茶楼、酒肆等，而与园林营建和鉴赏有关的实用书籍在书籍市场上也成为消费品①，从而形成以点带面的消费格局。二是消费由简朴走向奢华，并出现了逾礼越制的现象。以住宅家居为例，“嘉靖十年以前，富厚之家多谨礼法，居室不敢淫……嘉靖末年，士大夫家不必言，至于百姓有三间客厅费千金者，金碧辉煌，高耸过倍，往往重檐兽脊如官衙然，园囿僭拟公侯，下至勾阑之中，亦多画屋矣”②。可见到了晚明，奢华的消费之风已蔓延至民间。晚明文人的生活美学正是要通过对生活审美品位的强调来抵御奢华的消费风气，因此它又有在消费方面的社会文化意义。

最后，商业经济的繁荣促进了市民阶层的扩大和城市的兴起。特别是苏州，此时成了全国的商业中心。苏州的经济地位极为突出，这又为其成为文化中心奠定了基础。苏州具有极强的文化辐射力，其文学艺术以及日常生活的审美好尚影响广泛，甚至能够引领当时整个社会的审美风气。明人王士性就说“苏人以为雅者，则四方随而雅之，俗者，则随而俗之”③。吕立亭（Tina Lu）也指出：“十六、十七世纪，几乎全世界所有的大城市，包括伦敦、巴黎、北京，都是首府所在地。苏州是一个例外，它的影响与重要性无关乎是否为首府，而在于它与文化、商业的紧密互动关系。苏州既是文化的生产地，也是最大文化焦虑的生产地。这里，书籍被大量制作出来。它既以私人园林闻名于世，又因书法、绘画而声名远播。在苏州，初级的时尚体系已经开始运转：新发型、服饰、配饰、鞋子，从苏州扩散到帝国其

① 参见康格温《园亭竞秀，风雅争胜：明代江南城市筑园风气与消费文化》，载复旦大学文史研究院编《都市繁华：一千五百年来的东亚城市生活史》，中华书局2010年版，第250—254页。

② （明）顾起元撰，孔一校点：《客座赘语》，上海古籍出版社2012年版，第114页。

③ （明）王士性撰，吕景琳点校：《广志绎》，中华书局1981年版，第33页。

它地区，甚至皇室也对苏州风尚亦步亦趋。”① 在当时，“苏样”“苏意”“苏作”等流行语已为人们耳熟能详，表征着时尚与雅致生活的各类苏式实用品和鉴赏品，如“苏绣”“苏灯”“苏裱”“苏铸”等受到人们的喜爱和追捧。更重要的是，这些以“苏”字打头的物用行销全国各地，市场占有率极高，“极大地推动了以苏州为中心的江南的商品生产”②，这又反过来促进了江南地域经济的持续发展。就这些苏式物用本身来说，它们“不仅有着强烈的地域指示性，还代表了一种最高的规范，或者是一种自成一体的流派”③，而这也正得益于手工业的发达。

二　手工业的发达

晚明江南地域的手工业高度发达，这是由于：第一，始于明成化的“以银代役”不但提高了手工业技术水平，而且为手工业的发展积累了大量劳动力；第二，随着商业经济的发展，在江南地区的纺织业中出现了拥有资金和织机的“机户”，他们雇佣机工进行生产，形成了手工工场，也就产生了雇佣与被雇佣这一带有资本主义萌芽性质的新的生产关系；第三，随着生产技术的不断提高，晚明出现了对手工业生产技术和经验进行总结的专著，代表性的如漆艺专著《髹饰录》、木工专著《鲁班经》等，而宋应星的《天工开物》更是被称为明代工艺的“百科全书”。兴旺的手工业不仅制造出了种类多样且数量庞大的物品，极大地促进了物质资源的丰富，而且工艺制作技术也日趋成熟和完备，这些都对晚明文人生活美学的生成具有重要的意义。

---

① ［美］孙康宜、宇文所安主编：《剑桥中国文学史（下卷 1375—1949）》，刘倩等译，生活·读书·新知三联书店 2013 年版，第 90 页。

② 范金民：《“苏样”、“苏意”：明清苏州领潮流》，《南京大学学报》（哲学·人文科学·社会科学版）2013 年第 4 期。

③ 郑丽虹：《“苏样”与“苏式”——“苏式”工艺美术的含义》，《装饰》2008 年第 11 期。

与晚明文人的生活美学有关的手工业主要涉及纺织工艺、陶瓷工艺、金属工艺、漆器工艺、家具工艺和印刷工艺等，这些工艺在晚明获得了长足的发展，同时也“形成各个工艺品种的著名生产中心。如景德镇的陶瓷，处州的龙泉青瓷，苏州、杭州的丝织，松江的棉织，芜湖的印染，遵化的炼铁，益都的玻璃等等”①。如《长物志》中的《衣饰》卷涉及纺织工艺，《几榻》卷和《位置》卷涉及家具工艺，《器具》卷涉及陶瓷工艺、金属工艺、漆器工艺，《香茗》卷涉及陶瓷工艺。可以说，《长物志》中涉及的衣、帐、冠、巾等服饰，榻、几、椅、桌、凳、橱、架、床、屏等家具以及笔、墨、纸、砚、笔格、笔床、笔屏、笔筒、笔洗、水中丞、水注、镇纸、灯、镜、扇、香炉、香盒、袖炉、手炉、花瓶、琴、印章、梳具等文房清玩和生活器用都有赖于手工业的生产制造。同时，《长物志》的刊刻出版也离不开印刷工艺。

工匠是手工业发展的主力。明代手工业中涌现了一批有名的工匠，张岱指出：“吴中绝技：陆子冈之治玉，鲍天成之治犀，周柱之治嵌镶，赵良璧之治梳，朱碧山之治金银，马勋、荷叶李之治扇，张寄修之治琴，范昆白之治三弦子，俱可上下百年，保无敌手。”② 可以说，工匠对于晚明收藏鉴赏之风的形成和雅俗审美趣味的融合发挥着重要的作用。

晚明文人生活美学的建构也需要工匠的支持和协助。计成在《园冶》中说：“世之兴造，专主鸠匠，独不闻三分匠、七分主人之谚乎？”③在他看来，造园的成败三分靠工匠，七分靠园林的设计规划者。这里计成虽意在强调园林设计规划的重要性，批评当时造园中过分依赖工匠而忽视园林设计规划者的现象，但他还是承认了工匠的作用。的确，

① 田自秉：《中国工艺美术史》，东方出版中心2009年版，第280页。
② （明）张岱撰，苗怀明评注：《陶庵梦忆》，中华书局2008年版，第19页。
③ （明）计成著，陈植注释：《园冶注释》，中国建筑工业出版社1988年版，第47页。

只有工匠的辛勤劳作才能将富有创意的设计规划转变为现实，也才能检验设计规划的可行性。对于工匠之事，文震亨也有自己的认识。他说："至于蓺兰栽菊，古各有方，时取以课园丁，考职事，亦幽人之务也。"① 他又说："种菊有六要二防之法：谓胎养、土宜、扶植、雨旸、修葺、灌溉、防虫，及雀作窠时，必来摘叶，此皆园丁所宜知，又非吾辈事也。"② 在此，文震亨的言下之意是文人不仅需要辨明什么是优雅的日常生活趣味，以及如何判别日常生活中的雅与俗，而且也需要知晓花木种植等技艺方面的知识，即便文人不需要亲自去从事浇灌花木等具体的体力劳动。

不难看出，晚明文人对生活美学的建构不是仅仅停留于设计规划的层面，而是将园居环境实际建造中的工匠之事以及文人与工匠的关系一并纳入了考虑范围。这也就意味着晚明文人生活美学的建构需要文人与工匠合力完成。

三　自然条件的优越

江南气候温和湿润、物产丰饶、青山绿水、风景旖旎，拥有着得天独厚的自然条件，这使江南成为历代文人心驰神往之地。白居易的"日出江花红胜火，春来江水绿如蓝。能不忆江南"（《忆江南》）、杜牧的"千里莺啼绿映红，水村山郭酒旗风"（《江南春》）等吟咏赞美江南自然风光的诗句都耳熟能详。可以说，江南优越的自然条件为晚明文人生活美学的生成提供了丰富的自然资源。

首先，江南地形平坦、降水丰沛、土壤肥沃，十分适宜发展农业。江南不仅种植着水稻等农作物，也大量种植各类蔬菜、果树和茶树以满足日常生活所需。在蔬果方面，《长物志》中就提及许多江南盛产

① （明）文震亨著，陈植校注：《长物志校注》，江苏科学技术出版社 1984 年版，第 41 页。

② （明）文震亨著，陈植校注：《长物志校注》，第 78 页。

的蔬果，如樱桃、橘橙、柑、香橼、枇杷、杨梅、荔枝、菱等。对于蔬果，文震亨不仅论及其外观、生长习性和药用养生价值等，而且讲究食用方法，更重要的是不仅仅将饮食视为满足口腹之欲，更是提升到精神享受的层面。一是挖掘与蔬果有关的文化典故，追溯历史名人，如论板栗："杜甫寓蜀，采栗自给"①；论茄子："蔡撙为吴兴守，斋前种白苋、紫茄，以为常膳，五马贵人，犹能如此，吾辈安可无此一种味也?"② 二是注重饮食的情境，如认为寒夜围炉食芋头，其乐融融。三是追求自然之趣，如认为将芡实剥壳取肉和糖捣碎来食用，就完全失去本味了。在茶叶方面，文震亨就论及了产自苏州虎丘、天池山，安徽六安、松萝，浙江龙井、天目山等地的茶叶。江南地区丰富的茶资源为晚明文人将饮茶活动审美化提供了物质保障。

其次，江南既山川秀美、名山遍布，又河道纵横、水网密布，素有"水乡泽国"之称。晚明文人的生活美学就涉及水石资源在日常生活审美实践中的运用。丰富的水资源一方面使文人在园居环境中凿池引水、建造瀑布景观等成为可能；另一方面也使江南适宜饲养禽鱼，从而为日常生活增添了生意与情趣。晚明文人还论及采自山中的灵璧石、尧峰石、昆山石等造园石料。更重要的是，晚明文人将江南秀美的山川风物印刻在脑海中，成为他们营造日常生活环境的自然摹本，如文震亨就要求叠山理水应具有"一峰则太华千寻，一勺则江湖万里"③ 的开阔意境。

再次，江南秀丽的自然风光离不开花草树木的点缀。地处亚热带的江南，植物多种多样，为园居环境的营构提供了不可或缺的原材料。如《长物志》专设《花木》一卷，论及牡丹、芍药、玉兰、海棠、茶花、瑞香、蔷薇、木香、玫瑰、芙蓉、茉莉、杜鹃、松、桂、柳、梧

① （明）文震亨著，陈植校注：《长物志校注》，第377页。
② （明）文震亨著，陈植校注：《长物志校注》，第387页。
③ （明）文震亨著，陈植校注：《长物志校注》，第102页。

桐、银杏、乌桕、竹、菊、兰、藕花、水仙、芭蕉等四十余种植物。这些植物的色、形、香、影、声及文化意蕴都使其成为日常生活中的审美对象，而一些树木还提供了制作家具所需的木材。由于明式家具不上油漆修饰，因此木材本身的色泽、纹理和质感又成为家具的重要审美因素。

俗话说“一方水土养育一方人”。这种养育，不仅是生理上的，更是心理上的，即对人的性情品格的陶养和塑造。江南山清水秀的自然环境孕育出文人温婉细腻、灵动多情的品性以及懂得品味和享受生活的闲适自得的心境。正是拥有这样的品性和心境，文人才能讲求生活的意趣和情致，精心建构起生活美学。同时，江南美不胜收的自然环境也为文人对日常生活的审美设计与创构提供了灵感和启发，使他们能够将自然风物之美引入日常生活之中，形成尚自然质朴、崇简淡素雅的日常生活审美趣味。

第二节　晚明文人思想与心态的变革

晚明文人的思想与心态发生了重大变革。晚明朝政颓败，科举仕途困难重重，使得一批壮志难酬的文人远离政治而回归日常生活以寻求对自我人生价值的重新发现和定位。同时，晚明文人又高度重视自我个性的自由与解放，追求自适自得的生活，注重在日常生活中牧养精神的绿洲。简言之，晚明文人思想与心态的变革集中表现为两个转向——一是转向日常生活，二是转向内在自我，从而促进了晚明文人生活美学的生成。

一　转向日常生活

晚明政治环境恶劣。首先，科举仕途阻塞。晚明人口的持续增长和政府对入学资格限制的放松导致求仕之人日益增多，但官员的职位并没有相应增加，由此产生了大批没有任官的生员。顾炎武指出，至晚明“合天下之生员，县以三百计，不下五十万人”[①]，科举供求关系的严重失衡又使科考竞争更加激烈，仕途异常艰难。因此，不少屡试不第的文人索性放弃科举仕途之路。放弃科举在晚明已形成了一定的风气，冲击了“学而优则仕”的传统观念。同时，一些文人也对八股取士的科举制度有所不满，如何良俊说：“自程、朱之说出，将圣人之言死死说定，学者但据此略加敷演，凑成八股，便取科第，而不知孔孟之书为何物矣。以此取士，而欲得天下之真才，其可得乎?”[②] 顾炎武也说：“文章无定格，立一格而后为文，其文不足言矣。唐之取士以赋，而赋之末流最为冗滥。宋之取士以论策，而论策之弊亦复如之。明之取士以经义，而经义之不成文又有甚于前代者。皆以程文格式为之，故日趋而下。”[③] 虽然这里何良俊和顾炎武两人仅从八股文的角度表达对科举制度的不满，但这也标志着晚明文人已经开始质疑和反思科举制度，从而为文人探索除科举仕途之外的多样化的人生选择作了铺垫。

其次，晚明政治腐败黑暗。统治者贪图逸乐、不理国事、昏庸无能导致宦官专权，朝廷内部党争激烈，最显著、影响最大的是形成了东林党和阉党两大不同利益政治集团之间的矛盾斗争。以魏忠贤为首的阉党把持朝政，横行天下，无恶不作，残酷迫害镇压东林党人。在激烈的党争中，不少文人遭到杀害或被排挤打压，政治恐怖一度笼罩晚明政坛。这既使一部分已出仕的文人采取明哲保身之策，选择退隐归家，也使一部分未出仕的文人惧怕官场凶险，或对朝政失去信心，感到迷茫和彷徨。

再次，皇权与朝臣之间关系紧张。如朝廷实行廷杖这一不成文的

---

① （清）顾炎武撰，华忱之点校：《顾亭林诗文集》，中华书局 1983 年第 2 版，第 21 页。

② （明）何良俊撰，李剑雄校点：《四友斋丛说》，上海古籍出版社 2012 年版，第 17 页。

③ （清）顾炎武：《日知录》卷之十六《程文》，载严文儒、戴扬本校点《顾炎武全集》第 18 册，上海古籍出版社 2011 年版，第 654 页。

法外刑，即皇帝在朝廷杖打官员。被打的官员有的是过失犯错，更多的则是因进谏而触怒皇帝。明代“中期以后，随着廷杖的常态化，群臣动辄得咎，廷杖逐渐演变为皇帝遏制朝臣言论、发泄个人私欲的惯用手段。这种做法所产生的严重后果就是皇权和士大夫群体的对立”①。廷杖不仅是一种惩罚和羞辱，有时就是杖杀，在杖下丧命的官员不在少数。文徵明在给其岳父吴愈的一封信札中写道：“前日议礼杖死者十六人：翰林王思、王相，给事中裴绍宗、毛玉、张原，户部申良、安玺、杨淮，礼部许瑜、臧应奎、张深，兵部余祯、李可登，刑部胡琏、殷承叙，御史胡琼。充军者十一人：翰林丰熙、杨慎、王元正，给事中张翀、刘济，部属黄待显、陶滋、余宽、相世芳，御史余翱，大理寺正毋德纯。为民者四人：给事张汉、张原、安监，御史王时柯。”② 嘉靖皇帝仅因要修改其生母的尊号而遭到朝臣的上疏反对便杖死十六人，这对文徵明的辞官产生了影响。可以说，廷杖在精神上损害了朝臣的人格与自尊，也打击了他们参政议政的积极性，特别是在晚明更使宦官肆无忌惮、为所欲为，腐朽混乱的政坛更加阴云密布，加深了统治的危机，也必然使部分心灰意冷的文人日渐疏离政治。

科举仕途的壅滞艰难、官场的恶浊腐坏以及君臣的对立冲突，都极大地消泯着晚明文人积极入世、以天下为己任的政治理想和抱负。于是他们不再专注于仕途政治而另辟蹊径，转向对自我日常生活世界的审美开发与营构。文人脱离官场也使他们得以赋闲在家，拥有充裕的时间和精力展开日常生活的审美实践，兴造园林、鉴藏器玩、游山玩水、修心养生、饮酒品茗、抚琴对弈、赏鱼观瀑、清谈雅集、蓄养声伎等都成为他们日常生活的重要组成部分。正如清人伍绍棠所说，

① 徐春燕：《从廷杖看明代的君臣冲突》，《中原文化研究》2013 年第 4 期。

② （明）文徵明：《文衡山致吴遁庵十札留真册》，载周道振、张月尊纂《文徵明年谱》，百家出版社 1998 年版，第 359 页。

当时“士大夫以儒雅相尚，若评书品画，瀹茗焚香，弹琴选石等事，无一不精，而当时骚人墨客，亦皆工鉴别，善品题，玉敦珠盘，辉映坛坫”①。可以说，转向日常生活实际上也就意味着晚明文人将审美由原先传统的诗文书画等艺术领域转向了日常生活领域，这是对审美实践的拓展与丰富。因此，晚明文人转向日常生活不仅具有重要的政治意义，也具有重要的美学意义。

晚明文人丰富多彩的日常生活审美实践又以兴造园林、鉴藏器玩和游山玩水最为突出。文人们凭借深厚的文化修养和较高的审美能力积极投身造园实践。计成、文震亨、祁彪佳、张岱等人便是其中的佼佼者，他们既通晓造园之道，又亲自参与设计，使建成的园林浸染着文人高雅清逸的审美趣味，充满了自然山水的意境和诗情画意的书卷气息，从而有别于官僚地主、富商巨贾们建造的用以炫耀财富的园林，而“竹楼数间，负山临水，疏松修竹，诘屈委蛇，怪石落落，不拘位置，藏书万卷其中，长几软榻，一香一茗，同心良友，闲日过从，坐卧笑谈，随意所适，不营衣食，不问米盐，不叙寒暄，不言朝市，丘壑涯分，于斯极矣”② 更是描绘了文人理想的园居生活样态。园林不仅是文人日常居住休憩之地，也是他们聚会宴客和以私人家班演出戏曲的场所，更是他们精神的家园。正如陈继儒在其诗作《青莲山房》中所谓“主人无俗态，筑圃见文心”，园林是文人艺术情操与精神风度的外化。

晚明文人乐于和精于鉴藏器玩。这里的器玩包括古玩和时玩，范围广泛，涉及书画、文具、奇石、陶器、漆器、玉器、铜器、香品、钱币、乐器等。不少文人都成了器玩鉴藏专家，器玩鉴藏也日益专业化。如董其昌就写有《骨董十三说》，书中详细论及了骨董清玩的收藏与品鉴。特别是他发出的“天下一大骨董也”③ 的感慨更是以超越

① （清）伍绍棠：《长物志》跋，载（明）文震亨著，陈植校注《长物志校注》，第423页。

② （明）谢肇淛撰，傅成校点：《五杂组》，上海古籍出版社2012年版，第234页。

③ （明）董其昌：《骨董十三说》，载（明）周高起、董其昌著，司开国、尚荣编著《阳羡茗壶系　骨董十三说》，中华书局2012年版，第118页。

局部的宏阔视域将鉴藏上升到了天地万物普遍互依互存的哲学高度。屠隆的《考槃馀事》则展现出了晚明文人器玩鉴藏的多样化与系统性，书中涉及书、帖、画、纸、墨、琴、盆玩、家具、文房器具、游具等，可谓包罗万象。同时，乌木、紫檀、龙涎香、玻璃品、象牙等国内稀有之物也在晚明从国外引进，满足了文人们追新求异的鉴藏之好，展现出其追求新奇怪异的日常生活审美趣味。鉴藏器玩本身就能丰富日常生活情趣，而将器玩陈设于居住环境之中，又能为日常生活增添清雅的氛围。可以说，器玩已成为晚明文人生活的友伴。

晚明文人还喜好游览名山胜景。如陈继儒说："闭门阅佛书，开门接佳客，出门寻山水，此人生三乐"①，张岱也说"余少爱嬉游，名山恣探讨"②。文人们不再将自己封闭于书斋之中，而是投入大自然的怀抱，在明山秀水中体验着天人合一的审美佳境，将现实中的种种不意、不乐抛至九霄云外，获得心灵的自由与解放。在晚明文人这里，游山玩水讲求与友人结伴同行和时节的选择，如袁宏道说："山水朋友不相凑，一败兴也；朋友忙，相聚不及，二败兴也；游非其时，或花落山枯，三败兴也。"③ 与友同行，才能彼此交流、增添游兴。同时，选择恰当的时节出游，才能享受到正当时的美景，由此获得身心的愉悦与精神的超脱。晚明文人还通过游具来展现自己独特的审美品位。屠隆就在《考槃馀事》中专设《游具笺》，论及的舟、鱼竿、叶笺、叠桌、提盒、提炉、备具匣、酒樽等游具都富有文人高雅的兴致与生活的情趣。如文人把竿垂钓"为乐事""是乐志也，意不在鱼"④。又如对舟的精巧设计和泛舟出游的欢畅惬意："两傍朱栏，栏内以布绢作帐，用蔽东西日色，无日则悬钩高卷。中置桌凳，列笔床、香鼎、盆玩、酒具、花尊之属。后仓以蓝布作一长幔，两边走檐，前缚船尾

① （明）陈继儒撰，陈桥生评注：《小窗幽记》，中华书局 2008 年版，第 100 页。
② （明）张岱撰，李小龙评注：《西湖梦寻》，中华书局 2011 年版，第 27 页。
③ （明）袁宏道著，钱伯城笺校：《袁宏道集笺校》，上海古籍出版社 1981 年版，第 506 页。
④ （明）屠隆著，赵菁编：《考槃馀事》，金城出版社 2012 年版，第 297 页。

钉两圈处，以蔽僮仆。风日用二画桨，泛湖棹溪，更着茶灶，起烟一缕，恍若画图中一孤航也。别置一小船如叶，系于柳根阴处，时乎闲暇，执竿把钩，放乎中流，或于雪霁月明、桃红柳媚之时，放舟当溜吹紫箫铁笛，以动天籁，使孤鹤乘风唳空，或扣舷而歌，饱飧风月，回舟返棹，归卧松窗，逍遥一世之情，何其乐也。"① 不难看出，晚明文人已形成了追求雅韵闲趣和畅情适意的游风。

对于晚明文人来说，通过园林、珍玩、书画、琴棋、山水、盆景、声乐等，日常生活的重要性日益彰显，日常生活的格局得以充分打开，日常生活成了他们感怀的融注、情性的陶养和理想的寄托，成为他们"志要高华，趣要淡泊"② 的人生价值取向的载体，这在晚明以前是不曾有过的。晚明文人转向日常生活是他们清醒思考时代格局和自我际遇的结果，是一种在飘摇动荡时局下的处世策略与生存智慧，这既由当时的政治环境直接诱发，又受到儒家的"穷则独善其身，达则兼济天下"，道家的逍遥无为、回归自然和佛禅的空静等中国传统思想文化的多重影响。

饶有意味的是，晚明政局极度衰朽，但晚明文人的日常生活审美文化极其发达。晚明文人的生活美学就是在对腐败政治的批判反叛与对生活审美的倾心追求、身心的极度压抑与对闲赏生活的极大渴慕、文人政治职能的弱化与文化身份的凸显等这样的冲突和对立中建构起来的，是在黑暗土壤中开出的一朵清幽淡雅而又引人注目之花。

可以说，晚明文人在科举仕途上往往身不由己，无法独立自主，但他们可以转向日常生活，在建构生活美学中一展身手，尽情施展自己的审美才情和创造力，从而获得一种自主性和主体性，进而获得精神的自由与满足。由此晚明文人也便活出了真实的自我，活出了一种与汲汲于功名利禄不同的生命形态。

---

① （明）屠隆著，赵菁编：《考槃馀事》，第 297 页。

② （明）陈继儒撰，陈桥生评注：《小窗幽记》，第 93 页。

需要指出的是，对于中国传统文人来说，通过科考获取功名才是首要之事，因此晚明文人并非一开始就转向日常生活。他们转向日常生活实是在时局之压和身心之困情形下的选择，颇有些许无可奈何。以下高濂的这段自述正是当时文人内心的真实写照：

> 吾生七尺，岂不欲以所志干云霄，挟剑寒星斗耶？命之所在，造化主宰之所在也，孰与造化竞哉？既不得于造化，当安命于生成，静观物我，认取性灵，放情宇宙之外，自足怀抱之中，狎玩鱼鸟，左右琴书。外此何有于我？①

在晚明文人看来，既然无力改变命运，也无法在仕途上实现自己的理想抱负，那么就努力过好自己的生活，安适好自我的身心。这虽带有几分无奈，但也激活和打开了日常生活这一晚明文人人生中的另一场域。晚明文人正是通过转向日常生活、建构生活美学来实现精神世界的安乐和富足，展现出文人除仕途名利之外的生活及人生选择的其他面向和可能性。也可以说，转向日常生活、建构生活美学使晚明文人获得了另一种存在。在晚明文人这里，当仕途名利的现实性需求无法得到满足时，他们便会在日常生活审美的世界里追寻精神性需求的满足，而这种追寻亦是对现实的超越。

二　转向内在自我

晚明文人在思想上发生了转向内在自我的重大变革，兴起了一股思想解放浪潮。明代初期，程朱理学占据正统和至尊的地位，成为维护和巩固封建专制的工具。程朱理学认为理是世界万事万物的本源，

① （明）高濂著，王大淳、李继明、戴文娟、赵加强整理：《遵生八笺》，人民卫生出版社2007年版，第194页。

提出“存天理，灭人欲”，压抑和禁锢了人情人欲。明代中叶以来，随着政局的动荡以及商品经济的发展、市民阶层的壮大等，统治阶级的思想控制有所松动，于是阳明心学崛起，发出了要求重建道德规范和价值观念的呼声。王阳明在南宋陆九渊心学的基础上认为“人者，天地万物之心也；心者，天地万物之主也”①，冲击了僵化的程朱理学，使文人们由崇尚外在的道德理性转向关注内在的自然人性，促进了他们自我意识的觉醒与个性的高扬，引发了他们对自我的重视，这当然也就包括对自我日常生活的重视。文人们迫切要求摆脱传统礼教的规训及其对个性的泯灭，要求成为自我生活的主人，从而获得个体独立性的存在。因此，如何在日常生活中解放自我、愉悦自我就成为晚明文人思考的重要问题。同时，自我意识的觉醒与个性的高扬，也在晚明文人中产生了两种极具代表性的人格范型和精神特质，即狂诞自放与闲隐自适。狂诞自放者蔑视权贵、行为乖张、任情放达，表现为外显性；闲隐自适者则讲究幽雅清净、追求恬淡自在、倾心于质朴自然，表现为内敛性，这两种人格范型和精神特质有时也交杂地体现在同一个人身上。而无论哪种人格范型和精神特质，都需要通过在日常生活中的言行举止得以展露。也就是说，日常生活成了文人性情气质最直接和直观的表征领域。因此，如何在日常生活中表现自我个性、塑造自我形象也受到了晚明文人的重视。可以说，在日常生活中解放自我、愉悦自我以及表现自我个性、塑造自我形象都成了晚明文人生活美学的题中应有之义。

晚明文人重情尚趣，从中可见阳明心学的烙印，其实质是要求个性的独立和自由，高扬人的主体性，这是由重礼制向重人自我的回归。因此，重情尚趣成为晚明文人反抗传统政教伦理的有力武器。在重情方面，李贽提出了“童心”说，他认为：“童心者，真心也；若以童

---

① （明）王阳明著，吴光、钱明、董平、姚延福编校：《王阳明全集（新编本）》，浙江古籍出版社2010年版，第228页。

心为不可，是以真心为不可也。夫童心者，绝假纯真，最初一念之本心也。若失却童心，便失却真心；失却真心，便失却真人。人而非真，全不复有初矣。”[①] 在李贽看来，回归“童心”也就是回归自然率真的本我，其思想内核是重视人的真情实感和强调个性解放。袁宏道提出“性灵”说，主张“独抒性灵，不拘格套，非从自己胸臆流出，不肯下笔”[②]，强调文艺创作应注重表现自我的性情。汤显祖则对“情”作了进一步的深入阐发。他提出“世总为情，情生诗歌，而行于神”[③]，“因情成梦，因梦成戏”[④]，认为“情”既是艺术创作的原动力，也是艺术作品感动人的原因所在。同时，汤显祖又主张以“情”抗“理”，提出“第云理之所必无，安知情之所必有邪”[⑤]，对“情”与“理”的关系作出了新的阐释。在汤显祖这里，“情”是超越时空和死生的，他将“情”作为对抗封建伦理纲常的有力武器。冯梦龙更是将“情”视为世界上万物繁衍生息的本质所在：“天地若无情，不生一切物。一切物无情，不能环相生。生生而不灭，由情不灭故。”[⑥] 这就将“情”提升到化育万物的宇宙本体论高度。他还将情感与审美教育联系起来，提出“情教”：“我欲立情教，教诲诸众生。”[⑦] 在尚趣方面，李贽说“天下文章，当以趣为第一”[⑧]；屠隆说“文章止要有妙趣，不必责其何出”[⑨]；汤显祖说“《牡丹亭记》要依我原本，其吕家改的，切

① （明）李贽：《童心说》，载张建业译注《焚书·续焚书》，中华书局 2011 年版，第 146—147 页。

② （明）袁宏道著，钱伯城笺校：《袁宏道集笺校》，第 187 页。

③ （明）汤显祖：《耳伯麻姑游诗序》，载刘德清、刘宗彬编注《汤显祖小品》，上海三联书店 2008 年版，第 258 页。

④ （明）汤显祖：《复甘义麓》，载刘德清、刘宗彬编注《汤显祖小品》，第 157 页。

⑤ （明）汤显祖：《牡丹亭记题词》，载刘德清、刘宗彬编注《汤显祖小品》，第 295 页。

⑥ （明）冯梦龙：《情史》，岳麓书社 1986 年版，第 1 页。

⑦ （明）冯梦龙：《情史》，第 1—2 页。

⑧ （明）李贽：《水浒传回评·第五十三回》，载朱一玄、刘毓忱编《水浒传资料汇编》，南开大学出版社 2002 年版，第 179 页。

⑨ （明）屠隆：《论诗文》，载黄卓越主编《中华古文论释林·明代下卷》，北京大学出版社 2011 年版，第 130 页。

不可从。虽是增减一二字以便俗唱，却与我原做的意趣大不同了”[①]；等等。上述晚明文人虽是从诗文书画等审美对象的角度论“趣”，但审美对象之“趣”归根结底还是审美主体之“趣”的投射与外化。

晚明文人的重情尚趣不仅表现在文艺领域，也表现在日常生活领域。晚明文人善于以情感物、以趣观物，使日常生活中一些原本稀松平常之物都具有了独特的情味和情调，从而获得了丰富的美感。如陈继儒所说：“香令人幽，酒令人远，石令人隽，琴令人寂，茶令人爽，竹令人冷，月令人孤，棋令人闲，杖令人轻，水令人空，雪令人旷，剑令人悲，蒲团令人枯，美人令人怜，僧令人淡，花令人韵，金石彝鼎令人古。”[②] 在此，香、酒、石、琴、茶、竹、棋等诸多生活之物都被文人赋予了独特的感受和体验，表现出在日常生活中清雅幽远的审美情趣。同时，重情尚趣也使晚明文人注重追求自适自得、自怡自乐和自由自在的日常生活，注重对自我精神世界的建构。从某种意义上说，晚明文人在日常生活中的种种审美实践恰为其重新寻找自我、确立自我和实现自我提供了可能。

晚明文人转向内在自我也使他们由己及人，提出了道在百姓日用生计中的观点。泰州学派的王艮认为“圣人之道，无异于百姓日用，凡有异者，皆谓之异端”[③]，“百姓日用条理处，即是圣人之条理处”[④]。李贽也说：“穿衣吃饭即是人伦物理；除却穿衣吃饭，无伦物矣。世间种种皆衣与饭类耳，故举衣与饭而世间种种自然在其中，非衣饭之外更有所谓种种绝与百姓不相同者也。”[⑤] 这些观点除具有圣凡平等的色彩外，更重要的是表明文人已将目光由形而上转向了形而下的日常

---

① （明）汤显祖：《与宜伶罗章二》，载刘德清、刘宗彬编注《汤显祖小品》，第198—199页。

② （明）陈继儒：《岩栖幽事》，载［日］合山究编选，陈熙中、张明高注释《明清文人清言集》，上海科学技术文献出版社2018年版，第42页。

③ （清）黄宗羲著，沈芝盈点校：《明儒学案（修订本）》，中华书局2008年第2版，第714页。

④ （清）黄宗羲著，沈芝盈点校：《明儒学案（修订本）》，第715页。

⑤ （明）李贽：《答邓石阳》，载张建业译注《焚书·续焚书》，第65页。

生活领域，重视人合理的物质欲求与本根的生存状态。在他们看来，道并非虚空玄奥和神秘莫测的，平凡的日常生活便是道的最直接实在和具体鲜活的体现，道与人的日常生活紧密联系。离开了日常生活，道将无处可寻，一切也都将成为空谈，由此便赋予了日常生活以重要意义，提高了日常生活的地位。日常生活成为不容忽视的人伦大事，这也就为晚明文人建构其生活美学打下了思想根基。

第三节　晚明文人家族传统的熏陶

除自然环境以及政治、经济、思想文化等社会环境的影响外，文人家族传统的熏陶也是推动晚明文人生活美学生成的不可忽视的重要因素。这里以苏州文氏家族为例进行探讨。作为江南文化世家的苏州文氏家族在明代人才辈出、声名显赫，并且力主风雅，其中又以诗文书画集大成的一代名家文徵明为代表。文徵明的曾孙文震亨自小就受到家学的涵养和家风的濡染，因此他的《长物志》可以说是对其所生长的苏州文氏家族的文化传承和对家族几代人日常生活审美的经验总结，也是苏州文氏家族文化发展到高峰的标志。

一　家学的涵养

文徵明在《甫田集》中叙及其家世：

> 文氏姬姓，裔出西汉成都守翁，始着姓于蜀。后唐庄宗帐前指使轻车都尉讳时者，自成都徙庐陵。传十一世至宋宣教郎宝，实与丞相天祥同所出。宝官衡州教授，子孙因家衡山。至镇远府君俊卿，仕元季为湖广管军都元帅，佩金虎符，镇武昌。生六子：长定开，入国朝为荆州左护卫千户，赐名添龙；次定聪，侍高皇帝为散骑舍人。后赘为都指挥蔡本婿，从蔡徙苏州，遂占籍为苏

> 之长洲人。散骑府君次子惠，字孟仁，公之祖考也。考讳洪，字功大，仕为涞水县儒学教谕，累赠南京太仆寺少卿。[①]

由这段话可知，文徵明的曾祖父文惠大约在元朝末年便已定居苏州。在祖父文洪之前，文家多为武官，而从文洪开始，文家则皆为文官。文洪为举人，其子文林和文森皆中进士，文震亨之兄文震孟则为状元。科举仕途作为家族振兴的重要途径，使文氏家族能够进入上层社会，而这又给家族后代的成长成才提供了优良的后天条件。同时，文氏家族最为人称道的还是其在诗文书画领域的卓越建树，这是其家学的重要方面，由此形成了浓厚的家族精神文化氛围。文氏家族丰厚的诗文书画传统至文徵明时达到顶峰，文徵明之后的文彭、文嘉、文肇祉、文元发、文震孟、文震亨等也皆擅长诗文书画，家族成员中还出现了文俶这位女画家。清人徐沁指出文彭"工书法，其篆刻为世所宗。写墨竹，老笔纵横，直入湖州之室"[②]，文嘉"所作山水，清远逸趣，得云林佳境，合处直逼其父"[③]，文俶"写生花卉虫蝶，信笔点染，无不鲜妍灵异"[④]。在文化艺术方面，文氏家族依靠前辈的培养带动和后辈的勤学师承，在明朝可谓代代相续、后继有人。

文徵明无疑是文氏家族中艺术成就最高的一位，也是家学传承的渊源所在。他的艺术造诣受益于其父文林之好友沈周、李应祯和吴宽等人的教授指点。文徵明曾学画于沈周，学书于李应祯，学文于吴宽，诗、书、画、文兼擅，可谓博雅多才，对明、清两代的艺坛影响深远。作为吴门画派的创始人，文徵明与沈周、唐寅和仇英并称"明四家"，又与祝允明、唐寅和徐祯卿合称"吴中四才子"。董其昌指出："文人之画，自王右丞始。其后董源、僧巨然、李成、范宽为嫡子，李龙眠、

---

① （明）文徵明著，陆晓冬点校：《甫田集》，西泠印社出版社 2012 年版，第 382 页。
② （清）徐沁撰，印晓峰点校：《明画录》，华东师范大学出版社 2009 年版，第 150 页。
③ （清）徐沁撰，印晓峰点校：《明画录》，第 64 页。
④ （清）徐沁撰，印晓峰点校：《明画录》，第 141 页。

王晋卿、米南宫及虎儿，皆从董巨得来。直至元四大家黄子久、王叔明、倪元镇、吴仲圭，皆其正传。吾朝文沈，则又遥接衣钵。”① 可见不同于“院体”，以沈周、文徵明为代表的吴门画派继承的是唐代王维以来的文人画传统，展现的是文人的审美情趣，即标举“士气”，注重主观表现、多写意、追求意境、讲究神似和气韵等，特别是他们创造性地将诗、书、画、印四者熔于一炉且讲究用印，形成了吴门画派的鲜明特色。如果说文徵明多在书画领域表现出文人清雅俊逸的意趣，那么文震亨则将这种文人意趣表现于对日常生活的审美设计、布置和创构中。因此，《长物志》中所展露出的日常生活审美趣味，既非豪门贵族的富贵气，也非市井气，而是脱俗的文人气，体现出文震亨对家族审美趣味的传承。同时，文震亨在《长物志》中不是简单经营日常生活中的衣、食、住、行、用等方面，而是将日常生活高度精致化、艺术化和诗意化，从中寄寓个体的品格情志，实现精神的自由与超越。可以说，文震亨对日常生活领域用心的审美开掘也体现出了他对其家族文化的丰富和延展。

苏州文氏家族不仅是著名的诗文书画世家，也是为数不多的园林世家。文氏家族建造园林始于文徵明之父文林的“停云馆”，文徵明也曾营建宅园“玉磬山房”，并受王献臣之邀，参与了拙政园的造园工作。此后，文震亨的父亲文元发建有“衡山草堂”“兰雪斋”“云驭阁”“桐花院”等，伯父文肇祉建有“塔影园”，兄长文震孟建有“药圃”（艺圃）。受此影响，文震亨也积极投身造园实践，他一生共建有四处宅园，即“香草垞”“碧浪园”“水嬉堂”“竹篱茅舍”，而他的日常生活审美实践也正是在园居环境中得以展开的。有研究者指出“《长物志》就是文震亨对香草垞的直接描写”②。同时，世代相承的园

① （明）董其昌撰，印晓峰点校：《画禅室随笔》，华东师范大学出版社2012年版，第76页。

② 云嘉燕：《传统园林文化与新兴园林文化比较研究——明末清初苏州园林的文化政治学》，中国建筑工业出版社2019年版，第65页。

居生活也陶养了家族成员闲适恬淡、悠然平和的心境，他们将园林视为自己的一方清静之地，在园林中远离尘嚣、怡然自乐，这在文震亨的日常生活审美实践中也得到了鲜明的体现。虽然文氏家族所造的园林今天多已不复存在，这多少有些遗憾，但所幸的是我们依然可以通过《长物志》一窥他们园居生活的样貌。

更重要的是，文徵明还将自己在诗、文、书、画等多方面精湛的艺术才能运用于园林中，在园林领域大显身手。他不仅设计规划园林，而且为园林作画、题诗和作记，形成了园林、绘画、书法和诗文等多种艺术门类之间的互仿与互动，其中最著名的要数《拙政园三十一景图》。文震亨在《长物志》中的日常生活审美趣味也正与其曾祖父文徵明在《拙政园三十一景图》中所表现的自然淡雅、质朴简洁的意境相互映衬。同时，文徵明将多种艺术才能运用于园林也直接启发了文震亨。在《长物志》中，文震亨创构出如画式和文学式的生活情境，便是他对自己绘画和诗文才能的实际运用，从而使日常生活充满诗情画意，同时也使艺术能够真正融注于日常生活之中。

二　家风的濡染

苏州文氏家族闻名于世不是靠权势、财富，而是靠其名德气节和文艺造诣。文氏家族在文洪之前世代尚武，讲求风骨和节义。从文之后，家族成员仍然注重名节德行，做到了德艺双馨、艺品与人品的统一。文震亨的长辈为官都洁身自好、品行端正、爱憎分明、不为时弊所染，保持了文人的独立人格与操守。如《明史》中说文徵明不为富人和官员作诗文书画："四方乞诗文书画者，接踵于道，而富贵人不易得片楮，尤不肯与王府及中人，曰：'此法所禁也。'周、徽诸王以宝玩为赠，不启封而还之。"[①] 王世贞在《文先生传》中说文徵明"无

① （清）张廷玉等：《明史》，中华书局 2000 年版，第 4922 页。

论田畯妇孺裔夷，至文先生啧啧不离口，然要间以其翰墨得之。而学士大夫，自诡能知文先生，则谓文先生负大节，笃行君子，其经纬足以自表见”[①]，对其赞誉有加。再如文震孟将宅园命名为“药圃”，也表达出不同流合污的高洁志趣。此外，文氏家族成员还重义轻利，如《明史》中说文徵明十六岁时父亲文林去世，对于官员百姓集资一千两银子作为办丧事的费用，他“悉却之”[②]；又如“巡抚俞谏欲遗之金，指所衣蓝衫，谓曰：‘敝至此邪?’徵明佯不喻，曰：‘遭雨敝耳。’谏竟不敢言遗金事”[③]。这样的事例在文氏家族还有很多。可以说，文氏家族长辈在伦理道德方面树立了榜样，并言传身教，对家族后代人生观和价值观的形成产生了潜移默化的积极导向。

面对当时由商品经济发展所带来的商人社会地位的提高、文学艺术的商品化、文人经商以及社会上日益奢侈的生活风气，受家风濡染的文震亨不为所动，他在《长物志》中勇于突破世俗，依然坚守传统文人的雅逸之气。文震亨在日常生活中借“长物”来进行人格修养，与其家族长辈的高风亮节一脉相承。同时，文震亨也轻视对蝇头小利的一味追逐，排斥商业化。如他对吴地种植玫瑰获利颇有不满，还提醒人们野蔬可以多种以供斋食，但不可以此谋利，沦为菜贩等。

文氏家族生活朴素俭省，但注重生活的精神之维。文徵明《玉磬山房》一诗写道：“横窗偃曲带修垣，一室都来斗样宽。谁言曲肱能自乐，我知容膝亦为安。”不难看出，文徵明所建的“玉磬山房”十分简朴，并非雕梁画栋，而文徵明却说“知容膝亦为安”，这与陶渊明在《归去来兮辞》中所表达的“审容膝之易安”的情感相一致，即身居狭仄的小屋也能感到和悦舒适，这其实就是一种知足常乐的心境，可见陶渊明和文徵明虽身处不同的时代，但都有着共同的精神追求。

---

① （明）王世贞：《文先生传》，载《甫田集·附录》，陆晓冬点校，第546页。

② （清）张廷玉等：《明史》，第4921页。

③ （清）张廷玉等：《明史》，第4921页。

与陶渊明一样，写作该诗时的文徵明也刚脱离官场，辞官归家。文徵明向往陶渊明式的自由自得的生活，其子文嘉写道："到家，筑室于舍东，名玉磬山房。树两桐于庭，日徘徊啸咏其中，人望之若神仙焉。"① 这也足见文氏家族成员对于日常生活不仅有着物质上的需求，更有着精神上的需求。由此我们也就不难理解文震亨要求"门庭雅洁，室庐清靓。亭台具旷士之怀，斋阁有幽人之致"②、"韵士所居，入门便有一种高雅绝俗之趣"③ 等，这些显然都受到了文氏家风的濡染，延续了家族一贯高雅得体的审美趣味和对精神生活的追求。

文氏家族的不少成员虽然为官，但大都厌恶官场，渴望回归故里，憧憬着隐逸安宁的生活。还有一些家族成员科场并不如意，屡试不第，如文徵明、文彭、文嘉、文元发、文肇祉等；而那些科场如意者如文林、文震孟，在仕途上却困顿蹉跎，并不畅达，这都使他们产生了隐居的想法以摆脱俗世的纷扰。文氏家族成员的诗作也寄寓着隐逸的情怀，如文徵明的"羡杀忘忧沈东老，诗书白发自生涯"（《次韵答石田梅雨后言怀之作》）直接流露出对沈周隐逸生活的羡慕之情；文肇祉的"两年端笏一微臣，子告今朝解佩簪。无复京华尘滚滚，不闻长乐漏沉沉。回瞻紫阙远逾远，归向青山深更深。从此闭门惟静坐，有时乘月一微吟"（《和申相公送行》）则明确表达了归隐之志。在向往隐逸的家族生活之风的濡染下，文震亨也将隐逸视为一种理想的生活状态。

第四节　晚明文人日常生活审美书写风尚的盛行

晚明文人疏远政治而转向日常生活和自我主体意识的增强，必然使他们纷纷将自己在日常生活审美实践中的感受、经验和心得等诉诸

① （明）文嘉：《先君行略》，载《甫田集·附录》，陆晓冬点校，第543页。

② （明）文震亨著，陈植校注：《长物志校注》，第18页。

③ （明）文震亨著，陈植校注：《长物志校注》，第347页。

笔端，形成文字表达出来，由此涌现了一大批不同类型的日常生活审美著述，形成了蔚为大观的日常生活审美的书写风尚。这也可以说是晚明文人创造的一种新的书写样态，开辟了新的文人话语空间。同时，晚明文人之间的相互交流和感召也极大地调动起他们书写日常生活审美的热情，加之晚明发达的造纸业和出版业以及不断增加的读者阅读需求，都推动着这股日常生活审美书写风尚的盛行。

一　晚明文人日常生活审美书写的主要类型

晚明文人日常生活审美书写风尚的盛行突出表现为书写类型的多样化和丰富化，出现了以下四种主要类型。

第一种类型是综论日常生活审美的体系性著作。主要有三本，即高濂的《遵生八笺》、屠隆的《考槃馀事》和文震亨的《长物志》，它们不仅展现了晚明文人的日常生活审美意趣和理想及精神气质，也成为当时特定社会文化的缩影。更重要的是，正是这三本日常生活审美的综合性、集大成式著作的出现，标志着晚明进入了中国古代生活美学的高峰期、成熟期和总结期。

在这三本体系性著作中，又以文震亨的《长物志》最具代表性和典范意义。这是因为以下两点。第一，从《长物志》自身来看。《长物志》为晚明文人文震亨所撰的笔记体著作，成书于明代天启年间（1621—1627）。文震亨（1585—1645），字启美，长洲（今江苏苏州）人，官至武英殿中书舍人，明亡后绝食殉国。《长物志》全书共分《室庐》《花木》《水石》《禽鱼》《书画》《几榻》《器具》《衣饰》《舟车》《位置》《蔬果》《香茗》等十二卷，广泛涉及日常生活的衣、食、住、行、用、赏、游等各个方面，不仅提出了晚明文人日常生活审美的方式和标准以及理想的生活范型，而且集中体现了晚明文人独特的日常生活审美趣尚及追求审美生活的意识和情怀。同时，《长物志》又有着鲜明的现实针对性，其批判的矛头直指当时奢华浮靡的生活风气。因此，文震亨撰写《长物志》就不单是对晚明文人的日常生活审美实践进行经验总结，也可视为一次社会文化行动或一个社会文化事件。第二，从清人对晚明文人日常生活审美著作的评价来看。四库馆臣对晚明文人日常生活审美著作的评价大多含有负面成分。如《四库全书总目提要》对高濂《遵生八笺》的评价为："书中所载，专以供闲适消遣之用。标目编类，亦多涉纤仄，不出明季小品积习，遂为陈继儒、李渔等滥觞。"[①] 但他们对文震亨的《长物志》则给予了少见的正面肯定："明季山人墨客，多以是相夸，所谓清供者是也。然矫言雅尚，反增俗态者有焉。惟震亨世以书画擅名，耳擩目染，与众本殊，故所言收藏赏鉴诸法，亦具有条理。"[②] 文震亨出身名门世家，为文徵明的曾孙，品德高洁，具有很高的艺术才能，如善于造园、精于书画琴艺等，并且与"矫言雅尚，反增俗态"的明季山人墨客不同，他的书"具有条理"。清人伍绍棠在为《长物志》所写的跋中说："若启美此书，亦庶几卓卓可传者。盖贵介风流，雅人深致，均于此见之。"[③] 亦对《长物志》给予了积极的评价。由此看来，"作为长洲文氏文化世家的最后一个殿军人物，文震亨确实比同时代的其他人更有资格写出《长物志》这一类的书来，可以看作是他将家族文化在另一层面上的总结"[④]。

第二种类型是专论日常生活审美的某一具体领域的著作。如计成的《园冶》专论园林的设计和营造，张谦德的《瓶花谱》和袁宏道的《瓶史》专论插花和赏花，许次纾的《茶疏》和黄龙德的《茶说》专论饮茶，董其昌的《骨董十三说》专论各类古物的收藏和品鉴，周高起的《阳羡茗壶系》专论宜兴紫砂壶具的鉴赏，等等。这类专论也处处展现出文人优雅闲淡的生活品位与格调。

---

① （清）纪昀：《四库全书总目提要》，河北人民出版社 2000 年版，第 3168 页。

② （清）纪昀：《四库全书总目提要》，第 3169 页。

③ （清）伍绍棠：《长物志跋》，载（明）文震亨著，陈植校注《长物志校注》，第 423 页。

④ 刘廷乾：《江苏明代作家研究》，东南大学出版社 2010 年版，第 272 页。

第三种类型是清言。清言作为“一种精致而优美的格言式小品”[①]，其创作或纂辑在晚明时期达至鼎盛，出现的代表性作品有屠隆的《娑罗馆清言》《续娑罗馆清言》、洪应明的《菜根谭》、陈继儒的《小窗幽记》和吴从先的《小窗自纪》等，它们也是晚明文人日常生活审美书写风尚的有机组成部分。晚明清言短小精悍，自由灵动，语言清丽脱俗，其文体特征和优势正适宜文人直接表达审美生活的理想，随笔记录日常生活中的审美片段以及即兴抒发对于生活的审美感悟，从中展现着晚明文人的生活观念、审美意识、精神旨趣和生存境况。同时，与《遵生八笺》、《考槃馀事》和《长物志》不同，晚明清言并无体系建构的意识，也不着眼于对文人的日常生活进行审美规范，而多为文人对自己生活的诗性化和情趣化，其中也包含着文人对自己生活的体察、观照和反思，具有强烈的自适、自愉、自足和自省的意味，并表现出了由生活审美到通往审美人生的取向。

第四种类型是单篇短文。多为山水游记、园林记、杂记等，寓个人精微细腻的情感体验于写景、状物和记事之中。如王世贞的《弇山园记》，陶望龄的《游洞庭山记》，袁宏道的《虎丘》《西湖》《满井游记》《游盘山记》，钟惺的《五看雪诗引》《题酒则后四条》，李流芳的《题画册》《跋盆兰卷》，张大复的《蔷薇》《月能移世界》，张岱的《湖心亭看雪》《虎丘中秋夜》《扬州清明》《绍兴灯景》《闰中秋》，等等。这些单篇短文洋溢着浓郁的生活气息，抒写着文人真切的生活感受和体验，无论是轻松愉快还是略带孤寂冷落，都娓娓道来、亲切感人。

二　晚明文人日常生活审美书写的主要特征

晚明文人日常生活审美书写的主要特征表现在以下三个方面。

---

① 吴承学：《晚明小品研究（修订本）》，北京大学出版社 2017 年版，第 284 页。

首先，晚明文人的日常生活审美书写，其程度和范围是前所未有的。晚明以前也不乏有文人通过诗文记载和描述日常生活，但大多是零星的个体文人所为，并未像晚明这样形成文人共同的趋尚和群体性的书写风气，因此可以说文人对于日常生活审美的书写在晚明之前尚未得到全面充分的展开。尤其是综论日常生活审美的体系性著作是到晚明才出现的，这是晚明文人对于中国古代文人审美文化的创新与贡献所在。《遵生八笺》、《考槃馀事》和《长物志》等著作是晚明文人在身体力行的基础上，对日常生活审美的概括和总结。它们结构清晰、体系严整，融合了以往关于花木禽鱼的书写、园林山水的书写、书画器物的书写、饮食妆容的书写等，表现为一种综合性的书写，涵盖了日常生活审美的方方面面。在李惠仪（WAI-YEE LI）看来，这些著作中“常包含精准细致的描述，有时读起来像是对生活日用的选择和安排提供实际的指导”①。

其次，晚明文人的日常生活审美书写大多不再以“文以载道”的政治教化为目的，不再谈论政事，而是指向自我，重在表现自我在放下对仕途功名的热切追逐后于日常生活中的悠然自得、平和安适的生活心境，标榜个人独特的日常生活审美感受与审美趣味，彰显自我的情思，展现多姿多彩的审美生活图景。晚明文人不再纠结于审美价值与教化功用的二元对立，而是关注日常生活之于个体精神的意义以及审美在日常生活中所发挥的作用，因此在书写中更多的是闲情逸趣的自然流露。

再次，晚明文人的日常生活审美书写形成了许多出色的文学佳构，可读性强。晚明文人的不少日常生活审美著述都可以作为文学作品进行赏读，它们的文风大多灵动洒脱、意趣横生，并且全无刻意雕琢和粉饰之痕，而是清新自然又耐人寻味；文笔上则隽美雅洁、明白晓畅，

① WAI-YEE LI, “The Collector, the Connoisseur, and Late-Ming Sensibility”, *T'oung Pao*, Vol. 81, 1995.

读来如行云流水，舒卷自如，令人爽心悦意。在这里，有什么样的生活，就有什么样的文字表达。生活之美与表现生活的文字之美有机地统一起来，从而将读者带进了雅致的生活意境之中。如高濂在《遵生八笺》中就用清雅细腻的笔触描绘了西湖四季的优美风光和幽赏之事，读来令人身临其境、心悦神怡。他的《春时幽赏》《夏时幽赏》《秋时幽赏》《冬时幽赏》中的每则文字都似一篇短小精美的游记，熔写景、状物、抒情、想象、联想和感悟于一炉，既充盈着生活之趣，又蕴含着生存之思，表达出洗涤俗世之心、求得超尘拔俗的强烈愿望，并大量运用比喻、拟人、排比等修辞手法，文学性极强。同时，一些篇目的标题本身就充满诗情画意和闲情逸致，如《夏时幽赏》中的《湖晴观水面流虹》《山晚听轻雷断雨》《空亭坐月鸣琴》《步山径野花幽鸟》等，给人以丰沛的审美感受和体验。

可以说，晚明文人日常生活审美书写风尚的盛行是晚明文人生活美学兴起的最直接也最集中的表征。对于晚明文人来说，这种日常生活审美书写风尚的盛行使他们能够以文字的形式将自己对于日常生活审美的所作所为、所思所想记录和存续下来，这其实也是对已经历的日常生活审美实践的再经历，有助于激发他们新的日常生活审美需求和审美创造力，同时也形成了日常生活审美书写的文人共同体，有助于增强文人之间的身份认同感和归属感。对于晚明社会各阶层来说，晚明文人日常生活审美书写风尚的盛行为他们接触到类型多样的日常生活审美著述，进而效仿文人的审美生活提供了契机。对于今天的我们来说，正是因为晚明文人积极从事日常生活审美书写且形成了风尚，我们才得以了解晚明文人丰富多彩的生活美学世界，晚明文人的生活美学也才得以成为他们留给今人的一笔宝贵的文化遗产。

第二章　晚明文人的日常生活审美实践

日常生活本是庸常琐屑、平淡无奇的，但晚明文人凭借对生活的热忱、专注和细心及可贵的审美感知力、鉴赏力和创造力，在日常生活中展开了丰富的审美实践。他们以审美的胸襟拥抱生活，以审美的眼光看待生活，通过生活情境的审美创构、生活之物的审美观照和生活细节的审美经营，在日常生活中获得了审美自由与愉悦，使日常生活经验向审美经验转化生成，从而在一定程度上打破了日常生活的惯常性、刻板性与压抑性，改造、完善和超越了日常生活，提升了生活的品位与格调。可以说，晚明文人的日常生活审美实践是从审美的角度对日常生活的再发现、再开掘和再塑造，从中不但展现了他们独有的日常生活审美理想、审美趣味和阶层意识，而且提供了许多将日常生活审美化的具体途径和方式，使在日常生活中建构审美之维成为可能。

第一节　生活情境的审美创构

晚明文人创造性地发展了唐代以来的意境理论并将其运用于日常生活领域，有意识地进行了生活情境的审美创构。这里的生活情境，指的是晚明文人创构出的一个个完整自足、高雅脱俗的日常生活审美世界。叶朗曾说："日常生活的美，在很多时候，是表现为一种生活的氛围给人的美感。这种生活氛围，是精神的氛围，文化的氛围，审美的氛围。”[①] 他还说：“中国古人特别追求在普通的日常生活中营造美的氛围。”[②] 晚明文人所创构的生活情境正可理解为叶朗所说的这种能带给人美感的“生活的氛围”。相比于文艺作品中的造境，晚明文人在日常生活中的造境是一种新的审美创造与开拓。具体说来，晚明文人创构了自然的、如画的、专属文人的和可作景点的等四种生活情境。

一　自然的生活情境

崇尚自然是晚明文人普遍的审美理想，这不仅体现在文艺领域，如李贽对“化工”与“画工”的区分，认为“化工”高于“画工”[③]等，更落实于日常生活领域。晚明文人将日常生活作为其崇尚自然的审美载体。在此，“自然”具有两层含义：一是指自然界，即晚明文人将自然引入居所庭园中，将自然界的石、山、水、动植物等各种要素通过置石、叠山、理水、植花木等手法艺术化地缩微、集中和组合在生活环境中，精心建构起城市山林，使自己能够与自然为友、以自然为家，有如生活在自然中，体现出他们渴求走进自然、天人合一的绿色化生活意识；二是指自然简朴，无雕琢繁缛之感，即对于日常生活中的各类物件，晚明文人追求一种天然之美，反对艳丽浮华，体现出他们追求自然本真、平淡素朴的生活意识。晚明文人正是从上述两个方面入手创构出自然的生活情境。

（一）引自然入园居

明代中叶以来，城市发展迅速，商品经济发达，这使文人们一方

---

① 叶朗：《美学原理》，北京大学出版社 2009 年版，第 216 页。

② 叶朗：《美学原理》，第 217 页。

③ （明）李贽：《杂说》，载张建业译注《焚书·续焚书》，中华书局 2011 年版，第 154 页。

面日益远离自然，另一方面也开始怀恋和向往自然，但同时又不愿放弃城市生活的舒适与便利，于是不少文人都选择了园居的生活方式，将真实的自然山水园居化，以此作为不能亲历自然山水的一种替代和补偿。文人引自然入园居，一是使自己足不出户，不用跋涉万水千山也能感受到山林之致，领略到大自然的盎然生意与勃勃生机，增添了生活的生趣、野趣、乐趣与情趣。二是使自己在车马喧嚣的城市中也能闹中取静、闹处寻幽，便于调适身心和怡情养性。如计成就曾指出，如果要在城市里造园，“必向幽偏可筑，邻虽近俗，门掩无哗。……足征市隐，犹胜巢居，能为闹处寻幽，胡舍近方图远；得闲即诣，随兴携游”[①]。三是使自己能够终日生活于自然景观中，能够随时随处唤起审美兴致，从而使日常生活经验更易向审美经验转化生成，体现出日常生活经验与审美经验之间的连续性。同时，由于庭园中的自然山水会随着一日早晚的更迭、一年春夏秋冬四季的轮回和风、雨、雪等气象变化而呈现出常变常新的动态美感和丰富多样的景观，加之步移景异的空间流动性以及同一片景致在不同心境下也会有不同的审美颖悟等，都使文人即使久居庭园，也不但不易产生审美疲劳与倦怠，而且能够拥有充分施展审美想象力的空间和获得新鲜且多层面审美经验的机会。引自然入园居在文震亨这里得到了最全面的体现。

将自然引入日常生活的环境是否成功，很大程度上取决于能否通过造景创构出一种令人沉醉其间的自然情境。文震亨充分认识到了这一点，他首先强调了生活居所的理想地点：

> 居山水间者为上，村居次之，郊居又次之。吾侪纵不能栖岩止谷，追绮园之踪；而混迹廛市，要须门庭雅洁，室庐清靓。亭台具旷士之怀，斋阁有幽人之致。又当种佳木怪箨，陈金石图书。

---

① （明）计成著，陈植注释：《园冶注释》，中国建筑工业出版社 1988 年版，第 60 页。

令居之者忘老，寓之者忘归，游之者忘倦。[①]

文震亨在此列出了四种居住地点：山水之间、山村、城郊和城市。在他看来，“居山水间者为上”，这与计成“园地惟山林最胜，有高有凹，有曲有深，有峻而悬，有平而坦，自成天然之趣，不烦人事之工”[②] 的观点相一致，表现出晚明文人渴望回归自然、生活于自然之中的愿望。但现实是文震亨生活在城市中，因此他便讲求“门庭雅洁”“室庐清靓”“种佳木怪箨”“陈金石图书”，从而创构出与世俗城市迥然有别的另一清静的自然情境，这就不仅满足了幽居的需求，而且在日常生活中也同样实现了与自然的相依相伴，并达到“令居之者忘老，寓之者忘归，游之者忘倦”，完全沉浸于自然的佳境中。这“三忘”的标准也说明文震亨要求自然情境的创构应以人为本，充分考虑到能否获得别样的审美感受与体验，从而与庸常的现实生活间离开来。

其次，原生态的大自然中的各类物件是混乱无序的，但在文震亨匠心独运的审美创构下，它们被协调整合为一个和谐有序的整体。同时在文震亨看来，重要的不是园居环境实际面积的大小，而是能否通过巧妙的设计布局，使园居环境能以涵纳自然万象、总括宇宙大化之效感发居住者高远的心境，达成其心性的舒展与超越。文震亨运用以小见大、虚实相间的艺术手法，力求在有限的空间中通达无限的境界：

石令人古，水令人远。园林水石，最不可无。要须回环峭拔，安插得宜。一峰则太华千寻，一勺则江湖万里。又须修竹、老木，怪藤、丑树，交覆角立，苍崖碧涧，奔泉汛流，如入深岩绝壑之中，乃为名区胜地。[③]

---

① （明）文震亨著，陈植校注：《长物志校注》，江苏科学技术出版社1984年版，第18页。
② （明）计成著，陈植注释：《园冶注释》，第58页。
③ （明）文震亨著，陈植校注：《长物志校注》，第102页。

文震亨不是机械地模山范水，而是重在写意造境，从而以情境取胜。一方面，他将各种自然界的元素巧妙组合搭配起来——峭拔回环，布局得当的水、石，加上交错突兀的修竹、古木、怪藤、奇树，再配以壁崖深涧和飞泉激流，从而创构出“如入深岩绝壑之中，乃为名区胜地”的自然胜境；另一方面，他又领会“壶中天地”和“芥子纳须弥”的审美妙处，以“一峰则太华千寻，一勺则江湖万里”作为叠山理水的审美标准。文震亨认为，即使是庭园中缩微的山水景观，也得能够展现出实际山水的风姿和神韵，兼具形似与神似，从而使人身居小小的庭园也能拟想和感悟到大自然的整体韵律与节奏，将有限渺小的个体自我汇入无限宽广的自然大千世界之中，体悟到那种人与自然浑融合一的天地之境。同时他还要求水石景观应达到“石令人古，水令人远”，意在使人不但能够视通万里、思接千载，而且能够生发出“象外之象”和“景外之景”，获得时间和空间上的双重审美创获。汲汲于现实日常生活世界的眼界和心胸往往都是局促狭隘的，而文震亨以小见大、以有限呈无限的造境手法正有助于通过园居自然景致对人的审美召唤、感发和人对园居自然景致的审美妙会、兴悟来涤荡和净化身心，从而实现个体精神世界的开阔与拓展，完成对个体有限生命的超越，这也正是在日常生活中创构的自然情境对主体精神的滋养与造就。

再次，文震亨还将动物请进日常生活环境中，加上多种植物的合理配置，建立起了一个万物得以共生共存的完整平衡的生态系统，从而增添了生活的生机与情趣。如《长物志》卷三《水石·广池》云：

> 凿池自亩以及顷，愈广愈胜。最广者，中可置台榭之属，或长堤横隔，汀蒲、岸苇杂植其中，一望无际，乃称巨浸。若须华整，以文石为岸，朱栏回绕，忌中留土，如俗名战鱼墩，或拟金焦之类。池旁植垂柳，忌桃杏间种。中畜凫雁，须十数为群，方有生意。最广处可置水阁，必如图画中者佳。忌置簰舍。于岸侧

植藕花，削竹为阑，勿令蔓衍。忌荷叶满池，不见水色。[①]

文震亨以池塘为中心，将“十数为群，方有生意”的野鸭和大雁、菖蒲、芦苇、垂柳、荷花以及楼台水榭、长堤、石岸、木栏等综合起来，不仅使其能够极耳目视听之娱，并以活力灌注、生气满盈的氛围给人以精神上的感染；而且形成了一个有机的小型生态系统，使日常生活环境更具有自然的风貌和韵致。同时，文震亨提出“忌中留土，如俗名战鱼墩，或拟金焦之类”和“忌置簰舍”，认为即使是在人工营造的自然情境中，人也不应去侵扰自然，应尽量减少人在这一生态系统中活动的痕迹，使它如其所是的本然存在和自行运作。更重要的是，与计成“种鱼可捕”[②]的观点不同，文震亨反对在池塘中间留土堆以便于撒网捕鱼的做法。在他看来，人要过审美化的日常生活，对待动物就不能采取实用功利的态度，把它们视为可以取用的生活资源，而应采取审美的态度，即观飞禽游鱼，赏其“声音颜色，饮啄态度”，从而获得“会心”“竟日忘倦”的审美经验，臻于人情物趣的相通相契：

语鸟拂阁以低飞，游鱼排荇而径度，幽人会心，辄令竟日忘倦。顾声音颜色，饮啄态度，远而巢居穴处，眠沙泳浦，戏广浮深；近而穿屋贺厦，知岁司晨，啼春噪晚者，品类不可胜纪。丹林绿水，岂令凡俗之品，阑入其中。故必疏其雅洁，可供清玩者数种，令童子爱养饵饲，得其性情，庶几驯鸟雀，狎凫鱼，亦山林之经济也。[③]

“会心”“竟日忘倦”的审美经验之所以会发生，一方面，由于文

① （明）文震亨著，陈植校注：《长物志校注》，第102—103页。
② （明）计成著，陈植注释：《园冶注释》，第51页。
③ （明）文震亨著，陈植校注：《长物志校注》，第119页。

人在感受到禽鱼生命节奏的同时，也能感悟到自身内在的生命节奏与情感韵律，由此形成一种物我贯通、有如同频共振的审美互动与共鸣；另一方面，比起现实中忙碌于对功名利禄的追逐，禽鱼的自由洒脱、悠闲舒展不免让人心驰神往，召唤着文人将自己的心灵交由这片自然的情境，移情于禽鱼，求得精神的自由与惬意。

为体现文人特有的趣味，文震亨对禽鱼的品种也很讲究。他要求选用雅洁的品种以供清玩，这与其追求高雅的生活品位相吻合。在禽类上文震亨对鹤十分偏爱，称“空林野墅，白石青松，惟此君最宜。其余羽族，俱未入品”①。而鹤所象征的高洁情操和超然遁世的隐士形象，使其自然风姿与其人文蕴涵交相辉映，加之石、松、鹤三者的搭配，更给人以丰富的美感与思致。对于鱼类，文震亨仅提及金鱼，但并没有表明自己对金鱼品种上的喜好，而是着重描绘了一幅栩栩如生、充满诗意的人鱼同乐的观鱼图：

> 观鱼宜早起，日未出时，不论陂池、盆盎，鱼皆荡漾于清泉碧沼之间。又宜凉天夜月、倒影插波，时时惊鳞泼刺，耳目为醒。至如微风披拂，琮琮成韵，雨后新涨，縠纹皱绿，皆观鱼之佳境也。②

观鱼自是文人日常生活中的一件乐事和雅事，也是在日常生活中获得审美愉悦和使生活更为舒心自在的重要途径之一。文震亨深谙观鱼之道，他一方面讲究观鱼适宜的时机——“日未出时”和“凉天夜月”；另一方面讲究特定情景的配合——“倒影插波”“微风披拂”“琮琮成韵”“雨后新涨”“縠纹皱绿”，从而体现出文人的闲情逸趣。

关于文震亨的引自然入园居，还有以下两点值得注意。

---

① （明）文震亨著，陈植校注：《长物志校注》，第121页。

② （明）文震亨著，陈植校注：《长物志校注》，第131页。

第一，文震亨喜用苔藓来创构自然的生活情境。刘禹锡在《陋室铭》中写道："苔痕上阶绿，草色入帘青。"与刘禹锡单纯对苔藓进行描绘不同，文震亨是把苔藓作为不可或缺的造境元素。如他主张"复室须内高于外，取顽石具苔斑者嵌之，方有岩阿之致"①，"庭际沃以饭瀋，雨渍苔生，绿缛可爱"②，"花间岸侧，以石子砌成，或以碎瓦片斜砌者，雨久生苔，自然古色"③，等等。在他看来，即使是生活在城市中，也要"有岩阿之致"，而以苔藓点缀日常环境正是营构清幽的原生态山野之境的最简便有效的途径。在这里，苔藓具有多重审美价值：一是绿，即苔藓为文人生活增添了葱翠盎然的生命绿意；二是清，即苔藓不仅能与园居环境中的其他景致交相辉映，而且在其衬托下整个居住环境都顿生清新绝俗之气，令人一望便觉神清气爽；三是静，即苔藓使人不由联想到王维的"空山不见人，但闻人语响。返景入深林，复照青苔上"（《鹿柴》），顿生幽静之感。苔藓的绿、清、静又是互为关联、交融为一的，因而它带给人的是综合性的审美经验，难怪文震亨喜欢使用它。

第二，文震亨不仅在室外，也在室内创构自然的生活情境，使室内外相宜、相衬和相配。《园冶》与《长物志》都涉及晚明文人的园居生活，但《园冶》主要关注室外的生活环境，而《长物志》则不仅关注室外，也关注室内，还强调室内、外生活情境的统一。如文震亨对于敞室内外的布置：

> 长夏宜敞室，尽去窗槛，前梧后竹，不见日色，列木几极长大者于正中，两傍置长榻无屏者各一，……北窗设湘竹榻，置簟于上，可以高卧。几上大砚一，青绿水盆一，尊彝之属，俱取大

① （明）文震亨著，陈植校注：《长物志校注》，第21页。
② （明）文震亨著，陈植校注：《长物志校注》，第28页。
③ （明）文震亨著，陈植校注：《长物志校注》，第33—34页。

者；置建兰一二盆于几案之侧；奇峰古树，清泉白石，不妨多列；湘帘四垂，望之如入清凉界中。①

这里文震亨通过在屋内的北窗下摆放斑竹榻，书案上放置青绿水盆和一二盆建兰，陈设奇峰古树、清泉白石等盆景，以及在屋内四周垂挂竹帘等，营构了一个清凉的自然情境。文震亨意在通过此情境所彰显的丝丝凉意使人心静神宁而起到消暑的功效，做到了实用与审美相结合。同时，屋前栽梧桐树和屋后植竹林的设计，也打通和勾连起了室内、外空间，将室内、外的自然情境融会贯通起来，体现出对日常生活环境作整体规划设计的思想，这其实也就形成了一种整体化的日常生活审美经验方式。

文震亨“前梧后竹”的布设方式在陈继儒这里也得到了体现。陈继儒说：“凡静室，须前栽碧梧，后种翠竹……然碧梧之趣，春冬落叶，以舒负暄融和之乐，夏秋交荫，以蔽炎烁蒸烈之气，四时得宜，莫此为胜。”② 晚明文人喜爱“前梧后竹”，既有实用方面的考量，即陈继儒这里所指出的梧桐在春冬两季可供取暖，在夏秋两季可供遮阳；又有文震亨和陈继儒均未明说但不难想见的文人在审美方面的需要，即梧桐在一年四季会呈现出不同的样貌，由此屋前四季变化的梧桐与屋后四季常青的竹子便相映成趣，加之梧桐和竹子均有比德象征的意味，能够拓展文人审美感受和体验的层次，从而真正达到“四时得宜，莫此为胜”。可以说，此处的“宜”不仅是实用之宜也是审美之宜。

（二）追求生活日用的自然

晚明文人在各类生活日用的设计、制造和使用中追求自然的审美格调，以满足日常生活中对于自然清新之感的审美需要。从更深

① （明）文震亨著，陈植校注：《长物志校注》，第356页。

② （明）陈继儒撰，陈桥生评注：《小窗幽记》，中华书局2008年版，第173页。

的层面说，晚明文人追求生活日用的自然其实也就是追求人心的本然和真实。在晚明文人看来，生活日用应成为其人格理想的化身和精神情操的对应物。晚明文人追求生活日用的自然主要表现在以下三个方面。

第一，晚明文人讲求直接以自然物为生活日用。吴从先说："为园栽植之繁，非徒侈观，实备供具。如花可聚褥，叶可学书，竹可挂衣，茅可为藉。效用自真，颇领佳趣。至于裁菱荷以为衣，将薜荔以成服，纫兰为佩，拾箨为冠，检竹刻诗，倚杉完局，松花当饭，桃实充浆，犹见逸士之取裁，更得草木之知己。"① 用花做被褥、用叶练习书法、用竹挂衣服、用茅草做垫子、用荷叶和薜荔做衣服、用兰草做佩饰、用笋壳做帽子、用竹片刻诗、用松花做食物、用桃汁做饮料等，使生活日用都充满了自然的气息。由此，文人使用生活日用亦是在"得草木之知己"，与自然常相伴，体现出回归自然、顺应自然的审美追求和与自然相处的独特方式。

第二，晚明文人讲求利用自然原材料来设计和制造生活日用。先看高濂对于隐几的设计和制造要求："以怪树天生屈曲若环带之半者为之，有横生三丫作足为奇……余见友人吴破瓢一几，树形皱皮，花细屈曲奇怪，三足天然，摩弄莹滑，宛若黄玉。此老携以遨游，珍惜若宝，此诚稀有物也。"② 高濂强调要"以怪树天生屈曲若环带之半者"来设计和制造隐几，并推重友人"树形皱皮，花细屈曲奇怪，三足天然"的几，即是注重对于原生态树枝的巧妙利用，以求自然之感，同时这种自然之感又能引起新奇和稀有之感，使隐几这一原本寻常的生活日用成了一件可供欣赏和玩味的审美佳品。对于拂尘的设计和制造，高濂要求拂柄和拂的原材料均应取自自然："近有以天生竹边如灵芝如意形者，斫为拂柄，甚雅。其拂惟以长棕为之，不必求奇，

① （明）吴从先撰，郭征帆评注：《小窗自纪》，中华书局2008年版，第62页。

② （明）高濂著，王大淳、李继明、戴文娟、赵加强整理：《遵生八笺》，第219—220页。

以白尾为妙。余有万岁藤一小枝，玲珑透漏，俨肖龙形，制为拂柄，可快披拂。”① 在高濂看来，拂尘以竹、棕和万岁藤等自然原材料来设计和制造，才能给人以雅意和惬意。对于笔格的设计和制造，高濂说：“余见友人有一老树根，蟠曲万状，长止七寸，宛若行龙，鳞甲爪牙悉备，摩弄如玉，此诚天生笔格。余斋一石，蟠曲状龙，不假斧凿，亦奇物也。可架笔三矢。”② 高濂认为用老树根制成的笔格可谓“天生笔格”，而用石制成的笔格“不假斧凿”，都具有不假人力、自然而然的审美之效。不难看出，上述被用于生活日用设计和制造的自然原材料往往自身都具有形式美的因素，或能够引发文人相应的想象和联想，如树枝的“屈曲若环带”、竹的“如灵芝如意形”、万岁藤的“玲珑透漏，俨肖龙形”、石的“蟠曲状龙”等，从而使生活日用更具自然的生意与机趣。

文震亨同样善于利用自然原材料，从而使生活物用收到最佳的效果。如他主张应用棕榈叶来做屋檐下接雨水的装置才最雅致，或者用竹筒，但不能用木和锡；主张小池应引山泉水才更好；主张用稻草和芦花来制作冬天穿的鞋才最合适；等等。此外，文震亨还对当时人们种种矫揉造作之举提出了批评。如他反对有人用靛蓝纸蘸芙蓉花蕊并裹住其尖部，使其花开时呈碧蓝色的做法：“有以靛纸蘸花蕊上，仍裹其尖，花开碧色，以为佳，此甚无谓。”③ 反对有人将凤仙的各色种子一起装在竹筒中，使其开出五彩花朵的做法：“有以五色种子同纳竹筒，花开五色，以为奇，甚无谓。”④ 认为有人将薜荔草的根埋在墙下，再往墙上浇些鱼腥水，使藤蔓顺墙攀缘，这样虽然有幽深的风味，但是不如白色墙壁好：“有取薜荔根瘗墙下，洒鱼腥水于墙上引蔓者，

---

① （明）高濂著，王大淳、李继明、戴文娟、赵加强整理：《遵生八笺》，第231页。
② （明）高濂著，王大淳、李继明、戴文娟、赵加强整理：《遵生八笺》，第487页。
③ （明）文震亨著，陈植校注：《长物志校注》，第60页。
④ （明）文震亨著，陈植校注：《长物志校注》，第93页。

虽有幽致，然不如粉壁为佳。”[①] 文震亨在此告诫人们不能因“以为佳”“以为奇”“有幽致”就有意为之，这样反倒会因违背自然而弄巧成拙，从中也可见文震亨所秉持的一种日常生活审美理念，即如果设计和装饰不适宜、不自然，那还不如不去设计装饰。

第三，晚明文人讲求生活日用的素朴清新，摒弃过度雕琢和做作华艳之感。为此，计成批评普通工匠“惟雕镂是巧”[②]、认为“雕镂易俗”[③]。文震亨则批评当时人们制造的几榻只求雕刻装饰，制作的器具只求华丽，均缺乏古意古韵。同时，文震亨还反感彩漆和红漆的使用，彩漆和红漆给人繁饰之感，并具有炫耀的意味，还易迷乱人心，显然与文震亨等晚明文人所要营构的用来宁神养心的自然之境不相符合。

晚明文人反对极力工巧和雕琢，追求自然之美还突出地体现在瓶花艺术中。袁宏道说：“花之所谓整齐者，正以参差不伦，意态天然，如子瞻之文随意断续，青莲之诗不拘对偶，此真整齐也。”[④] 在他看来，花枝真正意义上的整齐并非凭借人工修剪，而恰恰在于花枝本身“参差不伦”的性状和形貌，从而具有“意态天然”的审美风致。袁宏道还以苏轼为文的“随意断续”和李白作诗的“不拘对偶”打比方，强调了瓶花艺术应追求“意态天然”。其实，袁宏道追求瓶花艺术的“意态天然”也意在使瓶花艺术成为晚明文人自然天性的流露和表达。如果文人失去了自然天性，那么他的瓶花之作也将是呆板生硬的。在袁宏道这里，瓶花艺术之自然、苏轼为文和李白作诗之自然、文人心性之自然可谓彼此映照、水乳交融，在此追求自然也即追求自由。袁宏道又说：“花下不宜焚香……花有真香，非烟燎也。味夺香

---

① （明）文震亨著，陈植校注：《长物志校注》，第28页。

② （明）计成著，陈植注释：《园冶注释》，第47页。

③ （明）计成著，陈植注释：《园冶注释》，第79页。

④ （明）袁宏道：《瓶史》，载（明）张谦德、袁宏道著，张文浩、孙华娟编著《瓶花谱 瓶史》，第139页。

损，俗子之过。”① 他看重的是花的“真香”，因此反对花下焚香的俗人做法，认为其会破坏天然的花味花香。换句话说，袁宏道认为瓶花不需要焚香的附丽和装饰，而应展现出其自身质朴自然的韵致。

晚明文人追求生活日用的简约素洁、不事雕琢，为的是使整个生活环境呈现出色调素淡、形制简朴的风貌，从而与前述通过石、山、水和动植物等自然元素所创构的清朗幽雅的自然之境相互呼应和契合，体现了文人高洁内敛的人格特质与恬淡清雅的精神追求，也可以说是一种闲适宁静的生活心态与心境的反映。

晚明文人创构的自然的生活情境不仅宜居而且宜人，更是他们市隐闲适的人生理想、清高脱俗的人格追求和本色自然的生活方式的载体，同时也集中体现了他们对自然的崇尚、尊重与顺应。在此，自然的生活情境虽是人为创构，但无论是在室内、外悉心组织自然界中的各种元素来设景构境，将自然景观纳入并用其装点美化居住环境，还是追求生活日用的自然，反对藻饰艳俗，晚明文人都以其巧思妙手将天工与人力统一了起来，做到了“虽由人作，宛自天开”② 和“人工而归于天然”③，从而使日常的居住空间表现出了自然的朴野、韵律与生趣，甚至可以说是将日常的居住空间寓于大自然之中，使其成为大自然这个整体的组成部分。晚明文人在创构自然的生活情境中所体现出的对自然资源的合理利用，即使生活在城市中也不忘追求自我与自然的亲密融合，生活在触目即景的自然景观中以易于收获触景生情或寓情于景的审美经验，于淡雅简朴的自然氛围中建构理想生活、人格与人生等理念，对于我们今天建构人与自然和谐共处的生态友好型日常生活环境依然有着重要的启示和借鉴意义。

---

① （明）袁宏道：《瓶史》，载（明）张谦德、袁宏道著，张文浩、孙华娟编著《瓶花谱 瓶史》，第 144 页。

② （明）计成著，陈植注释：《园冶注释》，第 51 页。

③ （清）沈复著，彭令整理：《浮生六记》，人民文学出版社 2010 年版，第 60 页。

二 如画的生活情境

日常生活中的单个物件如何令人生发美感？多个物件又如何进行和谐统一地组织布局？这是我们在日常生活中必定会遇到的问题。晚明文人对此提出的解决方案是依循如画的原则，这既体现出他们追求如画的日常生活审美趣味和深厚的画学素养，也意在告别粗糙鄙俗的生活，将自己的日常生活塑造成一件精致高雅的艺术品。这里的“如画”，从审美创造的角度来说，它既是日常生活情境创构所追求的效果，又是其所遵循的审美标准与尺度；从审美欣赏的角度来说，如画的生活情境使人们在日常生活中或能够获得如赏画般的视觉美感，或仿佛置身和行走于如画的意境中，从而获得审美愉悦。可以说，“如画”将对日常生活情境的审美创造与审美体验统一了起来。

在晚明文人中，文震亨最为讲求创构如画的生活情境，因此我们先来看他如何创构出如画的生活情境。文震亨主要从以下两个方面入手。

第一，文震亨要求生活中的各类物件应尽可能地按照该物件在已有图画中的形貌来设计和制造。如文震亨主张应选取图画中自己中意的图案来作为栏杆的图案，屋脊两端的兽形雕饰应仿照图画中房屋的样式来制造，池塘中的楼阁应按照图画中的样子来搭建才最好，等等。此外，他还说：“见图画中有古人架足而卧者，制亦奇古”[①]，言下之意是几的形制可仿照图画中的几来设计和制造。

如果说上述文震亨并没有指明其所言的“图画”是何时何者的图画，那么在讨论天目松盆景的造型时则点明了画家之名：

> 最古者以天目松为第一，高不过二尺，短不过尺许，其本如

① （明）文震亨著，陈植校注：《长物志校注》，第229页。

> 臂，其针若簇，结为马远之“欹斜诘屈”，郭熙之“露顶张拳”，刘松年之“偃亚层叠”，盛子昭之“拖拽轩翥”等状，栽以佳器，槎牙可观。①

在文震亨看来，天目松盆景应展现出马远、郭熙、刘松年、盛子昭所画的天目松形象，从而增添天目松盆景的观赏性。这里文震亨用“欹斜诘屈”“露顶张拳”“偃亚层叠”“拖拽轩翥”对几位画家笔下天目松姿态所作的生动形象的精练概括，既体现了他不凡的文字功力，也是他对画作细致观察和品评的结果。明代文人多喜在植物造景中模仿名家画意，如田汝成说：“盘结松柏海桐之属，多仿画意，斜科而偃蹇者为马远法，挺干而扶疏者为郭熙法，他如鸾鹤亭塔之形，种种精妙，可为庭除清赏也。”② 可见田汝成和文震亨都推崇马远和郭熙。

除要求天目松盆景的形态有如名家画作外，文震亨还钟爱其他形制有如名家画作的物品。如他赞赏一种如米芾父子山水画的大理石：“得旧石，天成山水云烟，如‘米家山’，此为无上佳品”③；认为“羊皮灯名手如赵虎所画者，亦当多蓄”④；等等。

这里实际上也表达出文震亨作为精英文人的文化优越感：不具备一定艺术修养的普通百姓既不可能按照如画的要求来为天目松塑形，也不可能由天目松盆景联想到几位画家之作，或由大理石的纹理联想到米芾父子的山水画，或辨识出由赵虎等名家所绘的羊皮灯，等等。此外，马远、郭熙、刘松年为宋代画家，盛子昭为元代画家，文震亨提及宋、元文人画家而非其他朝代的画家，这并不为奇，因为以文震亨的曾祖父文徵明为代表的吴门画派正是主要继承了宋、元文

---

① （明）文震亨著，陈植校注：《长物志校注》，第96—97页。

② （明）田汝成著，陈志明编校：《西湖游览志馀》，东方出版社2012年版，第364页。

③ （明）文震亨著，陈植校注：《长物志校注》，第117页。

④ （明）文震亨著，陈植校注：《长物志校注》，第272页。

人画的传统。

第二，文震亨借鉴绘画创作中的构图技法，注重各类物件的空间布局和位置经营，将日常生活情境的创构当成绘制一幅大型的立体山水画，从而使整个生活空间能够具有入画的效果。《长物志》卷二《花木》云：

> 第繁花杂木，宜以亩计。乃若庭除槛畔，必以虬枝古干，异种奇名，枝叶扶疏，位置疏密。或水边石际，横偃斜披；或一望成林；或孤枝独秀。草木不可繁杂，随处植之，取其四时不断，皆入图画。又如桃、李不可植庭除，似宜远望；红梅、绛桃，俱借以点缀林中，不宜多植。①

在“皆入图画”的总原则下，文震亨一是讲求花木栽植的疏密、聚散和远近，从而形成疏与密、聚与散、远望成林与近观一枝独秀的画面对比感；二是讲求庭前阶下、栏杆旁边或水畔石边等不同位置处的花木能够呈现出不同的景观，从而形成富于变化的画面层次感；三是讲求“草木不可繁杂”和“红梅、绛桃，俱借以点缀林中”，从而使整体画面主次分明。又如文震亨说：

> 位置之法，繁简不同，寒暑各异，高堂广榭，曲房奥室，各有所宜，即如图书鼎彝之属，亦须安设得所，方如图画。②

在文震亨看来，空间布局既要因时因地制宜，又要讲究陈设的得当，即使是图书和鼎彝之类的玩物也要安置妥帖而不能杂乱无章，从而达到“方如图画”的审美效果。再如文震亨对卧室的布设：

① （明）文震亨著，陈植校注：《长物志校注》，第41页。
② （明）文震亨著，陈植校注：《长物志校注》，第347页。

面南设卧榻一，榻后别留半室，人所不至，以置薰笼、衣架、盥匜、厢奁、书灯之属。榻前仅置一小几，不设一物，小方杌二，小橱一，以置香药、玩器。[①]

这里文震亨虽然没有明确提到“如画”，但不难看出他也是依循绘画的章法，仿佛手拿画笔精心构图。文震亨安排卧室内各类家具和器物就如同组织图画中的各个元素，虽细琐繁杂，但井井有条、各就其位，从而形成协调有序的如画美感。

如果说文震亨是分别从仿照既有图画中的物象和借鉴绘画构图技法两个方面且在不同的空间内创构如画的生活情境，那么高濂对如画生活情境的创构则是在同一处空间内同时着眼于上述两个方面，如他对于松轩的布设：“八窗玲珑，左右植以青松数株，须择枝干苍古，屈曲如画，有马远、盛子昭、郭熙状态甚妙。中立奇石，得石形瘦削，穿透多孔，头大腰细，袅娜有态者，立之松间，下植吉祥、蒲草、鹿葱等花，更置建兰一二盆，清胜雅观。外有隙地，种竹数竿，种梅一二，以助其清，共作岁寒友想。临轩外观，恍若在画图中矣。”[②] 这里高濂一方面要求种植的青松在形态上应有如马远、盛子昭和郭熙画中的松树；另一方面则将“青松”“奇石”“吉祥”“蒲草”“鹿葱”“建兰”“竹”“梅”等各种物件搭配组合起来，并精心安排它们的位置关系，使其相互映衬、相辅相成，特别是其中松、石和梅、兰、竹这两组搭配堪称经典。如果说在此由各种物件组构而形成的是一大幅图画，那么其中由青松所形成的则是一小幅图画，同时松、石的搭配和梅、兰、竹的搭配也可形成各自的小幅图画，可谓画中有画；由梅、兰、竹的搭配联想到“岁寒三友”，又可谓画外有画。因此可以说，高濂在这里创构出了多层次的如画的生活情境，也就给

① （明）文震亨著，陈植校注：《长物志校注》，第354页。

② （明）高濂著，王大淳、李继明、戴文娟、赵加强整理：《遵生八笺》，第199页。

人以多重的“恍若在画图中”的如画审美体验。此外，高濂这里所说的“清胜雅观”亦是晚明文人对如画生活情境的整体审美要求，可见晚明文人如画生活情境之“画”并非浓艳俗气的，而是“清”和“雅”的。

除文震亨和高濂外，吴从先、计成等人也追求如画的生活情境。吴从先说：“无竹令人俗，多竹令人野。一径数竿，亭立如画。要似倪云林罗罗清疏，莫比吴仲圭丛丛烟雨。”[①] 在他看来，文人的生活空间离不开竹，但种竹不宜过于密集，而应疏密有致，“似倪云林罗罗清疏，莫比吴仲圭丛丛烟雨”，从而收到“亭立如画”的审美效果。计成则要求园居的景境应仿佛蓬莱仙境，又像一幅天然图画，使人似乎远离凡尘且行走于画卷中：“境仿瀛壶，天然图画”[②]、“顿开尘外想，拟入画中行”[③]。他又要求叠山“小仿云林，大宗子久”[④]，即小的假山应仿效倪云林的画意，大的假山应仿效黄子久的画风。

值得一提的是，瓶花在晚明已走入文人的生活中。晚明文人在瓶花制作中同样追求如画的审美效果，从而使瓶花成为如画生活情境的有机组成部分。在晚明文人看来，一是应按照画家笔下折枝花的形貌来折取花枝。高濂说：“折花须择大枝，或上茸下瘦，或左高右低，右高左低，或两蟠台接，偃亚偏曲，或挺露一干中出，上簇下蕃，铺盖瓶口，令俯仰高下，疏密斜正，各具意态，得画家写生折枝之妙，方有天趣。”[⑤] 张谦德也说：“取俯仰高下，疏密斜正，各具意态，全得画家折枝花景象，方有天趣。”[⑥] 可见晚明文人推崇以折枝花画作为插花制作的范本。二是应把插花当成一幅画作来处理，讲求其构图。袁宏道要求插花“多

---

① （明）吴从先撰，郭征帆评注：《小窗自纪》，第20页。

② （明）计成著，陈植注释：《园冶注释》，第79页。

③ （明）计成著，陈植注释：《园冶注释》，第243页。

④ （明）计成著，陈植注释：《园冶注释》，第223页。

⑤ （明）高濂著，王大淳、李继明、戴文娟、赵加强整理：《遵生八笺》，第510页。

⑥ （明）张谦德：《瓶花谱》，载（明）张谦德、袁宏道著，张文浩、孙华娟编著《瓶花谱　瓶史》，第72页。

不过二种三种，高低疏密，如画苑布置方妙”[①]，在此瓶花制作者亦是画家。三是应仔细鉴赏名家的写生画作。张谦德说：“采折劲枝尚易取巧，独草花最难摘取，非熟玩名人写生画迹，似难脱俗。”[②] 可见在瓶花制作中要展现出雅致的审美趣味，离不开对名家写生画作的了然于胸和随时参照。

晚明文人以画中之花为摹本进行瓶花制作，亦将瓶中之花绘成画作。如陈洪绶就将自己插制的瓶花绘成瓶花图，此时瓶花实物与其画像之间彼此对照、彼此呼应，能够给人以虚实交织、真幻相融的审美体验。晚明文人制作的瓶中之花终将枯萎凋谢，而将瓶中之花画下来则能使之以另一种存在样态得到保存，并成为往后瓶花制作的摹本。今天我们便能仿照晚明文人的瓶花图来制作瓶花，创构出如画的生活情境，这亦是延续了晚明文人所制瓶花的生命和所构如画生活情境的存在。从这个意义上我们不妨说，晚明文人将如画的瓶花引入如画生活情境的审美创构之中，不仅丰富了如画物件的种类，进一步美化了文人的生活，而且通过瓶花之画使如画生活情境之“如画”不单是一种空间的呈现，也具有了时间的意味。

不难看出，晚明文人对如画生活情境的创构加强了绘画艺术与生活环境设计之间的互动和对话。一方面，以绘画来指导生活情境的审美创构已成为晚明文人的共识，这就要求晚明文人必须不断培养和提升自身的画学涵养，并将其迁移和运用于实际生活情境的审美创构之中；另一方面，创构如画的生活情境不仅要面对单个生活物件，也要面对整个生活空间，因此它比单纯的作画要复杂得多，也更有难度和挑战度，因此也就更考验着晚明文人的日常生活审美创造力。

---

① （明）袁宏道：《瓶史》，载（明）张谦德、袁宏道著，张文浩、孙华娟编著《瓶花谱　瓶史》，第139页。

② （明）张谦德：《瓶花谱》，载（明）张谦德、袁宏道著，张文浩、孙华娟编著《瓶花谱　瓶史》，第73页。

三　专属文人的生活情境

专属文人的生活情境首推书斋。读书是晚明文人日常生活的重要组成部分。在他们看来，读书不仅能丰富学识、开阔眼界，更能获得精神的自由。陈继儒多次描述了读书带给文人的精神愉悦，如“读书到快目处，起一切沉沦之色”①，“读一篇轩快之书，宛见山青水白”②，“读书如竹外溪流，洒然而往”③，等等。晚明文人多在书斋里读书，因此他们格外重视书斋的环境，并以此展现文人的精神气质。高濂在《遵生八笺》中就专设《高子书斋说》，十分详尽地论述了文人书斋环境的布设：

> 书斋宜明净，不可太敞。明净可爽心神，宏敞则伤目力。窗外四壁，薜萝满墙，中列松桧盆景，或建兰一二，绕砌种以翠云草令遍，茂则青葱郁然。旁置洗砚池一，更设盆池，近窗处，蓄金鲫五七头，以观天机活泼。斋中长桌一，古砚一，旧古铜水注一，旧窑笔格一，斑竹笔筒一，旧窑笔洗一，糊斗一，水中丞一，铜石镇纸一。左置榻床一，榻下滚脚凳一，床头小几一，上置古铜花尊，或哥窑定瓶一。花时则插花盈瓶，以集香气；闲时置蒲石于上，收朝露以清目。或置鼎炉一，用烧印篆清香。冬置暖砚炉一。壁间挂古琴一，中置几一，如吴中云林几式佳。壁间悬画一。书室中画惟二品，山水为上，花木次之，禽鸟人物不与也。或奉名画山水云霞中神佛像亦可。名贤字幅，以诗句清雅者可共事。……几外炉一，花瓶一，匙箸瓶一，香盒一，四者等差远甚，

---

①（明）陈继儒撰，陈桥生评注：《小窗幽记》，第116页。

②（明）陈继儒撰，陈桥生评注：《小窗幽记》，第116页。

③（明）陈继儒撰，陈桥生评注：《小窗幽记》，第117页。

> 惟博雅者择之。……坐列吴兴笋凳六，禅椅一，拂尘、搔背、棕帚各一，竹铁如意一。右列书架一，上置……等书。释则……。道则……等编。医则……诸书。闲散则……。法帖，真则……。隶则……。行则……。草则……。此皆山人适志备览，书室中所当置者。画卷旧人山水、人物、花鸟，或名贤墨迹，各若干轴，用以充架。①

这里高濂对于书斋环境的整体要求是“宜明净，不可太敞”。他不仅论及书斋内部环境的布设，包括文具、家具、日用器物、装饰陈设物、书籍、法帖和画卷等的种类、式样和摆放位置，可谓不厌其详，体现了书斋内部的各要素既丰富完备又秩序井然；而且论及书斋外部环境的布设，包括植物、洗砚池、盆池和鲫鱼等的设置，体现了书斋被美景环抱，由此书斋内、外部环境便形成了一个有机整体，提供给文人一个惬意的读书佳所。高濂还描述了文人在这样的书斋环境中读书的感受和体验：“斋中永日据席，长夜篝灯，无事扰心，阅此自乐，逍遥余岁，以终天年。此真受用清福，无虚高斋者得观此妙。”② 这里的“无事扰心，阅此自乐，逍遥余岁，以终天年”和“受用清福”足见以高濂为代表的晚明文人已将书斋视为可以安适身心的一方净土。

相比于高濂，张岱对于书斋环境的布设也有自己的特点，即他非常善于利用各种花木来装扮书斋周围的环境。如他对梅花书屋的布设：

> 前后空地，后墙坛其趾，西瓜瓤大牡丹三株，花出墙上，岁满三百余朵。坛前西府二树，花时积三尺香雪。前四壁稍高，对面砌石台，插太湖石数峰。西溪梅骨古劲，滇茶数茎妩媚，其旁

① （明）高濂著，王大淳、李继明、戴文娟、赵加强整理：《遵生八笺》，第199—200页。
② （明）高濂著，王大淳、李继明、戴文娟、赵加强整理：《遵生八笺》，第200页。

梅根种西番莲，缠绕如缨络。窗外竹棚，密宝襄盖之。阶下翠草深三尺，秋海棠疏疏杂入。前后明窗，宝襄西府，渐作绿暗。[①]

在张岱的精心布设下，不仅花与花之间，而且花与石之间也相互映衬、搭配得宜。同时，“后墙坛其趾”“坛前”“石台”“窗外竹棚”“阶下”等处都形成了各自的植物景观，犹如一个个景观单元，使人随处可见绿意，随时可感生意，从而获得饱满充盈的审美经验。张岱还遵循时序，根据季节的特点来安排书斋周围的花木。如他对不二斋的布设：

夏日，建兰、茉莉，芗泽浸人，沁入衣裾。重阳前后，移菊北窗下，菊盆五层，高下列之，颜色空明，天光晶映，如沉秋水。冬则梧叶落，蜡梅开，暖日晒窗，红炉毾㲪。以昆山石种水仙，列阶趾。春时，四壁下皆山兰，槛前芍药半亩，多有异本。[②]

张岱根据不同季节选择与之相适宜的花木，不仅使书斋四周的环境能够四季如春、充满生机，而且能够带给其丰富的审美感受和体验：如“建兰、茉莉，芗泽浸人，沁入衣裾”，这是嗅觉审美的调动；又如菊花“颜色空明，天光晶映，如沉秋水”，这是审美联想与想象的引发；等等，难怪张岱说他“寒暑未尝轻出”[③] 了。

陈继儒则特别强调了书斋的具体位置应设在楼上，并论及其优越性所在：“读书宜楼，其快有五：无剥啄之惊，一快也；可远眺，二快也；无湿气浸床，三快也；木末竹颠，与鸟交语，四快也；云霞宿高檐，五快也。”[④] 具体说来，“无剥啄之惊”即书斋环境的安静，无

---

① （明）张岱撰，淮茗评注：《陶庵梦忆》，第 35 页。
② （明）张岱撰，淮茗评注：《陶庵梦忆》，第 36 页。
③ （明）张岱撰，淮茗评注：《陶庵梦忆》，第 36 页。
④ （明）陈继儒撰，陈桥生评注：《小窗幽记》，第 184 页。

人打扰；“可远眺”即在书斋中可获得一种登高望远的审美经验；“无湿气浸床”即书斋环境舒适宜人；“木末竹颠，与鸟交语”即在书斋中也能与自然对话；“云霞宿高檐”即在书斋中也能亲近自然。可以说，在这样的环境中读书不仅能充分享受读书的乐趣，更不难达到陈继儒所说的“读书不独变气质，且能养精神”[①]。

为创构专属文人的生活情境，晚明文人除了注重书斋环境外，还从以下三个方面入手。

第一，晚明文人排斥与文人生活氛围不相符的闺阁脂粉气和酒肆、花市、书市、药市、贾胡肆等商业市俗气，这主要是通过对生活日用的细致讲求来实现的。晚明文人的日常生活审美世界可以说正是由各类物所构成的。单个物品虽小，但它对整体生活情境的创构发挥着重要作用。如果文人努力营造的风雅别致的生活情境中出现了一两件带有闺阁脂粉气或沾染世俗商业气的俗物，那么其整体生活情境的品位与格调势必降低不少。因此，晚明文人着眼于物的种类、物的式样、物的数量以及物的搭配组合，将带有闺阁脂粉气和世俗商业气的物品排除出了自己的生活环境。

从物的种类上看，如文震亨对五色蔷薇及用其搭建的花棚持否定态度：“尝见人家园林中，必以竹为屏，牵五色蔷薇于上。木香架木为轩，名‘木香棚’。花时杂坐其下，此何异酒食肆中？然二种非屏架不堪植，或移着闺阁，供仕女采掇，差可。”[②] 在他看来，众人于五色蔷薇开花之时杂坐在由该花搭建的所谓“木香棚”中便有如在酒楼饭馆里一般。显然，酒楼饭馆这样喧嚣嘈杂的商业化场景与文人所追求的清静幽雅的生活情境是格格不入的，而且五色蔷薇本身带有闺阁气，也不适宜栽植于文人的居所中。此外，在文震亨看来，用于市井药铺的布质帷帐、用于商铺的竹橱、用于药铺的小木架都不应出现于

① （明）陈继儒撰，陈桥生评注：《小窗幽记》，第107页。

② （明）文震亨著，陈植校注：《长物志校注》，第53页。

文人的生活环境中。

从物的式样上看，一方面与其设计装饰有关，如高濂认为花盆"有烧成兔子、蟾蜍、刘海、荔枝、党仙，中间一孔种蒲，此皆儿女子戏物"[①]，文震亨认为香筒"若太涉脂粉，或雕镂故事人物，便称俗品"[②]、酒器食具应"古雅精洁，不可毫涉市贩屠沽气"[③]，等等；另一方面也与其材质有关。文震亨要求香炉的盖火用具、匙箸、茶壶等都忌用金银，可见文人的生活情境应具有浓郁的笔墨书卷气，而非拜金牟利的市井气。

从物的数量上看，晚明文人强调宜少不宜多。如对于瓶中插花的数量，高濂认为"小瓶插花，折宜瘦巧，不宜繁杂，宜一种，多则二种"[④]，张谦德认为"瓶中插花，止可一种、两种，稍过多便冗杂可厌"[⑤]，袁宏道认为"多不过二种三种"[⑥]，文震亨则进一步从文人的生活环境与酒馆相区分的角度指出"止可一、二种，过多便如酒肆"[⑦]。在文震亨看来，如果物的摆放或设置的数量过多，就会给人有如市场的商业化之感。因此他除了对瓶中的插花有数量要求外，还认为福建和赣州的兰花"俱山斋所不可少，然每处仅可植一盆，多则类虎邱花市"[⑧]；一种五色的土玛瑙石"斋中不可多置。近见人家环列数盆，竟如贾肆"[⑨]；用以贮存书画典籍的书架及橱柜"不宜太杂，如书肆中"[⑩]；等等。文震亨还对居室中物的数量提出了明确要求，如他指出

---

① （明）高濂著，王大淳、李继明、戴文娟、赵加强整理：《遵生八笺》，第206页。

② （明）文震亨著，陈植校注：《长物志校注》，第255页。

③ （明）文震亨著，陈植校注：《长物志校注》，第360页。

④ （明）高濂著，王大淳、李继明、戴文娟、赵加强整理：《遵生八笺》，第510页。

⑤ （明）张谦德：《瓶花谱》，载（明）张谦德、袁宏道著，张文浩、孙华娟编著《瓶花谱　瓶史》，第81页。

⑥ （明）袁宏道：《瓶史》，载（明）张谦德、袁宏道著，张文浩、孙华娟编著《瓶花谱　瓶史》，第139页。

⑦ （明）文震亨著，陈植校注：《长物志校注》，第352页。

⑧ （明）文震亨著，陈植校注：《长物志校注》，第80页。

⑨ （明）文震亨著，陈植校注：《长物志校注》，第116页。

⑩ （明）文震亨著，陈植校注：《长物志校注》，第350页。

居室中所放的椅子只能是四把，卧榻只能是一张，屏风只能是一面，等等。上述晚明文人对物的数量所作的要求都可见他们以简洁清爽为美的日常生活审美趣味。

从物的搭配组合上看，一方面是物与物的搭配组合，如文震亨喜好将梅花与苔藓搭配组合起来，主张将卧室内所植的一株品种珍奇的花木与灵璧石、英石相搭配组合等；另一方面是物与空间的搭配组合，如文震亨认为大幅横披适宜挂在厅堂，小景和花鸟画则适宜挂在书斋，等等。

在晚明文人这里，一旦物的种类、式样、数量以及物的搭配组合沾染了闺阁气、商业气和市井气，它们便成了文人雅士日常生活中的俗物。换句话说，晚明文人认为在日常生活中不应有女性化、商业化和世俗化的审美趣味与追求。

第二，晚明文人善于运用文学传统来创构文人化的生活情境，即从文学作品中汲取养料，使日常生活情境表现出文学作品中的意境。文震亨从陶渊明《桃花源记》中获得灵感，要求桃树种植成林，为的是创构出“武陵桃源”的文学意境：“桃为仙木，能制百鬼，种之成林，如入武陵桃源，亦自有致”①。当然，从审美欣赏的角度说，并非所有人进入桃林后都能“如入武陵桃源”，只有具备良好文学素养的文人才能有这样触景生情的审美遐想。换句话说，桃树林的审美价值也只有在文人的审美遐想中才能被唤起和生成。文震亨对另一处生活情境的创构则以杜牧《山行》中的“停车坐爱枫林晚，霜叶红于二月花”为参照：“乌桕，秋晚，叶红可爱，较枫树更耐久，茂林中有一株两株，不减石径寒山也。”② 在茂林中点缀上一两株叶子经霜呈红的乌桕，这样的景观配置不仅色彩清新明快、引人入胜，而且更重要的是，如果于深秋傍晚时分观赏这番景致并将其与《山行》一诗的意境

① （明）文震亨著，陈植校注：《长物志校注》，第47页。
② （明）文震亨著，陈植校注：《长物志校注》，第72页。

相比照，便会觉得它丝毫不逊于杜牧笔下生机勃勃的“霜叶”。可以说，正是在杜牧诗境的衬托下，乌桕为日常生活情境增添的盎然生气才得以凸显。同时，文震亨还善于利用一切可利用之物为日常生活情境增添文学元素，从而增强园居生活的文化气息。例如，他要求在门的两旁用木板做春联，根据自己的兴趣爱好摘取唐诗佳句作为联语刻写在木板上。富有诗意的春联，既可表露出居所主人的生活情趣与特定心境，配合整体园居生活情境的创构，又可引人遐思，还可作为文人身份的一种标示。

第三，晚明文人追慕名贤的生活情境，从而极大地丰富和充实了文人生活情境的精神价值。如对于梅花书屋，张岱说：“又以‘云林秘阁’名之。”[①] 张岱将梅花书屋又命名为“云林秘阁”，足见他对倪云林生活情境的追慕。除张岱外，文震亨也追慕倪云林的生活情境：

> 云林清秘，高梧古石中，仅一几一榻，令人想见其风致，真令神骨俱冷。故韵士所居，入门便有一种高雅绝俗之趣。若使堂前养鸡牧豕，而后庭侈言浇花洗石，政不如凝尘满案，环堵四壁，犹有一种肃寂气味耳。[②]

在此，文震亨其实是借追慕倪云林的生活情境表明了自己心目中理想的文人居所应具备的两大要素。

一是“仅一几一榻，令人想见其风致”，即文人的居所应是其人格精神的真实写照。在文震亨看来，对于文人的家居环境的布设，重要的不在于如富商家那样讲求家具陈设的奢华繁复，而在于能够传达“风致”。这里的“风致”，既是倪云林居所的风致，也是其本人的风致，更准确地说是倪云林高洁恬淡的精神气节与其素朴清雅的居所布

---

① （明）张岱撰，淮茗评注：《陶庵梦忆》，第35页。

② （明）文震亨著，陈植校注：《长物志校注》，第347页。

设相交相契所形成的风致。这种风致超尘拔俗，令人为之动容。这也正如刘禹锡所谓“斯是陋室，惟吾德馨”（《陋室铭》）。其实在这里文震亨所表露的已经不仅是他对文人家居组织布设中简洁质朴之美的追求，而且是他对文人加强自身人格品质陶养的希望，同时也意在告诉人们：生活情境的创构不单纯取决于物质上的精心设计，更在于其精神境界的依持。试想，如果一位富商或普通百姓仿效倪云林将居所安于高树古石之中，并仅置一几一榻于其中，显然不能“令人想见其风致”，而“真令神骨俱冷”更是无从谈起了。

二是“韵士所居，入门便有一种高雅绝俗之趣”，即文人的居所应与普通百姓的居所严格区别。文震亨在《长物志》中谈论的居住环境其实就是一个私家园林，而对它的经营除了要有经济实力做后盾外，还需要景观设计的知识和较高的审美趣味，这些并非寻常百姓所能胜任。具体说来，文人居所与普通百姓居所最本质的差别即体现于生活情境上。文人的居所是具有“高雅绝俗之趣”的情境，而普通百姓的居所则是“养鸡牧豕”的世俗化情境。文震亨在此批评了在前庭养鸡养猪而在后庭浇花洗石这样破坏前后庭院整体情境和谐统一且沾染世俗生活气息的布设格局，认为与其这样布设，倒不如让尘土布满案几，同时四壁矮墙，还可营构出一种萧瑟寂静的情境，从中可见文震亨对生活情境的审美创构还是以能够展现文人之“致”、之“气”和之“味”为要求的。

计成也将名贤居所与其高风亮节联系起来，从而表达自己对理想人格情操的向往：“宅遗谢朓之高风，岭划孙登之长啸。”[①] 他还要求文人效仿名贤日常生活中的风雅之举：“编篱种菊，因之陶令当年；锄岭栽梅，可并庾公故迹。”[②] 可以说，追慕名贤以创构生活情境不仅为文人的日常生活环境注入了抚今追昔的历史纵深感和深厚的人文意蕴，饱含着高雅浓郁的文化氛围，而且有助于文人以古今联想、想象

① （明）计成著，陈植注释：《园冶注释》，第 67 页。

② （明）计成著，陈植注释：《园冶注释》，第 71 页。

和感通加深其在日常生活中的审美经验，使其仿佛与悠远历史文化记忆中的名流同居、同行，进而造就自我的精神家园。因此，这里与其说张岱、文震亨和计成是在创构文人化的日常生活情境，毋宁说他们也是在塑造自己的文化理想与人生理想，实际上也是对自我及自我生活的一种期许与定位，从中既可见他们修身独善的典型儒者风范，又表明了专属文人的日常生活情境是有所寄、有所托和有所寓的，从而具有一种人格与道德的隐喻之美。

四　可作景点的生活情境

为了获得更充沛的日常生活审美经验，晚明文人还创构了可作景点的生活情境。文震亨在日常园居生活中就精心创设了桂花林和竹林两处景点，使之成为可让人全身心介入，并从中获得多样化审美经验的特定生活情境。将桂花林和竹林视为景点是因为：第一，它们是在文震亨的设计和布局下，由若干彼此相互关联的景观元素所构成的两个具有相对独立性和完整性的场域空间；第二，它们可观、可行、可游，能够舒体、怡情、悦神，具有一定的审美价值。先看文震亨创构的桂花林之境：

> 丛桂开时，真称“香窟”，宜辟地二亩，取各种并植，结亭其中，不得颜以“天香”、“小山”等语，更勿以他树杂之。树下地平如掌，洁不容唾，花落地，即取以充食品。[①]

这里说的是文震亨在桂花盛开之时，选地二亩种上各种桂树，在桂花林中建造亭子，不用“天香”“小山”等为其命名，更不可杂种其他树。桂树下的地面要平整、并且洁净得不容有唾液，这样便可将

① （明）文震亨著，陈植校注：《长物志校注》，第66—67页。

落地的桂花直接用作食品。不难看出，文震亨在此很懂得创构生活的情趣和情调：一是他取各种桂树，使之成林并在其中建亭，这就创构了一个可穿行、可驻足、可坐卧、可流连的生活空间；二是他充分利用了桂花在形、色、声、香、味等方面的审美特质，不仅做到了物尽其用，而且使赏花、听花、闻花、食花等各项审美活动可以分别或同时进行，这就为人们多种感官的全面调动与配合，进而获得身心兼适的审美愉悦创造了条件；三是他反对将亭命名为"天香""小山"等，是因为这样的名字直白浅显，缺乏含蓄隽永的韵味和诗意，会破坏雅致的氛围和赏玩的兴致，这也正说明了命名的重要性。命名不仅是文人文学才情的展示，而且有助于审美佳境的营造，好的命名能够唤起审美情感和触发审美联想与想象；四是他反对在桂花林中杂植其他树种，这是为了使桂花的审美价值得到最大程度的发挥，并保持整体意境的和谐统一；五是他要求保持地面的平整和洁净，这既是为了便于食用桂花，也是为了创造舒适宜人的生活环境。

可见，在文震亨独具匠心的规划和设计下，桂花林已不是单一的景致，而成了一处饶有趣味、十分别致的景点。在这里文震亨赏着桂花的形与色，闻着清幽柔和的花香，听着徐徐微风拂过后沙沙的树声，再品尝着飘落于地的花瓣，尽情地享受着生活本应有的那份惬意与闲适，身心得到了全面的放松与舒畅，从而获得了心灵的慰藉与精神的满足。可以说，这片桂花林正是文震亨在喧嚣尘世中为自己开辟的一方可在日常生活中陶情遣兴且不被世俗纷扰的精神栖息地。

除了桂花林这处可作为景点的生活情境外，文震亨还以竹林创设了另一处景点：

> 种竹宜筑土为垅，环水为溪，小桥斜渡，陟级而登，上留平台，以供坐卧，科头散发，俨如万竹林中人也。①

① （明）文震亨著，陈植校注：《长物志校注》，第73页。

相比桂花林，这里竹林情境的创构有以下特点。

一是创构更为复杂，也更富有灵动的巧思。这突出表现在文震亨设置了游览的路线。人们不是一下子直接进入竹林，而是要“小桥斜渡”“陟级而登”。小桥和台阶如同审美的向导，引人渐入竹林胜境，这就延长了路程和步行的时间，其实也就延长了人们审美感知的时间并相应地增强了审美感知，使人们在有限的时空中能够通过移步换景获得尽可能多的审美经验；同时也增添了人们游览的情趣和兴味，使竹林较之于桂花林更具有可游性。

二是表现出了隐逸的主题。首先，文震亨将竹林设置于四面环水的高台之上，大有与外界隔离的封闭、隐蔽和私密之感。其次，文震亨设置了小桥和台阶，到达竹林需要经过小桥再拾级而上，这样的行程也让人很自然地联想起陶渊明在《桃花源记》中所描绘的武陵渔人在进入“桃花源”前的一番跋涉：“忽逢桃花林，夹岸数百步，……林尽水源，便得一山。山有小口，……初极狭，才通人。复行数十步，豁然开朗，……”[①] 而一边联想着作为隐逸之志表达的“桃花源”，一边“小桥斜渡”“陟级而登”，可以说是为进入竹林作了情感上的铺垫与蓄势。再次，在景观配置上，文震亨综合利用了高台、溪水、小桥、台阶、竹子、平台等简洁淡雅的景观元素，创构出一种可以入画的清静幽远的隐逸氛围，表现出豁达超脱的精神追求。加之竹子本身所承载的隐士文化内涵，也增添了竹林的隐逸氛围。由此我们便不难想象身处竹林、“科头散发”的文震亨能够臻于“俨如万竹林中人”的审美仙境了。

更重要的是，文震亨以桂花林和竹林创构的生活情境是物境、心境与人生境界三位一体的贯通与凝聚，其品位与格调在他所创构的四种生活情境中是最高的。这里的桂花林和竹林是心灵的境界，也是人

---

① （晋）陶渊明著，龚斌校笺：《陶渊明集校笺（修订本）》，上海古籍出版社 2019 年版，第 467 页。

生的境界。文震亨将自己的胸襟气度、精神追求和生命存在状态投射和寄寓于桂花林和竹林中。如果说桂花林更多地体现出文震亨在日常生活中自娱、自乐、自足和自得的闲情逸致，折射的是其人生格调与况味中快意、悠然和闲适的一面，那么竹林情境下文震亨“俨如万竹林中人”的即时即地的审美感兴与妙会则是他隐逸情怀的表达，并暗含他对竹林七贤的崇尚，也与中国文人钟情于竹的传统有了精神上的契合与相通；如果说桂花林是文震亨体舒神怡的精神栖息之地，那么竹林除了作为精神栖息之地外，还有了一种文人品格的寄托与人文理想的承载，它表征的已不是文震亨个人，而是中国文人士大夫这一群体。可以说，将作为物境的竹林升华为心灵之境和人生之境是文震亨对生活情境进行审美创构的出发点、立足点和落脚点。换句话说，在日常生活中造境，也即发现和开掘一片属于自己的心灵之境和人生之境，这是一个独特的世界。而生活情境品位与格调的高下最终也正是由这心灵之境和人生之境所决定的，从一个人所创构的生活情境中我们可以反观其精神气度与人生旨趣。

值得注意的是，第一，晚明文人的日常居住环境其实就是一个私家园林，这为生活情境的审美创构提供了可能。第二，晚明文人在对生活情境进行审美创构时常常是从与文人生活相关的各类物件入手，紧紧围绕物件展开，由此以点带面，由个体的生活物件到整体的生活情境，因此也可以说晚明文人对生活情境进行审美创构的过程就是对各种生活物件的富于审美创造性的组织和布设的过程，而生活情境也正是通过单件物，或物与物的并置组构传达和呈现出来的。第三，与宫廷整齐划一且强调礼仪典章的礼制化生活情境、商贾富豪奢华绮丽的生活情境以及平民百姓市井化且缺乏文化气息的生活情境不同，晚明文人所营构的自然的、如画的、专属文人的和可作景点的等四种生活情境都是恬淡雅致、清新脱俗且能够展现文人情趣与性灵的生活情境，有着高品位、高格调的追求。晚明本就是一个特殊的历史时期，而文人又是这个特殊历史时期的特殊社会阶层。以上我们探讨晚明文人对生活情境的审美创构，也意在尽量还原他们的生活场景和生活方式，展现其独特的审美品位与文化个性。第四，我们这里所讲的四种生活情境并不是截然独立和分离的。如桂花林和竹林既是可作景点的生活情境，也是自然的生活情境；又如书斋是专属文人的生活情境，而张岱在梅花书屋和不二斋的布设中注重用各种植物装点书斋周围的环境，其实也就营构出了自然的生活情境；再如如画的生活情境是具有一定文化艺术素养的文人才能创构出来的，因此也可以视为专属文人的生活情境。我们将晚明文人审美创构的生活情境分为四种，是为了便于问题的研究。

进一步看，晚明文人对生活情境的审美创构其实就是对日常生活进行陌生化。陌生化虽原指文学作品中语言的陌生化，是运用于文学领域的一种创作技巧，但其内涵与实质则有助于我们理解晚明文人对生活情境的审美创构。晚明文人通过生活情境的审美创构，意在强调去亲身感受和体验生活环境，而不是去认识它；意在适当增大对生活环境感知的难度，延长对生活环境感知的时间，提升对生活环境感知的强度，使人放弃对日常生活机械化、自动化和惯常化的感知方式而获得新奇别样的审美经验，由此与熟悉的生活环境间隔和疏离开。如生活中司空见惯的物品在晚明文人追求如画的审美设计下也能如初次见到一般而不再令人熟视无睹，而他们所创构的自然的生活情境更是与当时社会上盛行的崇奢华、喜雕饰和尚艳丽的生活风气形成了鲜明的反差，具有陌生化之效。南帆曾说：“俄国形式主义提出了著名的‘陌生化’之说，这是一个富有潜力的命题。‘陌生化’包含了对于日常生活的多重辩证：退出日常生活，目的是重启洞察日常生活的兴趣；洞察日常生活，目的是剥下日常生活的庸俗躯壳，解放内在的活力。”[①] 可以说，晚明文人正是通过生活情境的审美创构在超脱原有生

---

① 南帆：《文化先锋、文学性与日常生活》，载《无名的能量》，人民文学出版社2012年版，第10页。

活的同时又为其赋予了新生，扩展、更新和优化了对原有生活的感知与体验。也可以说，晚明文人对生活情境的审美创构是在习常的生活中开辟出了崭新的生活，由此获得了一种新的存在。

第二节　生活之物的审美观照

人们在日常生活中除了置身于一定的生活环境外，还必须接触周遭林林总总的生活之物。生活之物既是生活品质的直观显现，又在一定程度上形塑着生活风格，如自然雅洁的生活之物展现的是简朴素淡的生活风格，而奢靡浮华的生活风格中往往充斥着雕镂繁丽的生活之物。在晚明文人看来，生活之物关乎着文人日常生活审美经验的生成和审美需求的满足，关乎着文人生活领域的拓展和生活品位的表达，因此他们强调对生活之物进行审美观照，从而将稀松平常的生活之物纳入了审美的脉络，使其点石成金、脱胎换骨般地成了审美对象，具有了精神的意义，由此也极大地丰富和充实了文人的日常生活。具体说来，晚明文人对生活之物的审美观照表现在感物、品物、赏物和玩物四个方面。

一　感物

晚明文人将中国传统哲学中天人感应、天人相通的观念转化为日常生活审美意义上的心物交感，他们的感物即在日常生活中融情于物、寓意于物，在人与物之间建立起和谐适然的审美关系，从而一方面使人在与物的对话与交流中突破自我的局限，并挣脱现实生活的束缚，步入自由的审美之域；另一方面也为物增添了情趣，使物不再是冰冷、呆板和凝滞的存在，而成为一种可与人交感互动、使人备感亲切的对象性存在，拉近了与人的心理距离，其审美潜能也得以充分释放。晚明文人的感物主要表现为拟人、拟物和追溯物的文化意涵等三种方式。

首先，晚明文人抓住物与人之间在情态上的相似相通，对物进行了拟人化的想象和联想，用充沛的情感赋予物以人格与性情。这表现为以下三个方面。

一是将生活中的各类物件比拟为可以与人交流和对话的另一精神主体，并注重物性与人性的恰切匹配。陈继儒说："怪石为实友，名琴为和友，好书为益友，奇画为观友，法帖为范友，良砚为砺友，宝镜为明友，净几为方友，古磁为虚友，旧炉为熏友，纸帐为素友，拂麈为静友。"① 朋友不是一般的人，而是与文人有交往交情之人，甚至是心灵相通的知己。这里陈继儒将"怪石""名琴""好书""奇画""法帖""良砚""宝镜""净几""古磁""旧炉""纸帐""拂麈"比拟为文人的朋友，可见文人与这些物之间结有深厚的情谊，也说明并非所有物都能作为晚明文人拟人的对象，拟人是有所选择的。同时，陈继儒还根据这些物的物性，将它们分别与具有不同个性气质的朋友相互匹配起来，这与吴从先所谓"赏花须结豪友，观妓须结淡友，登山须结逸友，泛水须结旷友，对月须结冷友，待雪须结艳友，饮酒须结韵友"② 有着异曲同工之妙，都足见晚明文人对物对人的精细感知和那份难能可贵的生活雅兴。陈继儒又说："与梅同瘦，与竹同清，与柳同眠，与桃李同笑，居然花里神仙；与莺同声，与燕同语，与鹤同唳，与鹦鹉同言，如此话中知己。"③ "黄鸟情多，常向梦中呼醉客；白云意懒，偏来僻处媚幽人。"④ 这里的"梅""竹""柳""桃李""莺""燕""鹤""鹦鹉""黄鸟""白云"本是无情之物，但由于文人的投情便也成了有情之物，由此文人与物不是各自孤立地存在，而是可以同感和共鸣，形成了一种审美上的主体间性。

二是将花木拟人化，这在晚明文人的日常生活中十分常见。一方

① （明）陈继儒撰，陈桥生评注：《小窗幽记》，第 199 页。
② （明）吴从先撰，郭征帆评注：《小窗自纪》，第 15 页。
③ （明）陈继儒撰，陈桥生评注：《小窗幽记》，第 194 页。
④ （明）陈继儒撰，陈桥生评注：《小窗幽记》，第 287 页。

面，在晚明文人看来，花木也有人的情绪、作息和遭遇等。袁宏道认为“花有喜怒、寤寐、晓夕”[①]，并强调“晓则空庭大厦，昏则曲房奥室，愁则屏气危坐，喜则欢呼调笑，梦则垂帘下帷，醒则分膏理泽，所以悦其性情，时其起居”[②]，可以说是完全把花当成人来对待和相处了。高濂则认为花也会遭受荣辱，并说：“花雅称为荣，凡二十有二：……此皆花之得意春风，及第逞艳，不惟花得主荣，主亦对花无愧，可谓人与花同春矣。其疾憎为辱，亦二十有二：……此皆花之空度青阳，芳华憔悴，不惟花之寥落主庭，主亦对花增愧矣。花之遭遇一春，是非人之所生一世同邪？”[③] 这里将“花之遭遇一春”与“人之所生一世”相比照，可以说是人对花的一种感同身受。另一方面，晚明文人常将花木比拟为女性形象。如对于瓶花中与主花相搭配的辅花，袁宏道认为其“犹中宫之有嫔御，闺房之有妾媵”[④]，即以“嫔御”“妾媵”这样的女性形象比拟辅花，使主花与辅花之间形成了类似人的主仆关系。对于桃花和李花，文震亨说：“桃花如丽姝，歌舞场中，定不可少。李如女道士，宜置烟霞泉石间，但不必多种耳。”[⑤] 这里文震亨的拟人不是简单地说“桃花如丽姝”“李如女道士”，而是为这种拟人设置了歌舞场与烟霞泉石间这两种特定的情景，一边是繁华热闹，一边是幽淡清雅，这既分别与“丽姝”和“女道士”的形象相互吻合与呼应，也使桃花与李花、“丽姝”与“女道士”相互映衬，加深和丰富了感物中的审美经验。再如对于海棠，文震亨认为“垂丝娇媚，真如妃子醉态”[⑥]，将垂丝海棠的娇媚转化为对杨贵妃醉酒的遐想。这

① （明）袁宏道：《瓶史》，载（明）张谦德、袁宏道著，张文浩、孙华娟编著《瓶花谱 瓶史》，第149页。

② （明）袁宏道：《瓶史》，载（明）张谦德、袁宏道著，张文浩、孙华娟编著《瓶花谱 瓶史》，第149页。

③ （明）高濂著，王大淳、李继明、戴文娟、赵加强整理：《遵生八笺》，第206页。

④ （明）袁宏道：《瓶史》，载（明）张谦德、袁宏道著，张文浩、孙华娟编著《瓶花谱 瓶史》，第155页。

⑤ （明）文震亨著，陈植校注：《长物志校注》，第49页。

⑥ （明）文震亨著，陈植校注：《长物志校注》，第45页。

里与其说文震亨是在感受垂丝海棠，不如说他是在细细揣摩与回味杨贵妃的醉态。

晚明文人将花木比拟为女性形象还有更复杂精微的情况。如高濂的《苏堤看桃花》：

> 六桥桃花，人争艳赏，其幽趣数种，赏或未尽得也。若桃花妙观，其趣有六：其一，在晓烟初破，霞彩影红，微露轻匀，风姿潇洒，若美人初起，娇怯新妆。其二，明月浮花，影笼香雾，色态嫣然，夜容芳润，若美人步月，风致幽闲。其三，夕阳在山，红影花艳，酣春力倦，妩媚不胜，若美人微醉，风度羞涩。其四，细雨湿花，粉容红腻，鲜洁华滋，色更烟润，若美人浴罢，暖艳融酥。其五，高烧庭燎，把酒看花，瓣影红绡，争妍弄色，若美人晚妆，容冶波俏。其六，花事将阑，残红零落，辞条未脱，半落半留。兼之封家姨无情，高下陡作，使万点残红，纷纷飘泊，或扑面撩人，或浮樽沾席，意恍萧骚，若美人病怯，铅华销减。六者惟真赏者得之。①

这里高濂对桃花所作的女性形象的比拟不止一次，他根据桃花在六种不同情形下所展现出的六种各异的审美风貌分别进行了比拟。在高濂眼中，“晓烟初破，霞彩影红”之时的桃花“微露轻匀，风姿潇洒”，因此被他比拟为“美人初起，娇怯新妆”；“明月浮花，影笼香雾”之时的桃花“色态嫣然，夜容芳润”，因此被他比拟为“美人步月，风致幽闲”；“夕阳在山，红影花艳”之时的桃花“酣春力倦，妩媚不胜”，因此被他比拟为“美人微醉，风度羞涩”；“细雨湿花，粉容红腻”之时的桃花“鲜洁华滋，色更烟润”，因此被他比拟为“美人浴罢，暖艳融酥”；“高烧庭燎，把酒看花”之时的桃花“瓣影红

① （明）高濂著，王大淳、李继明、戴文娟、赵加强整理：《遵生八笺》，第90—91页。

绡，争妍弄色”，因此被他比拟为“美人晚妆，容冶波俏”；“花事将阑，残红零落”之时的桃花“意恍萧骚”，因此被他比拟为“美人病怯，铅华销减”。高濂在此尽情地驰骋着想象和联想，使桃花的不同情态与美人的不同情态一一对应，从而获得了对桃花多层、多重的审美感受和体验，可谓享桃花之“幽趣”，成桃花之“真赏者”。

值得注意的是，晚明文人除了将花木比拟为女性形象外，还将花木比拟为男性形象，如袁宏道就说“一室之内，荀香何粉，迭为宾客”①。晚明文人将花木比拟为女性或男性，使他们在感花时能够获得不同的审美经验。

三是着眼于人的动作来将物拟人化，使物具有了活泼泼的生趣。吴从先说：“溪上清流梳石发，无妆亦整云鬟；阶前细雨洗苔衣，不舞常明翠袖。”② 这里的比拟可谓十分精妙。吴从先通过“梳”和“洗”两个原本属人的动作，将溪水和细雨的自然运动比拟为人的活动，饶有意趣。在他眼中，溪水并非流过而是梳理着石上的水草，仿佛女子“无妆亦整云鬟”；细雨也并非滴落而是清洗着阶前的青苔，好像女子“不舞常明翠袖”，溪水和细雨都被赋予了人所具有的生命情态，营造出柔美隽永的审美意境，使寻常之物也值得细细感受和品味一番。值得一提的是，吴从先在此说的是“梳石发”而非“梳石”，“洗苔衣”而非“洗苔”，这不仅使“石发”与“云鬟”、“苔衣”与“翠袖”相互对应，从而形成完整的审美图景，体现出拟人的谨严和用心，而且使由“梳石发”到“整云鬟”、由“洗苔衣”到“明翠袖”的想象和联想更加自然贴切且水到渠成，也令审美经验的生成更为畅达。吴从先又说：“小窗偃卧，月影到床。或逗遛于梧桐，或摇乱于杨柳。翠叶扑被，俗骨俱仙。”③ 这里的“到”“逗遛”“摇乱”

---

① （明）袁宏道：《瓶史》，载（明）张谦德、袁宏道著，张文浩、孙华娟编著《瓶花谱　瓶史》，第118页。

② （明）吴从先撰，郭征帆评注：《小窗自纪》，第65页。

③ （明）吴从先撰，郭征帆评注：《小窗自纪》，第69页。

“扑”可谓生动传神，使月影仿佛一位俏皮的孩童，其运动变化的每一瞬间都被文人捕捉并定格，由此月影便不再是客观存在的物象，而成了文人以拟人来感物的对象。

将物拟人化在中国传统文化中由来已久，这并非晚明文人的独创，但将这种拟人化由艺术创作技法转化为一种在日常生活中经常进行的审美感受与体验的方式则是晚明文人的贡献。物的拟人化一方面使晚明文人不仅能感物的外在形貌，也能感其内在精神；另一方面则将对物的审美与对人的审美相互结合，人之美成了物之美的标准。可以说，晚明文人通过日常生活中的拟人来感物，使人与物的界限在审美意义上得以淡化，从而为物我交融提供了可能。

其次，晚明文人将人比拟为物，或将生活中的某物比拟为另一物，形成了以拟物来感物的方式。这表现为以下两个方面。

一是将人比拟为物。如陈继儒说：“幽心人似梅花，韵心士同杨柳。”[①] 这里陈继儒将“幽心人”比拟为“梅花”，将“韵心士”比拟为“杨柳”，实际上是将人作为了审美对象，可见晚明文人感物的对象也包括人。结合拟人和拟物来看，晚明文人既把花比人，又把人比花，人与花之间形成了相互比拟。如果说在拟人中，花之美的标准是人之美，那么在拟物中，人之美的标准则是花之美。换句话说，花与人在相互比照中凸显了各自的美感。

二是将生活中的某物比拟为另一物。在陈继儒眼中，“六经为庖厨，百家为异馔；三坟为瑚琏，诸子为鼓吹”[②]，原物经过拟物焕发出了新貌和新意，从而使人获得对原物新的审美经验。陈继儒又说：“芳园半亩，便是旧金谷；流水一湾，便是小桃源。”[③] 半亩芳园和一湾流水本是生活中的常见之物，但在陈继儒的拟物中，半亩芳园成了

① （明）陈继儒撰，陈桥生评注：《小窗幽记》，第 192 页。
② （明）陈继儒撰，陈桥生评注：《小窗幽记》，第 118 页。
③ （明）陈继儒撰，陈桥生评注：《小窗幽记》，第 157 页。

“旧金谷”，一湾流水成了“小桃源”，寻常之物由此便成了审美意象。在洪应明这里，“盆池拳石间，便居然有万里山川之势；片言只语内，便宛然见万古圣贤之心”[①]。洪应明以“万里山川之势”比拟“盆池拳石”，以“万古圣贤之心”比拟“片言只语”，使平常的“盆池拳石”“片言只语”焕发出勃勃生机和意趣。高濂也善于拟物，他眼中的茶花“花白若剪云绡，心黄俨抱檀屑”[②]，将白色的花瓣比拟为天上的云朵，将黄色的花心比拟为檀香的细屑。这样一番拟物后，茶花更显风致。对于同一物，高濂还将其比拟为不同的物，如他对于蚕茧的比拟：“初成蚕箔，白茧团团，玉砌银铺，高下丛簇，丝联蓓蕾，俨对雪峤生寒，冰山耀日。”[③] 将蚕茧比拟为“玉”“银”“雪峤”“冰山”，使原本看似普通的蚕茧也具有了审美性质。文震亨则将开花的玉兰比拟为“玉圃琼林”[④]，将掩映门户的槐、榆之绿叶比拟为“翠幄”[⑤]，将梧桐的绿叶比拟为“翠玉”[⑥]，等等，从中获得了别样的审美经验。

不难看出，晚明文人的拟物要能实现，一是与物的存在形态有关。如上述高濂对蚕茧所作的比拟，有赖于蚕茧“白茧团团”“高下丛簇，丝联蓓蕾”的存在形态。也可以说，正是蚕茧这一具有形式美的存在形态召唤和激发了高濂对其进行比拟。二是与文人的想象和联想能力有关。文人不仅要能由此物想象和联想到彼物，而且所想象和联想之物应是具有美感之物。三是与文人的观物视角有关。如上述高濂能够对蚕茧进行“雪峤”“冰山”的比拟，显然是对蚕茧采取了远望的视角。再如文震亨说玉簪花“洁白如玉，有微香，秋花中亦不恶。但宜墙边连种一带，花时一望成雪”[⑦]，将单株的玉

---

① （明）洪应明撰，杨春俏译注：《菜根谭》，中华书局2013年版，第102页。
② （明）高濂著，王大淳、李继明、戴文娟、赵加强整理：《遵生八笺》，第182页。
③ （明）高濂著，王大淳、李继明、戴文娟、赵加强整理：《遵生八笺》，第128页。
④ （明）文震亨著，陈植校注：《长物志校注》，第44页。
⑤ （明）文震亨著，陈植校注：《长物志校注》，第69页。
⑥ （明）文震亨著，陈植校注：《长物志校注》，第70页。
⑦ （明）文震亨著，陈植校注：《长物志校注》，第88页。

簪花比拟为玉，这是近观的视角；将成片的玉簪花比拟为雪，则是远望的视角。

可以说，拟人和拟物作为日常生活中的感物方式，其实质都是改变看待生活之物的惯有思维，将生活之物纳入新的视野中进行观照。无论是拟人还是拟物，都为晚明文人在日常生活中获得更多样化的审美经验及其延伸和拓展提供了可能，同时也使生活中原先平淡无奇之物显得栩栩如生，使人顿生喜爱之情，原本枯燥单调的日常生活也由此变得生动鲜活、兴味盎然起来。

再次，晚明文人追溯了物的文化意涵，这就为感物设置了特定的文化时空。当然，这种文化意蕴的追溯并非认知意义上的，而是审美意义上的重新体验古典，从中寄托了晚明文人的怀古幽情。这表现为以下两个方面。

一是追溯物的历史文化典故。屠隆说："一泓濠上，便同庄叟之观；片石林间，堪下米颠之拜。"① 在对历史文化典故的追溯中，屠隆感受到的"一泓濠上"和"片石林间"不仅仅是清水和石头，更是由庄子在濠上悠闲观鱼和米芾痴迷膜拜石头所体现的文人的真性情和真趣味。文震亨则在赏松之时联想到被秦始皇封为"五大夫松"的松树和唐代刺史袁仁敬命人在西湖栽植的"九里云松"，而秦始皇和袁仁敬作为历史名流，其风采在此也成了文震亨的审美对象。文震亨又追溯了瑞香和水仙得名的缘由，即分别来自庐山和尚白天睡梦中闻到花香和水神河伯服用八石花的历史文化典故，这使瑞香和水仙变得饶有兴味起来，丰富了其审美意蕴。可见，对物的历史文化典故的追溯能够加深晚明文人感物的审美经验，也使清水、石头、松树、瑞香和水仙等生活中的普通之物顿时显得高雅脱俗、韵味十足。

二是追溯物的文学传统。如对于棣棠，文震亨联想到《诗经》，

① （明）屠隆撰，王飞评注：《娑罗馆清言·续娑罗馆清言》，中华书局2008年版，第56页。

认为多种棣棠能够体味诗人的韵味："余谓不如多种棣棠，犹得风人之旨。"① 对于兰花，文震亨联想到《离骚》中对兰花的描写："兰出自闽中者为上，叶如剑芒，花高于叶，《离骚》所谓'秋兰兮青青，绿叶兮紫茎'者是也。"② 这里文震亨能由棣棠联想到《诗经》，由兰花联想到《离骚》，也受到了晚明文人喜将感花与作诗咏花相结合的影响。

虽然物的文化意蕴与其外在形式不同，并非其本身原有的审美属性，但从审美经验的角度来说，它唤起了审美联想，激发了慕古之情，因此也具有审美的意味。可以说，物的文化意蕴与其外在形式一起构成了一个完整的审美对象，具有一种整体的、综合的美，丰富和强化了晚明文人的日常生活审美经验。

二　品物

从汉魏之际的人物品藻开始，中国文人就将作为动词的"品"即品鉴、品评视为一种极为重要的审美感知和体验的方式。同时，他们又将"品"作为名词即品级、风格而大量运用于文学批评、绘画批评、书法批评和音乐批评等之中，"品"成了中国美学的重要范畴。晚明文人的开拓之处在于将"品"作为一种审美方式和一类美学范畴的双重含义引入了日常生活的品物活动中，使各类生活物件进入了审美的视野，成了审美对象。同时，对于书画这类原本就属艺术之物，其审美价值也由文人之"品"而得到了进一步的发掘。

晚明文人的品物主要表现为两种方式。

第一，立足于同类物中各物之间的比较和关联，对它们进行鉴别和品评。这里又可以细分为以下两种方式。

一是定品，即确定同类物中各物的品级，从而使它们形成了一种

① （明）文震亨著，陈植校注：《长物志校注》，第57页。

② （明）文震亨著，陈植校注：《长物志校注》，第80页。

比照关系。如高濂对于李花的定品："有青霄李、御黄李，李之上品也。若紫粉小青，皆下品也。"[①] 又如文震亨对于水注的定品："水注之古铜玉者俱有辟邪、蟾蜍、天鸡、天鹿、半身鸬鹚杓、鏒金雁壶诸式滴子，一合者为佳；有铜铸眠牛，以牧童骑牛作注管者，最俗。"[②] 可以说，在此"上品"者与"下品"者、"为佳"者与"最俗"者都不能独立存在，它们相互对举、彼此依存。

二是分等，即为物区分等次，展现物的等第之别。在分等中，有分为两等的，如许次纾对于烹茶之泉水的分等："杭两山之水，以虎跑泉为上。……其次若龙井、珍珠、锡杖、韬光、幽淙、灵峰，皆有佳泉，堪供汲煮。"[③] 又如高濂对砚之石眼的分等："以眼在池上者，名曰高眼，为佳；生下者，为低眼，次之。"[④] 更多的则是分为三等的，如黄龙德对于茶的分等："吴中虎丘者上，罗岕者次之，而天池、龙井、伏龙则又次之。新安松萝者上，朗源沧溪次之，而黄山磻溪则又次之。"[⑤] 又如高濂对于官哥窑器颜色和花纹的分等："官窑品格，大率与哥窑相同，色取粉青为上，淡白次之，油灰色，色之下也。纹取冰裂鳝血为上，梅花片墨纹次之，细碎纹，纹之下"[⑥]；对于明永乐年间所制压手杯图案的分等："明永乐年造压手杯，坦口折腰，沙足滑底，中心画有双狮滚球，球内篆书'永乐年制'四字，细若粒米，为上品；鸳鸯心者，次之；花心者，又其次"[⑦]；对于酒樽的分等："注酒远游，古有窑器甚佳，铜提次之，近以锡造者恶甚"[⑧]；对于古

① （明）高濂著，王大淳、李继明、戴文娟、赵加强整理：《遵生八笺》，第514页。

② （明）文震亨著，陈植校注：《长物志校注》，第263页。

③ （明）许次纾：《茶疏》，载（宋）赵佶等著，沈冬梅、李涓编著《大观茶论（外二种）》，中华书局2013年版，第143页。

④ （明）高濂著，王大淳、李继明、戴文娟、赵加强整理：《遵生八笺》，第470页。

⑤ （明）黄龙德：《茶说》，载（宋）赵佶等著，沈冬梅、李涓编著《大观茶论（外二种）》，第160—161页。

⑥ （明）高濂著，王大淳、李继明、戴文娟、赵加强整理：《遵生八笺》，第443页。

⑦ （明）高濂著，王大淳、李继明、戴文娟、赵加强整理：《遵生八笺》，第447页。

⑧ （明）高濂著，王大淳、李继明、戴文娟、赵加强整理：《遵生八笺》，第235页。

琴断纹和材质的分等："上发断纹，肖梅花纹者为最，牛毛纹者次之，蛇腹纹者为下品也……次观琴材，以桐面梓底者为上，纯桐者次之，桐面杉底者又次之"①；等等。无论是将物分为两等还是分为三等，都离不开晚明文人对物的细致体察和品辨。

第二，不将物置于其同类物中进行比较性和关联性的品鉴、品评，而是直接将其作为独立的品鉴、品评对象。在此，晚明文人又使用了众多带有"品"字的品物术语来表达对物的审美价值判断。如在袁宏道这里有"名品""浊品"，在许次纾这里有"仙品""珍品""中品"，在黄龙德这里有"佳品""伪品"。在晚明文人的品物活动中，高濂和文震亨参与最积极，所品生活之物的范围最广，因此他们使用的品物术语也最多。在高濂这里有"雅品""绝品""珍品""高品""妙品""具品""佳品""精品""神品""奇品""仙品""清品""魁品""常品""次品"等；在文震亨这里则有"高品""奇品""精品""俗品""凡品""凡俗之品"；等等。晚明文人通过使用上述品物术语，不但表达出对物或肯定或否定、或褒或贬、或喜或恶的主观情感，也显现了器物的审美特性，更使"品"由原先的艺术审美领域真正走入了日常生活审美领域，并形成了一个有关"品"的日常生活审美范畴群，标志着晚明文人品物活动的日益成熟。

晚明文人的日常生活离不开书画。书画不仅装饰点缀了晚明文人的生活空间，更是他们日常愉悦身心的重要途径。书画作为艺术品，可被视为一种特殊的生活之物。晚明文人十分讲究书画的品鉴、品评，如文震亨说：

> 看书画如对美人，不可毫涉粗浮之气，盖古画纸绢皆脆，舒卷不得法，最易损坏，尤不可近风日，灯下不可看画，恐落煤烬，及为烛泪所污；饭后酒余，欲观卷轴，须以净水涤手；展玩之际，

① （明）高濂著，王大淳、李继明、戴文娟、赵加强整理：《遵生八笺》，第506页。

> 不可以指甲剔损；诸如此类，不可枚举。然必欲事事勿犯，又恐涉强作清态，惟遇真能赏鉴，及阅古甚富者，方可与谈，若对伧父辈惟有珍秘不出耳。①

在文震亨看来，对于书画的品鉴、品评，一是要有特定的心态。所谓“看书画如对美人，不可毫涉粗浮之气”，即品书画应全神贯注，而不可有丝毫的轻浮粗俗。文氏的“看”也并非漫不经心地扫视，而是以审美之眼专心致志地凝视和品味。二是要有身体的参与，即眼与手的配合。这里文震亨特别强调了对书画的珍惜与爱护。如他说饭后酒余品画“须以净水涤手”、品画中“不可以指甲剔损”，认为“古画纸绢皆脆，舒卷不得法，最易损坏”等，都可见品鉴、品评书画也是一个需要全身心投入的过程。三是独自品鉴还是与众人一道品鉴也有讲究。文震亨认为品鉴、品评书画的伴侣应是那些真正懂得鉴赏和饱览古代书画之士，而应远离那些故作风雅的粗俗之人。

高濂则提出了他品鉴、品评画作的“三趣”审美标准：

> 余所论画，以天趣、人趣、物趣取之。天趣者，神是也；人趣者，生是也；物趣者，形似是也。夫神在形似之外，而形在神气之中，形不生动，其失则板，生外形似，其失则疏。故求神气于形似之外，取生意于形似之中。生神取自远望，为天趣也。形似得于近观，为人趣也。②

高濂的“三趣”即“天趣”“人趣”“物趣”。首先，高濂对“天趣”“人趣”“物趣”的含义进行了界定，即“天趣”重在“神”，“人趣”重在“生”，“物趣”重在“形”。其次，高濂阐明了“三趣”

① （明）文震亨著，陈植校注：《长物志校注》，第147页。

② （明）高濂著，王大淳、李继明、戴文娟、赵加强整理：《遵生八笺》，第464页。

之间的关系。在他看来，“三趣”相互依存、不可偏废。再次，高濂指出了“三趣”的获得与观察距离的远近有关。

同时，高濂还以“三趣”为审美标准展开了品画实践。他不仅将“三趣”的审美标准运用于对具体画家画作的品鉴、品评，如认为吴道子“水月观音”、阎立本“六国图”、李思训“骊山阿房宫图”等都具有可贵的“天趣”；而且将“三趣”的审美标准运用于对某一朝代某一画类的品鉴、品评，如对于宋代绣画的品评：“宋人绣画，山水人物，楼台花鸟，针线细密，不露边缝。其用绒止一二丝，用针如发细者为之，故多精妙。设色开染，较画更佳。以其绒色光彩夺目，丰神生意，望之宛然，三趣悉备。”[①] 对宋代绣画兼具“三趣”表示肯定。高濂还将“三趣”运用于古今绘画的比较品鉴、品评，认为古画“笔法圆熟，用意精到，以人趣仿模物趣，落笔不凡，而天趣发越。今人之画，人趣先无，而物趣牵合，落笔粗庸”[②]，可见在“三趣”中，高濂是将“天趣”作为了品画的最高审美标准。

高濂善于和精于品画，这不仅表现在他提出了“三趣”的品画审美标准并运用于具体的品画实践，还在于他能够抓住画中所品对象的关键和要害之处，从而将其精髓凸显出来。高濂说：“论山有起伏转换，水有隐显源流。林木求其深邃蓊郁，而深浅分明。人物观其睹面凝眸，而顾盼相属。四时之景，要分朝暮阴晴，烟云动荡。花鸟之态，须观欹风含露，宿食飞鸣。”[③] 品鉴、品评画中的“山”、“水”、“林木”、“人物”、“四时之景”和“花鸟”等都要能品出其精要所在，就很考验文人的品画能力。

从高濂这里我们可以看到，晚明文人的品物不仅要对物的雅俗、品级等作出审美评判，也不仅要使用带有“品”字的品物术语，还要

---

① （明）高濂著，王大淳、李继明、戴文娟、赵加强整理：《遵生八笺》，第 470 页。
② （明）高濂著，王大淳、李继明、戴文娟、赵加强整理：《遵生八笺》，第 468 页。
③ （明）高濂著，王大淳、李继明、戴文娟、赵加强整理：《遵生八笺》，第 467 页。

依循一定的审美标准和抓住所品对象的精要之处，而这两方面在品物中又时常是统一的。如文震亨认为品墨应“质取其‘轻’，烟取其‘清’，嗅之‘无香’，磨之‘无声’”[①]，这里的“轻”、“清”、“无香”和“无声”既是依循了品墨的审美标准，也是抓住了墨的精要之处。文震亨又认为品鹤应“取标格奇俊，唳声清亮，颈欲细而长，足欲瘦而节，身欲人立，背欲直削”[②]，这里文震亨以“奇俊”“清亮”“细而长”“瘦而节”“人立”“直削”为审美标准对鹤进行品鉴、品评，展现了鹤的精要之处。不难看出，晚明文人抓住所品对象的精要之处也就是要找准品物的切入点、找好品物的着眼处，如上述品墨就以墨的“质”“烟”“嗅”“磨”为切入点，品鹤则着眼于鹤的“标格”“唳声”“颈”“足”“身”“背”，从而在品物中获得更为完整和充分的审美经验。

晚明文人的品物，除了得益于中国文人的品艺传统外，还在于：一方面，晚明文人对道与器、精神与物质的关系进行了重新体认，改变了重道抑器、重精神轻物质的传统观念，一些文人还亲自参与了对物的设计，加深了对物的理解和认识；另一方面，晚明商品经济的兴盛和手工业的发达，使一些生活之物材质考究、造型雅致、纹饰精美、制作精良，本身就是精巧别致的艺术佳品。它们在满足实用性的同时，也具有观赏性、陈设性和装饰性，带有一定的审美价值，也就很容易成为文人品鉴、品评的对象，这也为一些文人成为品物的行家里手提供了前提和基础。

三　赏物

晚明文人在日常生活审美中表现出了“如画性”追求。在晚明文

① （明）文震亨著，陈植校注：《长物志校注》，第305页。

② （明）文震亨著，陈植校注：《长物志校注》，第121页。

人这里，“如画”不仅是创构生活情境的方式，也是观赏生活之物的方式，即“如画”兼摄了晚明文人的日常生活审美创造和审美欣赏，体现出他们独特的日常生活审美意识和审美思维方式。从赏物来说，“如画”即晚明文人将生活之物看作或视为“画”，这是晚明文人在日常生活中最具特色的赏物方式，不仅增添了日常生活的趣味，也是对日常生活的重新把握。

晚明文人以“如画”的方式赏物，有观赏日常生活中的单个物件，如高濂观赏玉石雕刻的张仙像：“余见一尺高张仙，其玉绺处，布为衣折如画”①，观赏宋人用灵璧石制成的砚山：“余见宋人灵璧砚山，峰头片段，如黄子久皴法”②；又如张岱观赏金乳生家花栏前用螺山石堆砌起的小山坡：“栏前以螺山石垒山披数折，有画意”③；等等。更多的则是观赏由多个物象组合搭配形成的景观，如在陈继儒眼中，“溪上闲云几片，便是一幅真画图”④；在高濂眼中，舟“更着茶炉，烟起惚若图画中一孤航”⑤；在张岱眼中，“夜半，白云冉冉起脚下，前山俱失，香炉、鹅鼻、天柱诸峰，仅露髻尖而已，米家山雪景，仿佛见之”⑥；在吴从先眼中，“读书霞漪阁上，月之清享有六：溪云初起、山雨欲来、鸦影带帆、渔灯照岸、江飞匹练、村结千茅。远境不可象描，适意常如披画”⑦；等等。不难看出，晚明文人以“如画”的方式赏物，不仅练就了一双“如画”之眼，更为他们原本单调平淡的日常生活增添了几分浪漫的诗意与情调。

晚明文人以“如画”的方式赏物，注重赏物的位置和视角。一般来说，登高远眺和俯瞰更易获得“如画”的赏物体验。高濂说：“北

① （明）高濂著，王大淳、李继明、戴文娟、赵加强整理：《遵生八笺》，第459页。

② （明）高濂著，王大淳、李继明、戴文娟、赵加强整理：《遵生八笺》，第489页。

③ （明）张岱撰，淮茗评注：《陶庵梦忆》，第8页。

④ （明）陈继儒撰，陈桥生评注：《小窗幽记》，第157页。

⑤ （明）高濂著，王大淳、李继明、戴文娟、赵加强整理：《遵生八笺》，第234页。

⑥ （明）张岱撰，淮茗评注：《陶庵梦忆》，第140页。

⑦ （明）吴从先撰，郭征帆评注：《小窗自纪》，第18页。

高峰为湖山第一高处，绝顶环眺，目及数里。左顾澄湖，匣开妆镜，金饼晶莹；右俯江波，绳引银河，玉虬屈曲。前后城郭室庐，郊原村落，渺若片纸画图，鳞次黑白点点耳。”[①] 登高远眺和俯瞰不仅视野开阔，能够将更多景物纳入画面中，而且也在真实的“城郭室庐”“郊原村落”与画面中的“城郭室庐”“郊原村落”之间形成了大与小、远与近、实与虚的张力关系，饶有审美意趣。同时正因为登高远眺和俯瞰，高濂得以暂时走出平日的生活空间，以一种全新的观赏方式反观自己熟悉的生活空间，将其类比为“片纸画图”，这亦是对日常生活的一种陌生化。

晚明文人的“如画”赏物还有更复杂的情形。这突出地表现在张岱对扬州清明的“如画”观赏：

> 余所见者，惟西湖春、秦淮夏、虎丘秋，差足比拟。然彼皆团簇一块，如画家横披；此独鱼贯雁比，舒长且三十里焉，则画家之手卷矣。南宋张择端作《清明上河图》，追摹汴京景物，有西方美人之思，而余目盱盱，能无梦想？[②]

说其复杂，一是张岱不仅将所赏之景视作“画”，而且以“横披”和“手卷”将“西湖春、秦淮夏、虎丘秋”之景与扬州清明之景进行了比较，使这两种景象各自的特征得以凸显。在此，“如画”之“画”在一定程度上起到了区分不同景致的作用。二是张岱对扬州清明这同一处景象进行了两次“如画”观赏。张岱第一次是将其视作“画家之手卷”，第二次则触景生情，将其与张择端的《清明上河图》相比拟，寄托了自己深切的故国之思。可以说，张岱推进了晚明文人“如画”赏物的精细化和层次化，同时也正是“如画”的赏物方式增强了他观

① （明）高濂著，王大淳、李继明、戴文娟、赵加强整理：《遵生八笺》，第156页。

② （明）张岱撰，淮茗评注：《陶庵梦忆》，第98页。

赏扬州清明盛景时所获审美经验的丰富性和深广度。

晚明文人的“如画”赏物有时是通过追忆实现的。冒襄在《影梅庵忆语》中写道：“秋来犹耽晚菊，即去秋病中，客贻我‘翦桃红’，花繁而厚，叶碧如染，浓条婀娜，枝枝具云罨风斜之态。姬扶病三月，犹半梳洗，见之甚爱，遂留榻右。每晚高烧翠蜡，以白团回六曲，围三面，设小座于花间，位置菊影，极其参横妙丽。始以身入，人在菊中，菊与人俱在影中。回视屏上，顾余曰：‘菊之意态足矣！其如人瘦何？’至今思之，澹秀如画。”① 这里冒襄在对董小宛赏菊情境的追忆中将其视为“澹秀如画”，从中寄托了自己对董小宛的深情厚谊。如果我们了解到冒襄和董小宛之间凄美的爱情故事，定会为这幅追忆中的画面而动容和叹惋。

值得一提的是，晚明文人的这种“如画”的赏物方式，其所赏之物不仅仅是外在客观之物，还包括文人自己。换句话说，晚明文人是将自我也纳入了由想象和联想所生成的画面之中。如高濂“时抱焦桐，向松阴石上，抚一二雅调，萧然景会幻身，是即画中人物”②。这里的“画中人物”既可以理解为高濂把此时此刻自己在松阴石上弹奏古琴的情景设想为一幅画，也可以理解为高濂边弹琴边想到了以往描绘高洁脱俗的文士弹奏古琴的名画，并将名画中的文士置换为自己或视作与自己互为镜像。无论哪一种情形，高濂都是以“如画”的赏物方式对自我进行了观照，并从中获得了极大的精神愉悦和满足。在高濂看来，文人自我也能入“画”，成为审美观赏的对象，因此他说：“即我把图，是人玩景，对景观我，谓非我在景中？”③ 与高濂一样，陈继儒也将自我置于“如画”之观中：“斜阳芳草，携杖闲吟，信是人行图画。”④ 在此，文人自我与周围的景物不是彼此分离而是相互关

① （明）冒襄著，雷振华注译：《影梅庵忆语》，岳麓书社 2019 年版，第 102 页。
② （明）高濂著，王大淳、李继明、戴文娟、赵加强整理：《遵生八笺》，第 131 页。
③ （明）高濂著，王大淳、李继明、戴文娟、赵加强整理：《遵生八笺》，第 182—183 页。
④ （明）陈继儒撰，陈桥生评注：《小窗幽记》，第 181 页。

联，且并存统一于“人行图画”之中。再如屠隆在垂钓时追求“俨在米芾《寒江独钓图》中”[①] 的意境，实际上也是把自己拟想为米芾《寒江独钓图》中的垂钓者，从而以“如画”观赏的方式对自我进行了一次反观。不难看出，这里高濂、陈继儒和屠隆脑海中的画面因有人的参与其实又并非静止固定，而是动态变化着的。

“如画”在晚明文人的日常赏物中经常出现，可以说它已经成为晚明文人日常生活中的一种审美习惯。“如画”赏物的发生有赖于主客观条件的兼备，是主客观条件共同作用的结果，失去其中任何一方，“如画”赏物都无法发生。

从主观条件来说，一是晚明文人在赏物过程中投注了审美心理要素，特别是想象和联想，从而能够将眼前的物象想象和联想为“画”，也可以说是晚明文人通过想象和联想，在脑海中完成对眼前物象的图示化加工处理。因此，“如画”赏物从表面上看与视觉有关，其实更关键的是内心活动。二是晚明文人具有深厚的艺术积累和修养，不仅通晓历朝历代的画家及其作品，而且熟谙这些画家的创作技法和艺术风格。更重要的是，晚明文人能够将所赏之物的特征与相应画家的创作技法和艺术风格巧妙地关联起来，如上述高濂将砚山与元代画家黄公望的皴法相关联，张岱将夜半云雾缭绕的山景与北宋画家米氏父子的山水画相关联，由此“黄子久皴法”和“米家山雪景”也便分别成为具有审美范导意义的观赏砚山和云雾缭绕之山景的基本方式。三是晚明文人如同手拿相机进行取景的摄影师，能够对外在物象进行精准地择取、剪裁和组织，使其具有如画的视觉效果。

从客观条件来说，一是外在之物具有如画一般的形式美特征，因此能够充分激发和调动晚明文人以“如画”之眼对其进行观赏。二是与晚明文人所身处的情境有关。换句话说，某些特定情境能够激活晚明文人的“如画”之眼，有助于“如画”赏物的顺利形成。如高濂

① （明）屠隆著，赵菁编：《考槃馀事》，金城出版社 2012 年版，第 297 页。

说："满城雪积，万瓦铺银，鳞次高低，尽若堆玉。时登高楼凝望，目际无痕，大地为之片白。日暮晚炊，千门青烟四起，缕缕若从玉版纸中，界以乌丝阑画，幽胜妙观，快我冷眼。"① 高濂在雪后登上镇海楼观赏傍晚由家家户户升起的缕缕炊烟，此时大地被大雪覆盖，白茫茫一片犹如一张白纸，正是雪后的特定情境使高濂"如画"的赏物方式得以实现。此外，若文人正好身处窗边，也能为"如画"赏物的发生创造契机。如屠隆说"楼窥睥睨，窗中隐隐江帆，家在半村半郭"②，按常理应是"窗外隐隐江帆"，但屠隆在这里说的是"窗中"而非"窗外"，可见"窗"被视作了画框，起到了框景的作用，也可以说"窗"与"隐隐江帆，家在半村半郭"是一个整体，共同构成了一幅画，由此文人便可获得画框和画面兼在的完整的"如画"观感。

晚明文人的"如画"赏物也使"如画"成了他们观赏和评判生活之物的审美标准，即晚明文人会关注所赏之物是否符合"如画"的审美特征或具有"如画"的审美效果。如陈继儒认为"俊石贵有画意"③，显然是将"如画"作为了观赏和评判石头的审美标准。当然，陈继儒这里说的是"画意"，可见他并不要求所赏之石与画作中的石头一模一样，而是强调所赏之石要呈现出画作中石头的意境，这样的石头方为"俊石"。换句话说，陈继儒是重"意"而非拘泥于真实之物与画中之物的具体形貌，这也是晚明文人在以"如画"方式赏物时的共同追求。

晚明文人在日常生活中以"如画"的方式赏物，其实质是以艺术的眼光重新审视生活之物乃至日常生活本身，密切艺术与日常生活之间的关联，使艺术能够真正走进生活。同时，在"如画"赏物的过程中，晚明文人努力调动自己的审美心理要素和画学素养，赋予生活之

① （明）高濂著，王大淳、李继明、戴文娟、赵加强整理：《遵生八笺》，第183—184页。

② （明）屠隆撰，王飞评注：《娑罗馆清言·续娑罗馆清言》，第127页。

③ （明）陈继儒撰，陈桥生评注：《小窗幽记》，第241页。

物特别是一些本来寻常普通之物以“如画”的气息和意味，使其具有了审美价值，并将自我也纳入了“如画”的观照中，这不仅培养和提升了晚明文人的日常生活审美能力，丰富和充实了他们的日常生活审美经验，而且推动了“如画”赏物的日益自觉、普遍和成熟，并最终使“如画”赏物在晚明成了一种对日常生活进行审美观照的范式。

需要补充的是，晚明文人除了以“如画”的方式赏物外，还有以下两种颇具特色的赏物方式。

一是以比照的方式赏物。如吴从先对于人就不进行单独观赏，而是将人与自然之物放在一起比照而赏。他说：“客曰：‘山水花月之际看美人，更觉多韵，是美人借韵于山水花月也。’余曰：‘山水花月直借美人生韵耳。’”[①] 在此无论“是美人借韵于山水花月”，抑或“山水花月直借美人生韵”，“美人”与“山水花月”之间都已形成了一种互借、互看和互照的关系，甚至可以说二者已互为镜像。观赏“山水花月”亦是在观赏“美人”，观赏“美人”亦是在观赏“山水花月”。可以说，将“山水花月”与“美人”比照而赏显然要比单独观赏二者更富有情趣和韵味，特别是原本以物质性形态出现的“山水花月”因有了“美人”的点染和衬托而获得了一种精神性存在。

二是以间接的方式赏物。晚明文人有时并不直接对对象本身进行观赏，而是喜欢与对象本身之间有所“隔”。如吴从先说：“花看水影，竹看月影，美人看帘影。”[②] 这里晚明文人对于“花”“竹”“美人”的审美感知不是直接去观赏它们本身，而是要观赏水中的花影、月下的竹影和帘后美人的倩影，在若隐若现、似动似静之间追求一种虚实相生的审美感受和体验，体现出了独特的审美趣味。同时，“水”“月”“帘”在此巧妙地起到了“隔”的效果，它们分别与“花”“竹”“美人”本身及其影子之间相互映衬、组合与搭配，形成了“花＋水”

① （明）吴从先撰，郭征帆评注：《小窗自纪》，第134页。
② （明）吴从先撰，郭征帆评注：《小窗自纪》，第14页。

“竹+月”“美人+帘”的复合意象，生趣盎然。可以说，在晚明文人眼中，观赏花之水影、竹之月影和美人之帘影要比观赏花、竹和美人本身更有意趣。

四　玩物

晚明文人还对物采取了玩的态度。在他们看来，一部分物是可以作为玩物的。这里的玩物，即通过对物的玩味、赏玩和把玩，从中获得审美愉悦。晚明文人的玩物有其特点，主要表现在以下两个方面。

第一，讲求玩物之物，即玩什么。

晚明文人眼中的可玩之物主要有两类。一是现世生活中的别致之物。如文震亨眼中的五彩的土玛瑙石、沂州山涧溪流中纯红和纯绿的石头、形小如铜钱的锦葵以及小池中的金鱼和水草等；又如高濂眼中的瓶花、盆景以及锦带花、红蕉花、指甲花、山茶花和金豆橘、青珊瑚等，它们都被文人视为可玩之物。值得注意的是，高濂还走出居所，将一些户外的景物纳入可玩的对象，如苏堤、西泠桥畔的落花、月、潮汛、雪等。二是从过去流传至今的古旧之物。如蜡斗：“古人以蜡代糊，故缄封必用蜡斗熨之，今虽不用蜡，亦可收以充玩，大者亦可作水杓。”① 失去熨烫封口功用的蜡斗成了赏玩之物。又如刀笔：“有古刀笔，青绿裹身，上尖下圆，长仅尺许，古人杀青为书，故用此物，今仅可供玩，非利用也。”② 晚明文人虽不需用刀笔“杀青为书”但可将其“供玩”。此外在文震亨眼中类似的古物还有书灯中的古铜驼灯、羊灯、龟灯、诸葛灯以及汉钩、汉玦等；在高濂眼中则有铜鼎、古玉器等，它们都因不再适合日用而成了可玩之物。

相较于现世生活中的别致之物，晚明文人的玩物更侧重于从过去

---

① （明）文震亨著，陈植校注：《长物志校注》，第266页。
② （明）文震亨著，陈植校注：《长物志校注》，第269页。

流传至今的古旧之物。晚明文人对古旧之物的赏玩、把玩体现出了对物之“玩”与“用”关系的体认和把握。一方面，正是上述古物之“用”的价值即实用价值的隐退，其“玩”的价值即审美价值才得以凸显，成了晚明文人眼中纯粹的审美对象。可见，“玩”与“用”既相互区分，又相互依存。另一方面，那些失去原本之“用”的古物在晚明文人这里并没有遭到废弃，而是被文人赋予了“玩”这一新的属性和功能，成了文人日常生活中的可玩之物，成了文人怡情悦性、调剂生活的载体，从而具有了新用。从这个意义上说，晚明文人的古物之玩其实是对古物的物尽其用，在此“玩”亦是一种“用”，是古物今用和更深层次的无用之用。

第二，讲求玩物之玩，即如何玩。

在晚明文人看来，玩物并非随意地玩，而是要玩得雅致、玩出品位。因此，他们一是讲究玩物的环境布设和程序安排。如董其昌说：

> 骨董非草草可玩也。宜先治幽轩邃室，虽在城市，有山林之致。于风月晴和之际，扫地焚香，烹泉速客，与达人端士，谈艺论道。于花月竹柏间盘桓久之，饭余晏坐，别设净几，铺以丹罽，袭以文锦，次第出其所藏，列而玩之。①

从玩物的环境上说，玩物的地点是在“幽轩邃室”且有“山林之致”，可见环境之清静宜人；玩物的天气是要选择“风月晴和之际”；玩物前要“扫地焚香”“烹泉”，不但要保持环境的整洁，还要有香和茶的相伴来增添韵致；更重要的是，这里的玩物不是文人独玩，而是要与能够“谈艺论道”的“达人端士”一起。从玩物的程序上说，玩物的具体时间是在饭后，首先“别设净几”，接着“铺以丹罽，袭以

---

① （明）董其昌：《骨董十三说》，载（明）周高起、董其昌著，司开国、尚荣编著《阳羡茗壶系　骨董十三说》，中华书局2012年版，第162页。

文锦"，然后"次第出其所藏"，最后"列而玩之"。从玩物环境和玩物程序上都可见晚明文人优雅不凡的生活趣味，在此玩物早已远离了古物市场的商业气息，更不是纵欲享乐，而成了文人求得静心安神、超尘拔俗的精神文化活动。

二是追求玩物方式的多样化。上述"列而玩之"也即展玩。除此之外，晚明文人还有多种玩物方式。如"细玩"："看画之法，须着眼圆活，勿偏己见，必细玩古人命笔立意委曲妙处，不能潦草涉略。"[①]"幽玩"：装填有香料的玉兔模型"形俨银色，甚可观也。虽非大雅，亦堪幽玩"[②]。"静玩"："静玩山水"[③]；"山阁五六月间，风过生寒，溪云欲起，山色忽阴忽晴，湖光乍开乍合。浓云影日，自过处段段生阴，云走若飞，故开合甚疾。此景静玩，可以忘饥。"[④]"清玩"：采摘后插在瓶中的茶花"足可一月清玩"[⑤]。"架玩"："佛前小几上，置香橼一头之橐，旧有青东磁架，龙泉磁架最多，以之架玩，可堪清供。"[⑥]从以上"列而玩之""细玩""幽玩""静玩""清玩""架玩"可见晚明文人已根据不同的对象采取了相应最适宜的玩物方式，使玩物更添趣味和风情，体现出他们对于玩物的擅长。

三是巧妙地将古物作为日常生活的装饰以便于文人之玩。文震亨主张可将到明代早已不用的拂尘悬挂于居室的墙上，并推崇玉柄为白色或青色的拂尘，从而为居所平添雅意；提出可将鹅眼小钱、布币挂于手杖头上；认为即使不会弹奏古琴，也须将其挂在墙上以示风雅之致，并要求选取"历年既久，漆光退尽，纹如梅花，黯如乌木，弹之声不沉"[⑦]的古琴来显古韵。这里文震亨将拂尘、古钱和古琴视为可

① （明）高濂著，王大淳、李继明、戴文娟、赵加强整理：《遵生八笺》，第467页。
② （明）高濂著，王大淳、李继明、戴文娟、赵加强整理：《遵生八笺》，第502页。
③ （明）陈继儒撰，陈桥生评注：《小窗幽记》，第190页。
④ （明）高濂著，王大淳、李继明、戴文娟、赵加强整理：《遵生八笺》，第131页。
⑤ （明）高濂著，王大淳、李继明、戴文娟、赵加强整理：《遵生八笺》，第182页。
⑥ （明）高濂著，王大淳、李继明、戴文娟、赵加强整理：《遵生八笺》，第226页。
⑦ （明）文震亨著，陈植校注：《长物志校注》，第296页。

玩之物，最关键的是它们能够传达出古雅的氛围与情调，唤起文人对古代的追思与遐想，如拂尘就让人怀想起魏晋名士的清谈之风。

俗话说“玩物丧志”，但对于晚明文人来说，玩物不但不丧志，而且可谓玩物得志、养志和增志。这种“志”，是在玩物中陶养性情、愉悦精神，满足的是文人精神层面的需求。

首先，晚明文人的玩物有着鲜明的审美指向，他们在玩物中确实获得了审美超越。高濂就描述了他在书中“沉潜玩索”所获得的审美经验：“积书充栋，类聚分门，时乎开函摊几，俾长日深更，沉潜玩索，恍对圣贤面谈，千古悦心快目，何乐可胜?”① 这里的“乐”显然是一种“对圣贤面谈，千古悦心快目”而离尘脱俗的审美之乐。高濂又描述了他在赏玩碑帖中所获得的审美经验：“余向曾见《开皇兰亭》一拓，有周文矩画《肖翼赚兰亭图》卷，定武肥瘦二本，并褚河南《玉枕兰亭》四帖，宝玩终日，恍入兰亭社中，饮山阴流觞水，一洗半生俗肠，顿令心目爽朗。”② 高濂在赏玩碑帖中仿佛穿越了历史时空，置身于当年的兰亭集会中，获得了“一洗半生俗肠，顿令心目爽朗”的精神自由。不难看出，在此高濂玩物的旨归是要在日常生活中获得一种超越物质功利欲求和现实时空羁绊的精神悦乐。对于晚明文人来说，这种精神悦乐可以是独乐，如高濂；也可以是众乐，如上述董其昌所描述的玩物环境中“达人端士”的参与。

其次，晚明文人的玩物也是为了使身心康健、提高品德和艺术修养。从使身心康健来看，董其昌认为在玩骨董的过程中“若与古人相接，欣赏可以舒郁结之气，可以敛放纵之习。故玩骨董有助于却病延年”③。在此玩骨董的过程亦即与古人展开心灵对话的过程，从中能够获得内心的舒畅并学会自律，进而使“玩骨董有助于却病延年”。可

---

① （明）高濂著，王大淳、李继明、戴文娟、赵加强整理：《遵生八笺》，第448页。

② （明）高濂著，王大淳、李继明、戴文娟、赵加强整理：《遵生八笺》，第457页。

③ （明）董其昌：《骨董十三说》，载（明）周高起、董其昌著，司开国、尚荣编著《阳羡茗壶系　骨董十三说》，第162页。

见，在晚明文人眼中，玩物已成为一种有益于身心兼适的健康生活方式。从提高品德和艺术修养来看，董其昌指出："人莫尚于据德游艺也，立身以德，养生以艺。先王之盛德在于礼乐，文士之精神存于翰墨。玩礼之器，可以进德；玩墨迹旧刻，可以精艺。居今之世，可与古人相见在此也；助我进德成艺，垂之永久，动后人欣慕在此也。"① 在此玩物有助于"进德成艺"，可以说是玩物增志了。同时，晚明文人的玩物又是要由物及人，将玩物与观人紧密联系起来，从而更好地发挥玩物对于提高品德修养的作用。董其昌认为"古之良工，尽心力于斯，务极精工"② 制作出的古物"苟用以治身心，未有不造至善之地，兼善庶物，与天地并，悠久不变，后世敬恭不忘者"③，其原因就在于这里的古物并非仅仅是物质性的存在，更是凝聚着"良工"的用心、匠心和善心。董其昌又说："自古成德之士，平生服用之物，子孙奉为宗器。"④ 对"成德之士"所用之物的赏玩亦是在敬仰和传承他们的精神品质。即使是对普通物品的赏玩，晚明文人也能将其与人的品德修养相联系。比如镜子和砚台："镜以鉴貌，砚以著言，貌为心体，言为心用。离砚心俗无救，离镜则貌秽不知。"⑤

再次，晚明文人的玩物还是其文化身份的标识和个性风采的彰显。在晚明文人看来，玩物也具有雅俗之分，因此他们要求所玩之物和玩物之举都应讲求高雅而不应显得俗气，从而体现文人阶层的文化品位。文震亨说："姑苏最重书画扇，……纸敝墨渝，不堪怀袖，别装卷册

---

① （明）董其昌：《骨董十三说》，载（明）周高起、董其昌著，司开国、尚荣编著《阳羡茗壶系 骨董十三说》，第 190—191 页。

② （明）董其昌：《骨董十三说》，载（明）周高起、董其昌著，司开国、尚荣编著《阳羡茗壶系 骨董十三说》，第 152 页。

③ （明）董其昌：《骨董十三说》，载（明）周高起、董其昌著，司开国、尚荣编著《阳羡茗壶系 骨董十三说》，第 152 页。

④ （明）董其昌：《骨董十三说》，载（明）周高起、董其昌著，司开国、尚荣编著《阳羡茗壶系 骨董十三说》，第 152 页。

⑤ （明）董其昌：《骨董十三说》，载（明）周高起、董其昌著，司开国、尚荣编著《阳羡茗壶系 骨董十三说》，第 184 页。

以供玩，相沿既久，习以成风，至称为姑苏人事，然实俗制，不如川扇适用耳。”[①] 当时苏州流行将书画扇的扇面单独装订成册以供赏玩，文震亨却称其为“俗制”，给予反对。同时，晚明文人的玩物又往往发展为对物的一种“癖”，“癖”可以说是玩物的极致状态。蔡九迪（Judith T. Zeitlin）认为：“癖这一概念，是一种重要的中国文化建构，它经历了漫长的发展并在明末清初达至其影响的高峰。”[②] 卜正民（Timothy Brook）指出“癖”“这一术语在文人圈中有它特定的含义，它传达了一种对文化所认同的行为有着难以排解的热情”[③]。卜正民这里所说的“文化”特指的是文人文化。在晚明文人看来，“癖”是文人成为文人之所在，如袁宏道说“世人但有殊癖，终身不易，便是名士。如和靖之梅，元章之石，使有一物易其所好，便不成家”[④]，并且他认为有癖之人是远离功名利禄的洒脱超达之人：“余观世上语言无味、面目可憎之人，皆无癖之人耳。若真有所癖，将沉湎酣溺，性命死生以之，何暇及钱奴宦贾之事？”[⑤] 袁宏道还以养花为例，说自己并非有真癖之人：“若夫石公之养花，聊以破闲居孤寂之苦，非真能好之也。夫使其真好之，已为桃花洞口人矣，尚复为人间尘土之官哉？”[⑥] 在他这里，是否有癖已关乎一个人的修养与境界。张岱也极为推崇有“癖”之人，他说：“人无癖不可与交，以其无深情也；人无疵不可与交，以其无真气也。”[⑦] 在晚明，如林甫之于梅、米芾之于石的文人不胜枚举，如李流芳有石癖、李日华有书癖、陆树声有砚癖、

① （明）文震亨著，陈植校注：《长物志校注》，第291页。

② Judith T. Zeitlin, “The Petrified Heart: Obsession in Chinese Literature, Art, and Medicine”, *Late Imperial China*, Vol. 12, No. 1, 1991.

③ ［加］卜正民：《纵乐的困惑：明代的商业与文化》，方骏、王秀丽、罗天佑译，生活·读书·新知三联书店2004年版，第202、204页。

④ （明）袁宏道著，钱伯城笺校：《袁宏道集笺校》，上海古籍出版社1981年版，第1597页。

⑤ （明）袁宏道：《瓶史》，载（明）张谦德、袁宏道著，张文浩、孙华娟编著《瓶花谱　瓶史》，第164页。

⑥ （明）袁宏道：《瓶史》，载（明）张谦德、袁宏道著，张文浩、孙华娟编著《瓶花谱　瓶史》，第164页。

⑦ （明）张岱撰，淮茗评注：《陶庵梦忆》，第80页。

何良俊有书画癖[①]等，他们在玩物中凭借着对物一往情深的痴癖不仅臻于人与物化、神与物游的审美佳境，而且展现出一代文人执着真诚的个性魅力。

进一步看，晚明文人的玩物从实质上说就是在黑暗腐朽的社会政治环境中进行审美调适，将内心的焦灼、痛苦和不安转化为玩的闲情与雅趣，以此化解内心的矛盾，走向淡然超脱的人生境界，在此玩物服务的是文人精神世界的营构。同时，大多数晚明文人的玩物并非耽溺于物，为物所累所役，而是达到了对物游刃有余的拿捏和轻松自如的驾驭的程度。人对物能拿得起也能放得下，这亦是对生活和人生中大大小小的各种事物能够泰然处之的表现。从这个意义上说，晚明文人已将“玩”升华为了一种自由适意的生活态度和优游从容的人生追求。

赵柏田指出：“一种生活形态，究其实质就是人与物的一种关系：人如何攫取物，如何使用、支配物。”[②] 晚明文人对于生活之物不是仅仅停留于实用功能层面的满足，也不是简单的物质占有，而是通过感物、品物、赏物和玩物，对生活之物给予了审美观照，对其进行了审美诠释，并从中获得了审美愉悦，其指向的是精神生活的充盈和富足。可以说，晚明文人的感物、品物、赏物和玩物作为其风雅的生活方式和对高品位生活的追求，彰显了生活与审美的融合。

罗丹曾说：“美是到处有的，并非美在我们的眼目之前付之阙如，而是我们的眼目看不见美。”[③] 一方面，我们没有意识到“美是到处都有的”，总认为日常生活与审美是隔绝的，而必须在艺术博物馆、美术馆、音乐厅和影剧院等艺术场所才能获得美感，但其实美恰恰就在平凡的日常生活之中；另一方面，我们又缺少对生活的发现。我们既

---

① 张忠良：《晚明文人的嗜癖言行》，《台南女院学报》第23期。

② 赵柏田：《岩中花树：十六至十八世纪的江南文人》，中华书局2007年版，第149—150页。

③ ［法］罗丹述，葛赛尔著：《罗丹艺术论》，傅雷译，傅敏编，中国社会科学出版社2001年第2版，第128页。

不愿意去主动发现也不善于发现，我们的审美感官是紧闭着的。而晚明文人的感物、品物、赏物和玩物便是对生活的一种审美发现。生活之物虽人人可见，但其中的佳处和妙意并非人人都能领略。晚明文人开放自己细腻而敏锐的感官，通过对物的鉴赏、品评、把玩以及融情和寓意于物等，赋予了生活之物以新的价值，使其显得有声有色、有滋有味。同时，在晚明文人这里，日常生活中人与物的关系也由单一的占有与被占有、使用与被使用的实用关系转变为一种交感互动的审美关系，这是对人与物关系的再发现，促进了人与物之间和谐关系的生成。当我们能够静下心来悉心留意、细致咀嚼生活中那些看似不起眼之物，并像晚明文人那样以审美之心去感物、品物、赏物和玩物的时候，生活之美便不再遥远。

第三节 生活细节的审美经营

海军在《日常美学》一文中指出："日常最害怕细腻，如果用一种细腻的态度对待生活的日常，你总能感觉到一种美的力量。……细腻是一种生活能力，也是一种美学策略。"[①] 晚明文人在日常生活审美实践中就保有了这份对生活难能可贵的细腻。他们对生活不是随意打发、将就了事，而是高度重视生活的细节，并通过对生活细节的审美经营，将日常生活细腻化、精致化和秩序化了，甚至可以说是仪式化了，从中既体现出他们谨严周到、一丝不苟的生活态度，也表现出他们对于生活节奏的驾驭能力。晚明文人对生活细节的审美经营，即善于对生活中的每个细节进行精心的设计和规划，从而在日常生活的平凡琐屑和不经意间发现和开掘出美感。同时，晚明文人又将日常生活中的许多事项都提升到必须认真对待的层面上，且对它们有着精微细密的审美要求。晚明文人对生活细节的审美经营尤其表现在插花和饮

① 海军：《日常美学》，《设计》2012 年第 4 期。

茶两个方面。

一　着眼于生活细节的审美逻辑

生活的细节看似无足轻重，但正是无数的细节汇聚成了生活的长流。同时，生活的细节也是催生美感的最佳之处。晚明文人以其着眼于生活细节的审美逻辑，留心和不放过日常生活中的每一处细节，并对每一处细节的审美潜能进行了充分开掘。如《长物志》卷一《室庐·门》曰：

> 用木为格，以湘妃竹横斜钉之，或四或二，不可用六。两旁用板为春帖，必随意取唐联佳者刻于上。若用石梱，必须板扉。石用方厚浑朴，庶不涉俗。门环得古青绿蝴蝶兽面、或天鸡饕餮、之属，钉于上为佳，不则用紫铜或精铁，如旧式铸成亦可，黄白铜俱不可用也。漆惟朱、紫、黑三色，余不可用。①

文震亨从门框的用料、门两旁春联的材质和内容、用作门槛的石头的样式、门扇的款式、门环的造型和材质以及门漆的颜色等诸多方面对门进行了细致周到的布设和规定，对于哪些可用、哪些不可用都作了具体清晰的说明，兼顾了门的形式美、功能美以及文人的审美品位和文化修养。不难看出，文震亨对门的每一处细节都有着严格的审美标尺，这也得益于他对日常生活统筹规划的意识。文震亨从整体出发，考虑周全，心思缜密，对门的每一处细节都了然于胸；也正是因为文震亨对门的每一处细节都精心设计，使门的整体审美效果大于各处细节的审美效果之和，从而实现了审美效果的最大化。同时，方厚浑朴的石门槛与木门扇的组合，再配上门两旁以唐诗佳句为联语的春

① （明）文震亨著，陈植校注：《长物志校注》，第20页。

联，也使整个门显得古色古香、雅致考究又富有文化情致。

文震亨在《长物志》中首先谈及的就是门，他之所以对门进行如此精心的设计和布置，还在于门具有重要的符号象征意义。一方面，人要进入住宅，首先看到的就是门。门既是建筑的门面，更是主人的门面。因此，门表征着主人的身份和地位。另一方面，对于晚明隐居的文士来说，门又是与外界的隔绝之门和文人精神的庇护之门。门外与门内是两个不同的世界——门外是世俗的，门内则是超凡的；门外是喧嚣纷扰的，门内则是清静闲适的。同时，门作为进出的通道，象征着出世与入世的两种选择。进进出出，即徘徊于出世与入世之间，这正是晚明部分文人生存状态的真实写照。

再如文震亨从细节着眼对花盆展开的审美经营：

> 至如瓦料盆及合两瓦为盆者，不如无花为愈矣。[①]
>
> 盆以青绿古铜、白定、官哥等窑为第一，新制者五色内窑及供春粗料可用，馀不入品。盆宜圆，不宜方，尤忌长狭。石以灵璧、英石、西山佐之，馀亦不入品。斋中亦仅可置一、二盆，不可多列。小者忌架于朱几，大者忌置于官砖，得旧石凳或古石莲磉为座，乃佳。[②]

在文震亨看来，养花需要重视花盆这一细节，不可对花盆一事随意敷衍。他认为如果用瓦料盆和用两块瓦合拢作花盆，还不如不养花，这就强调了花盆与花必须搭配和谐，才能生成美感。同时围绕花盆，文震亨又对其产地、形状、点缀的石块、居室内摆放的数量、大盆景与小盆景摆放的位置等都提出了具体的审美要求。同上述对门的审美经营一样，文震亨对花盆也可谓事无巨细，并对哪些宜、哪些忌都一

① （明）文震亨著，陈植校注：《长物志校注》，第78页。

② （明）文震亨著，陈植校注：《长物志校注》，第97页。

一交代清楚。

文震亨对门和花盆的审美设计告诉我们以下两点。第一，对于生活中习以为常的事物，只要善于从它们的细节出发进行审美经营，也能使其重焕生机与活力，进而刷新我们在日常生活中的审美经验。第二，日常生活的审美化可以从日常生活的细节着手。试想，如果生活中的每一处细节都精细化和雅致化了，那么整个生活也便充满着令人愉悦的美感享受。同时，正是在审美的经营下，生活的细节也才变得优雅起来，也才能由物质的层面上升到精神的层面；生活的细节也才不会沦为无聊的生活琐事，而具有其独立的生活意义。换句话说，生活中的细节林林总总、不胜枚举，只有经过审美处理和点化的细节才能获得一种别有意味的存在。

晚明文人着眼于生活细节的审美逻辑还表现在他们善于根据不同的生活元素和生活事项采取相应的审美经营。这表现在随方制象和因时、因地、因人制宜两个方面。

随方制象即晚明文人按照生活元素的用途提出相应的审美要求。如对于楼阁，文震亨指出："楼阁，作房闼者，须回环窈窕；供登眺者，须轩敞宏丽；藏书画者，须爽垲高深，此其大略也。"① 文震亨认为，用于居住的楼阁、用于登高眺望的楼阁和用于收藏书画的楼阁在造型、结构和风格等方面应有与其用途相适相配的审美要求。因此同是楼阁，也能因其用途的不同而展现出各自迥异的审美风貌，从中可见文震亨的审美匠心。在此由于文震亨的分类处理，不同功用的楼阁能够引发相应不同的审美感兴，这就意味着人们在日常生活中能够获得多层次、多角度的审美经验，从而避免同类生活元素的重复出现所带来的审美疲劳，日常生活的丰富性和鲜活性得以呈现。

因时、因地、因人制宜即晚明文人依循时间、位置和人的状态等来安排生活事项。因时制宜如对于观山，陈继儒说："远山宜秋，近

---

① （明）文震亨著，陈植校注：《长物志校注》，第 34 页。

山宜春，高山宜雪，平山宜月。”[①] “秋”“春”“雪”“月”分别与“远山”“近山”“高山”“平山”相互搭配，才能收到最佳的观赏审美效果。因地制宜如对于观云，吴从先说：“春云宜山；夏云宜树；秋云宜水；冬云宜野。”[②] 一年四季不同的云景需要选择好相应的位置来观赏，才能体会观云的意趣。因人制宜如对于洗花，袁宏道说：“浴梅宜隐士，浴海棠宜韵致客，浴牡丹、芍药宜靓妆妙女，浴榴宜艳色婢，浴木樨宜清慧儿，浴莲宜娇媚妾，浴菊宜好古而奇者，浴蜡梅宜清瘦僧。”[③] 将不同花交由与其相匹配的人来洗，使花与人互照互见，相得益彰。因时、因地制宜如对于赏花，袁宏道说：“赏花有地有时，不得其时而漫然命客，皆为唐突。寒花宜初雪，宜雪霁，宜新月，宜暖房。温花宜晴日，宜轻寒，宜华堂。暑花宜雨后，宜快风，宜佳木荫，宜竹下，宜水阁。凉花宜爽月，宜夕阳，宜空阶，宜苔径，宜古藤巉石边。”[④] 要能领略“寒花”“温花”“暑花”“凉花”各自的神采，也离不开对相应赏花最佳时机和地点的精准把握。因时、因地制宜还如弹琴，高濂说：“对月鼓琴，须在二更人静，万籁无声始佳。对花，宜共岩桂、江梅、茉莉、薝卜、建兰、夜合、玉兰等花，香清色素者为雅。临水弹琴，须对轩窗池沼，荷香扑人，或竹边林下，清漪芳沚，俾微风洒然，游鱼出声，自多尘外风致。”[⑤] 同是弹琴，高濂这里区分出“对月”、“对花”和“临水”三种情形且每种情形都有时间和地点上的讲究，从而使弹琴更有幽趣、更显雅致。

晚明文人还将因时、因地、因人制宜结合起来。如对于饮酒，陈继儒说：“法饮宜舒，放饮宜雅，病饮宜小，愁饮宜醉，春饮宜郊，

---

① （明）陈继儒撰，陈桥生评注：《小窗幽记》，第185页。

② （明）吴从先撰，郭征帆评注：《小窗自纪》，第23页。

③ （明）袁宏道：《瓶史》，载（明）张谦德、袁宏道著，张文浩、孙华娟编著《瓶花谱　瓶史》，第151页。

④ （明）袁宏道：《瓶史》，载（明）张谦德、袁宏道著，张文浩、孙华娟编著《瓶花谱　瓶史》，第168页。

⑤ （明）高濂著，王大淳、李继明、戴文娟、赵加强整理：《遵生八笺》，第508页。

夏饮宜庭，秋饮宜舟，冬饮宜室，夜饮宜月。”[①] 即使饮酒这样看似日常的普通之事也要据时、据地、据人进行细分并分别对待，从而各有其所、各得其宜。对于赏月，陈继儒说：“湾月宜寒潭，宜绝壁，宜高阁，宜平台，宜窗纱，宜帘钩；宜苔阶，宜花砌，宜小酌，宜清谈，宜长啸，宜独往，宜搔首，宜促膝。春月宜尊罍，夏月宜枕簟，秋月宜砧杵，冬月宜图书。楼月宜萧，江月宜笛，寺院月宜笙，书斋月宜琴。闺闱月宜纱橱，勾栏月宜弦索；关山月宜帆樯，沙场月宜刁斗。花月宜佳人，松月宜道者，萝月宜隐逸，桂月宜俊英；山月宜老衲，湖月宜良朋，风月宜杨柳，雪月宜梅花。片月宜花梢，宜楼头，宜浅水，宜杖藜，宜幽人，宜孤鸿。满月宜江边，宜苑内，宜绮筵，宜华灯，宜醉客，宜妙妓。”[②] 同是赏月，晚明文人也能以审美之眼区分出不同的月象，并配以与其相符相合的时、地、人，从而使赏月呈现出多姿多彩的风情，具有一种变化之美。

不难看出，上述观山、观云、洗花、赏花、弹琴、饮酒和赏月虽本为晚明文人生活中的雅事，但如何使其真正充满雅意、雅味和雅趣，并能百观不厌、百赏不烦、百弹不怠和百饮不倦等，晚明文人着眼于生活细节的审美经营不失为一种思路。在此，晚明文人着眼于生活细节的审美经营即以极度认真的生活态度，对同类生活事项再进行区分和细化，并使其与相应的时间、位置和人的情形相互契合、相互衬托，最终达到“宜”的审美之效，这不仅仅是对于观山、观云、洗花、赏花、弹琴、饮酒和赏月而言，对于生活中的其他事项也具有适用性。

再看文震亨的挂画：

岁朝宜宋画福神及古名贤像；元宵前后宜看灯、傀儡；正、

① （明）陈继儒撰，陈桥生评注：《小窗幽记》，第296页。

② （明）陈继儒撰，陈桥生评注：《小窗幽记》，第300页。

> 二月宜春游、仕女、梅、杏、山茶、玉兰、桃、李之属；三月三日，宜宋画真武像；清明前后宜牡丹、芍药；四月八日，宜宋元人画佛及宋绣佛像；十四宜宋画纯阳像；端五宜真人玉符，及宋元名笔端阳、龙舟、艾虎、五毒之类；六月宜宋元大楼阁、大幅山水、蒙密树石、大幅云山、采莲、避暑等图；七夕宜穿针乞巧、天孙织女、楼阁、芭蕉、仕女等图；八月宜古桂、或天香、书屋等图；九、十月宜菊花、芙蓉、秋江、秋山、枫林等图；十一月宜雪景、蜡梅、水仙、醉杨妃等图；十二月宜钟馗、迎福、驱魅、嫁妹；腊月廿五，宜玉帝、五色云车等图；至如移家则有葛仙移居等图；称寿则有院画寿星、王母等图；祈晴则有东君；祈雨则有古画风雨神龙、春雷起蛰等图；立春则有东皇、太乙等图，皆随时悬挂，以见岁时节序。①

画虽为生活中的小物，但文震亨不嫌麻烦，要求根据不同的季节、节日和节气悬挂不同的画，把挂画当成了一件需要慎重对待的大事来做，这既有民俗习惯方面的考虑，也有美化装饰居室、增强室内空间的视觉感染力之效，更意在给人别样的审美经验：一是以画为媒介，使人在不同时节能有应时应景、不断变化的审美经验，达到人的情趣、节令、周围环境的三位一体的协调统一；二是提醒人们岁月的更迭轮换，使人生发种种关于时间的感悟；三则由画的变换营构出鲜活生动的生活氛围，使人感到生活的灵动与活泼。

晚明文人能够对日常生活的细节进行审美经营，源于他们对生活的细腻观察和感知，这既表现在对某一单独生活事物的细节把控，也表现在对同类生活事物的细致区分。更重要的是，晚明文人持有一种平和安宁的生活心态，对生活有一份从容和淡定。晚明文人是悠闲自在地把玩和品味生活，而没有丝毫的浮躁气。正因为如此，他们才能

① （明）文震亨著，陈植校注：《长物志校注》，第221页。

全心、全情、全意地深入生活，对生活精雕细琢，并将生活中寻常的细节变得兴趣盎然，成为生活的有心人和随行记者。

在晚明文人对生活细节的审美经营中，生活的节奏放慢和舒缓下来了，展现出了一种“慢生活”的智慧。当然，晚明文人这里的“慢”不是懒惰、懈怠、拖沓和散漫，也不是无所事事，而是对生活不急功近利，对生活能够不慌不忙、泰然自若地处之，并用审美化的细节点亮生活，将生活中的一切都安排得井井有条、清清楚楚，以此改善生活、提升生活。这里的“慢”不仅是身之慢，更重要的是心之慢，是心之平静、淡泊和安宁。

今天的人们，生活节奏快，工作压力大，致使不少人已经无法像晚明文人这样或随方制象，或因时、因地、因人制宜地布置和安排自我的生活，也少了一份对生活细致入微的用心经营。正因为如此，晚明文人对生活细节的审美经营如同一面镜子，反照出了当今人们生活的匆促和粗糙，也使我们不得不由衷叹服晚明文人在建构生活美学的过程中，为使日常生活富于变化和新异所付出的细心和耐心。这时我们不妨学学晚明文人，像他们那样通过对生活细节的审美经营来放慢生活的脚步，使生活保持劳逸结合、张弛有致的适度节奏，以此松弛紧张的心灵，化解生活的沉闷，拥有健康的生活状态，让生活不再成为一种负累。生活中的快与慢，看似是时间问题，但从审美的意义上来说，则关乎内心的感受与修为。即使是从时间上看，这里的快与慢关乎的也不是标准化的物理时间，而是每个人的心理时间。物理时间不可更改，但心理时间则可由我们每个人来调控和把握。可以说，“慢生活”预示了超越既有的标准化时间来重建新的时间观念的可能性，这同时也就意味着打破现有生活节奏的可能性。

晚明文人着眼于生活细节的审美逻辑表明，日常生活并非宏大叙事和高头讲章，也并非抽象深奥的概念堆积，日常生活是具体、直观和感性的，充满着无数等待被审美发掘的细枝末节，而谁能抓住这些细枝末节作一番精微的审美经营，谁就是生活的美学家。由于生活的细节无处不在、无时不有，并且蕴藏着潜移默化的力量，因此从生活细节入手的审美经营更能打动人心。

二　插花细节的审美经营

插花是中国文人的一门生活艺术，体现着生活与艺术的结合。在晚明，文人对插花抱有极高的热情，插花亦成了文人生活审美化所需。高濂既要在书斋“壁间当可处，悬壁瓶一，四时插花”[①]，又要在“床内后柱上钉铜钩二，用挂壁瓶。四时插花”[②]，还要在“即榻床外立四柱，各柱挂以铜瓶，插梅数枝”[③]，可见晚明文人追求时时处处都与插花共在。陈继儒则说：“瓶中插花，盆中养石，虽是寻常供具，实关幽人性情。若非得趣，个中布置，何能生致!”[④] 可见晚明文人已将插花与文人的性灵和趣味相联系。袁宏道更是将自己的书斋命名为“瓶花斋”，体现出晚明文人对于插花的钟爱。

在插花的过程中，晚明文人尤能潜心沉浸于自我的世界中，自得其乐、其趣，陶冶了性情、提高了品位。当插花完成之后，瓶花作为一件艺术品又能令人赏心悦目。因此，无论是插制瓶花还是欣赏瓶花，对于晚明文人来说都是一件韵事，它增添了生活的情趣，丰富了日常生活中的审美经验。晚明文人极为重视对插花细节的审美经营，他们既注重花瓶和花本身，又注重花瓶与花的搭配组合、花瓶的摆放和瓶花的保养保鲜，还注重插花的环境，可谓事无巨细，从而使瓶花真正成为美化文人家居生活环境的小景观。

第一，晚明文人注重花瓶。

---

① （明）高濂著，王大淳、李继明、戴文娟、赵加强整理：《遵生八笺》，第 200 页。
② （明）高濂著，王大淳、李继明、戴文娟、赵加强整理：《遵生八笺》，第 216 页。
③ （明）高濂著，王大淳、李继明、戴文娟、赵加强整理：《遵生八笺》，第 220 页。
④ （明）陈继儒撰，陈桥生评注：《小窗幽记》，第 311 页。

一是讲求花瓶的器形。袁宏道说："养花瓶亦须精良。辟如玉环、飞燕，不可置之茅茨；又如嵇、阮、贺、李，不可请之酒食店中。尝见江南人家所藏旧觚，青翠入骨，砂斑垤起，可谓花之金屋。其次官、哥、象、定等窑，细媚滋润，皆花神之精舍也。"① 袁宏道认为花瓶"须精良"，这是对花瓶器形的要求。为此，袁宏道列举了"江南人家所藏旧觚"和"官、哥、象、定等窑"所产的窑器作为瓶之"精良"的代表。同时，袁宏道还将它们作为审美对象进行了细致的欣赏和把玩，将"江南人家所藏旧觚"的器形特征描述为"青翠入骨，砂斑垤起"，赞其为"花之金屋"；将"官、哥、象、定等窑"所产窑器的器形特征描述为"细媚滋润"，赞其为"花神之精舍"，这实际上表明了在晚明文人眼中，器形精致美观的花瓶亦具有独立的审美价值，由此晚明文人在赏瓶花时不仅赏花还可赏瓶，增强了对于瓶花的审美经验。此外，在花瓶的器形上，晚明文人普遍忌讳花瓶有瓶耳，如高濂、张谦德和文震亨都明确反对使用有耳之瓶来插花。

二是讲求花瓶的材质。晚明文人推崇铜瓶和瓷瓶，反对使用金、银瓶，并主张应根据季节使用不同材质的瓶子，即春冬季使用铜瓶，秋夏季使用瓷瓶。在铜瓶和瓷瓶中，晚明文人又格外推崇铜瓶，其原因有三：其一，"古铜瓶、钵，入土年久，受土气深，以之养花，花色鲜明如枝头，开速而谢迟，或谢则就瓶结实"②；其二，"古色可玩"③；其三，"尚清雅"④。可见，古铜瓶既有利于养花，又可作为古董赏玩，还能体现文人追求清雅的审美趣味，可谓一举三得。

---

① （明）袁宏道：《瓶史》，载（明）张谦德、袁宏道著，张文浩、孙华娟编著《瓶花谱 瓶史》，第129页。

② （明）张谦德：《瓶花谱》，载（明）张谦德、袁宏道著，张文浩、孙华娟编著《瓶花谱 瓶史》，第32页。

③ （明）文震亨著，陈植校注：《长物志校注》，第283页。

④ （明）张谦德：《瓶花谱》，载（明）张谦德、袁宏道著，张文浩、孙华娟编著《瓶花谱 瓶史》，第18页。

第二，晚明文人注重瓶中之花。

一是讲求花之造型。文震亨认为插花“忌繁杂如缚”[①]、“花宜瘦巧，不宜繁杂，若插一枝，须择枝柯奇古，二枝须高下合插，亦止可一、二种，过多便如酒肆；惟秋花插小瓶中不论”[②] 等。这里的“忌繁杂如缚”“花宜瘦巧，不宜繁杂”是追求造型上的简洁明快、疏密有致；“须择枝柯奇古”“二枝须高下合插”是追求造型上的变化之美，反对形式上的呆板凝滞和单调乏味。特别是“二枝须高下合插”强调了花卉在造型上应具有错落有致的层次感，而且由于天然的花卉在生长形态上并非刻板的整齐划一和均衡对称，因此一高一低的搭配组合也不失自然的情态生趣，仿若造化所为，从而在人为设计与自然意趣之间取得了巧妙的平衡。无独有偶，陈洪绶的《和平呈瑞图》就画有一个古铜瓶中插着一高一低两朵荷花，可见两枝花一高一低的造型搭配在审美上已得到了晚明文人的认可。

二是讲求花材的主辅搭配。袁宏道说：“梅花以迎春、瑞香、山茶为婢，海棠以苹婆、林檎、丁香为婢，牡丹以玫瑰、蔷薇、木香为婢，芍药以罂粟、蜀葵为婢，石榴以紫薇、大红千叶木槿为婢，莲花以山矾、玉簪为婢，木樨以芙蓉为婢，菊以黄白山茶、秋海棠为婢，蜡梅以水仙为婢。”[③] 这里作为主花的梅花、海棠、牡丹、芍药、石榴、莲花、木樨、菊、秋海棠和蜡梅都有各自相应的辅花作为陪衬和点缀，这不仅使整件瓶花作品在视觉上更为饱满充实，也更能给人以生趣盎然之感。

第三，晚明文人注重花与花瓶的搭配。

一是讲求花与花瓶的比例关系。高濂指出：“大率插花须要花与瓶称，花高于瓶四五寸则可。假若瓶高二尺，肚大下实者，花出瓶口二尺六七寸，须折斜冗花枝，铺散左右，覆瓶两旁之半则雅。若瓶高瘦，却

① （明）文震亨著，陈植校注：《长物志校注》，第96页。

② （明）文震亨著，陈植校注：《长物志校注》，第352页。

③ （明）袁宏道：《瓶史》，载（明）张谦德、袁宏道著，张文浩、孙华娟编著《瓶花谱 瓶史》，第155页。

宜一高一低双枝，或屈曲斜袅，较瓶身少短数寸似佳。……若小瓶插花，令花出瓶，须较瓶身短少二寸，如八寸长瓶，花只六七寸方妙。若瓶矮者，花高于瓶二三寸亦可，插花有态，可供清赏。”① 这里高濂认为花与花瓶的搭配要达到“花与瓶称”，其关键就在于花与花瓶之间的比例关系要合理恰当。对此高濂列举了不同的情形，并提出了相应的要求，特别是他详尽地给出了瓶之高度与花之高度之间适宜搭配的具体数值要求，可谓十分精确和细致。张谦德也对花与花瓶的比例关系提出了具体的数值要求，并认为花出瓶口过高或过低都会影响瓶花的审美效果：“假如瓶高一尺，花出瓶口一尺三四寸；瓶高六七寸，花出瓶口八九寸，乃佳。忌太高，太高瓶易仆；忌太低，太低雅趣失。”② 相较于高濂的论述，张谦德的论述更简明精练，并进行了总结。可以说，如何使花与花瓶之间的比例关系协调得当，考验着晚明文人的插花审美能力。

二是讲求花应搭配相应的瓶器。以梅花来看，高濂说：“冬时插梅必须龙泉大瓶，象窑敞瓶，厚铜汉壶，高三四尺以上，投以硫磺五六钱，砍大枝梅花插供，方快人意。”③ 张谦德说：“古铜壶，龙泉、均州瓶，有极大高二三尺者，别无可用，冬日投以硫磺、斫大枝梅花插供亦得。”④ 文震亨说：“古铜汉方瓶，龙泉、均州瓶，有极大高二三尺者，以插古梅，最相称。”⑤ 可见三位文人在以梅花搭配龙泉大瓶上展现出了共同的审美偏好。

三是讲求花与花瓶之间的主从关系。文震亨认为瓶应“随花大小用之”⑥，即应根据花的形貌选择相应的花瓶而不是相反。高濂则指出

---

① （明）高濂著，王大淳、李继明、戴文娟、赵加强整理：《遵生八笺》，第511页。

② （明）张谦德：《瓶花谱》，载（明）张谦德、袁宏道著，张文浩、孙华娟编著《瓶花谱 瓶史》，第80页。

③ （明）高濂著，王大淳、李继明、戴文娟、赵加强整理：《遵生八笺》，第510页。

④ （明）张谦德：《瓶花谱》，载（明）张谦德、袁宏道著，张文浩、孙华娟编著《瓶花谱 瓶史》，第47页。

⑤ （明）文震亨著，陈植校注：《长物志校注》，第283页。

⑥ （明）文震亨著，陈植校注：《长物志校注》，第283页。

“最忌花瘦于瓶”[①]，即意味着瓶花的视觉重心应在花而非花瓶上。可见文震亨和高濂都主张在花与花瓶之间的主从关系上应以花为主而瓶为辅，反对喧宾夺主。可以说，正是因为晚明文人注重花与花瓶之间的主从关系，瓶花才显现出整体的美感并成为一件完整的艺术作品。

第四，晚明文人注重花瓶的摆设。

一是讲求花瓶的摆设应与家具相配。如文震亨要求根据花瓶的样式和大小，将其摆设在大小适宜的矮几之上，又要求花瓶不可摆设在画桌上等。

二是讲求花瓶的摆设应考虑到室内空间的大小。张谦德认为“堂厦宜大，书室宜小”[②]，文震亨也认为“堂屋宜大，书室宜小”[③]，即宽敞的厅堂适宜摆设高大的花瓶，既能增添气势又便于远观；而相对狭窄的书房则适宜摆设小巧别致、可赏可玩的花瓶，从而使花瓶能够与居室的整体环境相互协调，也可见晚明文人日常生活中的瓶花陈设有堂室之别，难怪高濂要将花瓶“分于堂室二用”[④]。

三是讲求花瓶摆设位置的多样化。通常情况下，花瓶摆设在几或地上，但晚明文人也能别出心裁，如高濂将花瓶悬挂在书斋的墙壁、二宜床内后部的柱子和床榻外立的柱子上，形成一种颇为新颖的花瓶摆设方式，别有一番审美佳趣。这里的花瓶则名为壁瓶，它们精巧美观，不仅装饰了文人的居室环境，而且往往成为文人的清玩之物。更重要的是，壁瓶与瓶中之花能带给文人独特的审美感受和体验，如高濂就说二宜床内后部的柱子上悬挂瓶花，则“人作花伴，清芬满床，卧之神爽意快”[⑤]，可谓身心俱适，十分惬意。

四是忌讳花瓶成对摆设。高濂、张谦德和文震亨都反对花瓶成对

---

① （明）高濂著，王大淳、李继明、戴文娟、赵加强整理：《遵生八笺》，第511页。

② （明）张谦德：《瓶花谱》，载（明）张谦德、袁宏道著，张文浩、孙华娟编著《瓶花谱　瓶史》，第18页。

③ （明）文震亨著，陈植校注：《长物志校注》，第352页。

④ （明）高濂著，王大淳、李继明、戴文娟、赵加强整理：《遵生八笺》，第511页。

⑤ （明）高濂著，王大淳、李继明、戴文娟、赵加强整理：《遵生八笺》，第216页。

摆设，其中张谦德解释了原因："忌有环，忌成对，象神祠也。"① 即如果花瓶有瓶耳和成对摆设，便会使居室像祭祀的祠堂，这显然与文人的清居环境不相适宜。

第五，晚明文人注重瓶花的保养保鲜。

一是讲究鲜花的折枝。张谦德说："折取花枝，须得家园邻圃，侵晨带露，择其半开者折供，则香色数日不减。若日高露晞折得者，不特香不全、色不鲜，且一两日即萎落矣。"② 可见折枝中地点、时间和花枝状态的讲究对于花材的保鲜具有重要作用。张谦德还特别交代了梅花、牡丹、薝卜花、荷花和海棠花折断处的处理方法，也是为了起到保鲜之效："梅花初折，宜火烧折处，固渗以泥。牡丹初折，宜灯燃折处，待软乃歇。薝卜花初折，宜捶碎其根，擦盐少许。荷花初折，宜乱发缠根，取泥封窍。海棠初折，薄荷嫩叶包根入水。"③

二是讲究用水。高濂主张插花应使用河水和雨水，忌讳使用井水。张谦德则认为"滋养第一雨水，宜多蓄听用。不得已则用清净江湖水"④，也反对使用井水，并强调"插花之水，类有小毒，须旦旦换之，花乃可久"⑤。对于如何储存插花所用的雨水，袁宏道有自己的心得："初入瓮时，以烧热煤土一块投之，经年不坏。不独养花，亦可烹茶。"⑥ 同时，高濂还提出牡丹、戊葵、凤仙花、芙蓉花等的瓶中适宜盛放滚开的水以延长赏花时间。此外，为了防止冬季瓶中之水结冰，

---

① （明）张谦德：《瓶花谱》，载（明）张谦德、袁宏道著，张文浩、孙华娟编著《瓶花谱　瓶史》，第18页。

② （明）张谦德：《瓶花谱》，载（明）张谦德、袁宏道著，张文浩、孙华娟编著《瓶花谱　瓶史》，第71页。

③ （明）张谦德：《瓶花谱》，载（明）张谦德、袁宏道著，张文浩、孙华娟编著《瓶花谱　瓶史》，第93页。

④ （明）张谦德：《瓶花谱》，载（明）张谦德、袁宏道著，张文浩、孙华娟编著《瓶花谱　瓶史》，第88页。

⑤ （明）张谦德：《瓶花谱》，载（明）张谦德、袁宏道著，张文浩、孙华娟编著《瓶花谱　瓶史》，第88页。

⑥ （明）袁宏道：《瓶史》，载（明）张谦德、袁宏道著，张文浩、孙华娟编著《瓶花谱　瓶史》，第136页。

晚明文人一般主张在花瓶中加入硫黄，但高濂认为此法并非万能而提出了自己的方法以延长花期："插瓶之法，虽曰硫黄投之不冻，恐亦难敌。惟近日色南窗下置之，夜近卧榻，庶可多玩数日。一法：用肉汁去浮油，入瓶插梅花，则萼尽开而更结实。"①

第六，晚明文人注重插花的环境。

以袁宏道为例，他对插花的环境提出了要求："室中天然几一、藤床一。几宜阔厚，宜细滑。凡本地边栏漆桌、描金螺钿床，及彩花瓶架之类，皆置不用。"② 在袁宏道看来，插花的室内摆放天然几和藤床各一张即可，这正与晚明文人对所插之花数量不宜多的共同要求相呼应。同时，袁宏道摒弃"本地边栏漆桌、描金螺钿床，及彩花瓶架之类"带有俗气的家具，显然也与晚明文人对瓶花自然本色的共同追求相契合。不难看出，袁宏道所要求的插花环境是简洁清新、雅致脱俗的，由此文人才能摆脱俗世的纷扰而静下心来投入插花艺术创作中，在此瓶花之清雅脱俗、环境之清雅脱俗和文人之清雅脱俗可谓相互映衬、相得益彰。

可以说，无论是注重花瓶和花本身，还是注重花瓶与花的搭配组合、花瓶的摆放和瓶花的保养保鲜，以及注重插花的环境，等等，晚明文人对于插花中的每一处细节可谓无微不至、费尽心思，付出了足够的耐心与细心，使插花并非随性所致、随意而为，而是有章法可循、有标准可依；也使插花充盈着生活的乐趣、奥妙与学问。这便让我们不禁感叹晚明文人的生活是如此细腻和精致，而这也正是现代快节奏生活下忙碌奔波的我们所缺失的。蒋勋曾指出"忙"字"是'心'加上死亡的'亡'，如果太忙，心灵一定会死亡"③，而对生活细节的审美经营正是给我们提供了一种远离忙碌而沉静下来安顿身心

① （明）高濂著，王大淳、李继明、戴文娟、赵加强整理：《遵生八笺》，第512页。

② （明）袁宏道：《瓶史》，载（明）张谦德、袁宏道著，张文浩、孙华娟编著《瓶花谱　瓶史》，第142页。

③ 蒋勋：《天地有大美：蒋勋和你谈生活美学》，广西师范大学出版社2006年版，第7页。

的可能。

三　饮茶细节的审美经营

在唐代，随着制茶工艺的发展，茶不再用作药物而成了文人的饮品，饮茶开始风行。这一时期，陆羽还写成了我国第一部茶学专著《茶经》。到了晚明，饮茶与插花一样，已成为文人日常生活中不可或缺的组成部分。高濂说："人固不可一日无茶，然或有忌而不饮。"① 张岱也说："七家常事，不管柴米油盐酱醋。一日何可少此，子猷竹庶可齐名；七碗吃不得了，卢仝茶不算知味。"② 同时较之唐宋，晚明文人的饮茶审美趣味发生了变化，这源于在制茶饮茶的方式上晚明与唐宋有很大不同。黄龙德指出："唐则熟碾细罗，宋为龙团金饼。斗巧炫华，穷其制而求耀于世，茶性之真，不无为之穿凿矣。……至于曰采造，曰烹点，较之唐、宋，大相径庭。彼以繁难胜，此以简易胜；昔以蒸碾为工，今以炒制为工。"③ 吴从先认为"论啜茗，则今人较胜昔人，不作凤饼、龙团，损自然之清味"④。晚明文人在饮茶方式上一改唐宋使用茶饼来煮茶点茶的方法，而采用经炒制加工后的茶叶直接冲泡饮用，其饮茶审美趣味已由追求"斗巧炫华"和"繁难"转变为追求"茶性之真"和"简易"，强调"茶有真香，有佳味，有正色"⑤ 即茶香茶味茶色的自然本真。在对饮茶细节的审美经营上，晚明文人注重饮茶的环境、烹茶的工序、茶具以及茶侣，从而使饮茶真正上升为一种精神的享受和一门极富情趣与品位的生活艺术。

第一，晚明文人注重饮茶的环境。

---

① （明）高濂著，王大淳、李继明、戴文娟、赵加强整理：《遵生八笺》，第 331 页。

② （明）张岱撰，淮茗评注：《陶庵梦忆》，第 157 页。

③ （明）黄龙德：《茶说》，载（宋）赵佶等著，沈冬梅、李涓编著《大观茶论（外二种）》，第 157 页。

④ （明）吴从先撰，郭征帆评注：《小窗自纪》，第 15 页。

⑤ （明）高濂著，王大淳、李继明、戴文娟、赵加强整理：《遵生八笺》，第 331 页。

一是专设了饮茶的室内空间。文震亨就专设了茶寮用于饮茶：

> 构一斗室，相傍山斋，内设茶具，教一童专主茶役，以供长日清谈，寒宵兀坐；幽人首务，不可少废者。[①]

如果按吴智和将明代文人茶寮所划分的专室式、书斋式、厅堂式、亭榭式和户外式等五种类型[②]来看，文震亨的茶寮属于专室式。这里文震亨将饮茶提升至“幽人首务，不可少废”的高度，加之中国文人不把茶作为一般的饮料，而是视其为精心品赏的对象，因此便不难理解他要为饮茶建造独立的小室了。文震亨对茶寮的选址很讲究，要求“相傍山斋”，从而营造出一种清幽寂静的氛围，并具有自然山野的风致，而这种自然的风致一方面与他对烹茶“天趣悉备”“尽茶之真味”[③]的追求相呼应；另一方面又使茶寮能够摒除尘世的喧哗与骚动，从而成为文人精神休憩安顿的场所。可以说，茶寮的选址并非简单的地理位置的选择，而是关系到文人精神生活的展开。此外，文震亨还在茶寮内设好茶具，并雇有一小工专事烹茶以为饮茶提供便利。从茶寮的选址与氛围的营构，到内部的陈设，再到茶童的安排，文震亨可谓考量周全，精心打理着每一处细节。这里文震亨除提及茶具外，并未论及茶寮内家具和其他器物的布置，这是意在淡化茶寮的物质性而凸显其带给文人的精神意趣。文震亨虽未详尽论及茶寮内的陈设，但想必也是以简洁雅致为尚，从而与茶寮简约素朴的整体格调相契合。可以说，幽静、雅洁和舒适是文震亨对茶寮环境的总体追求。

相较于文震亨，许次纾则对茶寮的设置提出了更为具体详细的

① （明）文震亨著，陈植校注：《长物志校注》，第31页。

② 吴智和：《明代茶人的茶寮意匠》，《史学集刊》1993年第3期。

③ （明）文震亨著，陈植校注：《长物志校注》，第406页。

要求：

> 小斋之外，别置茶寮。高燥明爽，勿令闭塞。壁边列置两炉，炉以小雪洞覆之。止开一面，用省灰尘腾散。寮前置一几，以顿茶注、茶盂，为临时供具。别置一几，以顿他器。旁列一架，巾帨悬之，见用之时，即置房中。斟酌之后，旋加以盖，毋受尘污，使损水力。炭宜远置，勿令近炉，尤宜多办宿干易炽。炉少去壁，灰宜频扫。总之，以慎火防热，此为最急。①

这里许次纾除了要求茶寮的位置“高燥明爽，勿令闭塞”，更详论了茶寮内的陈设。不难看出，茶寮内无论是家具还是各类器物，都各就其位，一切井然有序。同时，许次纾还特别提到“炉以小雪洞覆之。止开一面，用省灰尘腾散”和“炉少去壁，灰宜频扫”，注重对茶炉所生烟尘的处理，也是为了保持茶室的干净、整洁和清雅。

此外，闵汶水也为饮茶设置了专门的房间。他将张岱“导至一室，明窗净几，荆溪壶、成宣窑磁瓯十余种，皆精绝”②。闵汶水的这间茶室不仅“明窗净几”，令文人心神舒畅，而且还陈列着种类繁多的精美茶具，使文人可以一边饮茶一边欣赏茶具，增添了饮茶的雅兴。在此专设的茶室不仅为饮茶提供了舒心便利的环境，还成了茶具品鉴之地，使文人的饮茶审美经验更为丰富，可谓一举两得。

二是追求饮茶环境的多样化。晚明文人并未将饮茶环境限制在室内，而是认为一些室外环境也适宜饮茶。许次纾指出当身处“小桥画舫”“茂林修竹”“荷亭避暑”“小院焚香”“清幽寺观”③ 等之时都适

---

① （明）许次纾：《茶疏》，载（宋）赵佶等著，沈冬梅、李涓编著《大观茶论（外二种）》，第127页。

② （明）张岱撰，淮茗评注：《陶庵梦忆》，第52页。

③ （明）许次纾：《茶疏》，载（宋）赵佶等著，沈冬梅、李涓编著《大观茶论（外二种）》，第134页。

宜饮茶，同时他也指出了“阴室”“厨房”“市喧”“小儿啼”“野性人”“童奴相哄”“酷热斋舍”[①] 等环境都不适宜饮茶。不难看出，许次纾列出的上述适宜饮茶的室外环境都是安宁清静、雅致脱俗的，正可谓好茶还需美景美境配，从而使文人能够在饮茶中放松身心、怡情养性。

这里许次纾提到了“小院焚香”。晚明文人喜欢以焚香辅佐饮茶。文震亨曰：“香、茗之用，其利最溥，物外高隐，坐语道德，可以清心悦神。初阳薄暝，兴味萧骚，可以畅怀舒啸。晴窗拓帖，挥麈闲吟，篝灯夜读，可以远辟睡魔。青衣红袖，密语谈私，可以助情热意。坐雨闭窗，饭余散步，可以遣寂除烦。醉筵醒客，夜语篷窗，长啸空楼，冰弦戛指，可以佐欢解渴。品之最优者，以沉香、岕茶为首，第焚煮有法，必贞夫韵士，乃能究心耳。”[②] 焚香为饮茶创构出了一种清雅脱俗、醇和恬淡的气氛，使饮茶更富诗情与惬意。缕缕茶之香与悠悠香料之香相融互映，使文人沉浸于茶、香的世界中而获得精神的愉悦与享受。

除以焚香相佐外，晚明文人在饮茶时还乐于以赏花为伴，花亦成为文人闲静雅逸的饮茶环境的组构要素。袁宏道说“茗赏者上也”[③]，认为品茶赏花最为高雅。许次纾也认为“课花”[④] 之时适宜饮茶，并将“名花琪树”作为饮茶之“良友”[⑤]。在此品茶伴以赏花，赏花伴以品茶，二者融为一体，怎能不令文人摒除尘心、神清气爽。

在饮茶的环境上，晚明文人并不拘泥于室内或室外，而是兼得室

---

① （明）许次纾：《茶疏》，载（宋）赵佶等著，沈冬梅、李涓编著《大观茶论（外二种）》，第 138 页。

② （明）文震亨著，陈植校注：《长物志校注》，第 394 页。

③ （明）袁宏道：《瓶史》，载（明）张谦德、袁宏道著，张文浩、孙华娟编著《瓶花谱　瓶史》，第 168 页。

④ （明）许次纾：《茶疏》，载（宋）赵佶等著，沈冬梅、李涓编著《大观茶论（外二种）》，第 134 页。

⑤ （明）许次纾：《茶疏》，载（宋）赵佶等著，沈冬梅、李涓编著《大观茶论（外二种）》，第 139 页。

内外环境之雅之宜，并将饮茶贯穿于一年四季之中。黄龙德便分别描绘了春、夏、秋、冬四季中的饮茶佳境："明窗净几，花喷柳舒，饮于春也。凉亭水阁，松风萝月，饮于夏也。金风玉露，蕉畔桐阴，饮于秋也。暖阁红垆，梅开雪积，饮于冬也。"① 不同季节的饮茶搭配上相应的环境，不但使饮茶能够应时应景，而且有助于文人将饮茶作为自己隐逸之心和审美趣味的寄托。

值得一提的是，晚明文人还直接前往产茶之山也即茶的产地饮茶。高濂曰：

> 西湖之泉，以虎跑为最；两山之茶，以龙井为佳。谷雨前采茶旋焙，时激虎跑泉烹享，香清味洌，凉沁诗脾。每春当高卧山中，沉酣新茗一月。②

这里高濂饮用的是"谷雨前采茶旋焙"的龙井茶，煮茶的水来自虎跑泉，茶品和煮茶的水都是最上乘的，足见高濂知茶识茶，熟谙茶艺茶道。同时，高濂还要选择在每年春季"沉酣新茗一月"，足见他爱茶痴茶，在此饮茶已不仅仅是为雅兴所驱，而是成了文人特有的一种癖好。更重要的是，高濂亲自来到山中饮茶，这不仅仅是为了激发诗情，也不仅仅是在追求茶之自然本性和领会茶本源于自然，而是要借此使自我的身心回归自然并最终达到天人合一的饮茶最高境界。从这个意义上不妨说，产茶之山特别是产好茶的名山是晚明文人最理想的饮茶环境。

第二，晚明文人注重烹茶的工序。

一是讲究择炭。许次纾在择炭上有自己的心得："火必以坚木炭

---

① （明）黄龙德：《茶说》，载（宋）赵佶等著，沈冬梅、李涓编著《大观茶论（外二种）》，第180页。

② （明）高濂著，王大淳、李继明、戴文娟、赵加强整理：《遵生八笺》，第89页。

为上。然木性未尽，尚有余烟，烟气入汤，汤必无用。故先烧令红，去其烟焰，兼取性力猛炽，水乃易沸。”[①] 这里许次纾着重强调了将木炭“先烧令红”之于煮水的重要性，即不仅能够“去其烟焰”，避免“烟气入汤，汤必无用”，而且能够“兼取性力猛炽”，使“水乃易沸”。文震亨则推崇长兴茶山出产的“金炭”，以保证沏茶之水没有烟味：“汤最恶烟，非炭不可，……炭以长兴茶山出者，名‘金炭’，大小最适用，以麸火引之，可称‘汤友’。”[②]

二是讲究洗茶。文震亨要求“先以滚汤候少温洗茶，去其尘垢，以‘定碗’盛之，俟冷点茶，则香气自发。”[③] 许次纾则以洗岕茶为例，详论了洗茶的过程：“必先盥手令洁，次用半沸水，扇扬稍和，洗之。水不沸，则水气不尽，反能败茶。毋得过劳以损其力。沙土既去，急于手中挤令极干，另以深口瓷合贮之，抖散待用。洗必躬亲，非可摄代。凡汤之冷热，茶之燥湿，缓急之节，顿置之宜，以意消息，他人未必解事。”[④] 这里的“汤之冷热，茶之燥湿，缓急之节，顿置之宜”道出了洗茶的关键所在。

三是讲究用水。茶与水密不可分。许次纾说：“精茗蕴香，借水而发，无水不可与论茶也。”[⑤] 可见晚明文人已认识到水能烘托茶性，使茶香味散发出来，因此茶与水密不可分。晚明文人对用水的讲究主要表现在择水、取水和煮水三个方面。

从择水上说，即要选择品质优良之水来烹茶。在晚明，人们普遍崇尚惠泉，但文人则凭借自身的辨水能力发现与惠泉不相上下的泉水。

---

① （明）许次纾：《茶疏》，载（宋）赵佶等著，沈冬梅、李涓编著《大观茶论（外二种）》，第110页。

② （明）文震亨著，陈植校注：《长物志校注》，第421页。

③ （明）文震亨著，陈植校注：《长物志校注》，第415页。

④ （明）许次纾：《茶疏》，载（宋）赵佶等著，沈冬梅、李涓编著《大观茶论（外二种）》，第130页。

⑤ （明）许次纾：《茶疏》，载（宋）赵佶等著，沈冬梅、李涓编著《大观茶论（外二种）》，第102页。

张岱就是一位辨水高手，他描述了自己发现禊泉的经过："甲寅夏，过斑竹庵，取水啜之，磷磷有圭角，异之。走看其色，如秋月霜空，噀天为白；又如轻岚出岫，缭松迷石，淡淡欲散。余仓卒见井口有字划，用帚刷之，'禊泉'字出，书法大似右军，益异之。试茶，茶香发。"① 这里的"如秋月霜空，噀天为白；又如轻岚出岫，缭松迷石，淡淡欲散"，与其说张岱是在观察泉水的颜色，不如说他是从中获得了别样的审美经验。同时，张岱还以"取水入口，第挢舌舐腭，过颊即空，若无水可咽者，是为禊泉"② 作为辨别禊泉的方法。可以说，无论是观泉水之色还是品泉水之味，张岱都将辨水上升到了审美的高度，展现了他精微细腻的品鉴才华。许次纾在择水上则有自己的体认和把握。他打破人们视惠泉为第一的惯有认识，一方面认为经过沉淀处理后的黄河水特别适宜用作煮茶之水且并不比惠泉差；另一方面又认为"发源长远而潭沚澄澈者，水必甘美。即江河溪涧之水，遇澄潭大泽，味咸甘洌"③，将"甘美""甘洌"作为择水的标准，而这些认识又都是来源他在择水上的亲身感受和体验。

从取水上说，即要保持泉水的品质。闵汶水就介绍了取惠泉的技巧，即"其取惠水，必淘井，静夜候新泉至，旋汲之。山石磊磊藉瓮底，舟非风则勿行，故水之生磊"④，由此惠泉即使距离遥远，也能保证其运回后水质不变。

从煮水上说，即要掌握好煮水的程度。田艺蘅说："品固有嫩恶，若不得其水，且煮之不得其宜，虽佳弗佳也。"⑤ 黄龙德说："汤者，茶之司命，故候汤最难。未熟，茶浮于上，谓之婴儿汤，而香则不能

---

① （明）张岱撰，淮茗评注：《陶庵梦忆》，第45—46页。

② （明）张岱撰，淮茗评注：《陶庵梦忆》，第46页。

③ （明）许次纾：《茶疏》，载（宋）赵佶等著，沈冬梅、李涓编著《大观茶论（外二种）》，第102页。

④ （明）张岱撰，淮茗评注：《陶庵梦忆》，第52页。

⑤ （明）田艺蘅：《煮泉小品》，载（明）朱权、田艺蘅著，黄明哲、吴浩编著《茶谱　煮泉小品》，中华书局2012年版，第123页。

出。过熟，则茶沉于下，谓之百寿汤，而味则多滞。”[①] 可见水没煮开和煮得过开都是不合适的，因此如何使水煮得恰到好处便成了一个难点。许次纾对此提出了解决办法：“水一入铫，便须急煮。候有松声，即去盖，以消息其老嫩。蟹眼之后，水有微涛，是为当时。大涛鼎沸，旋至无声，是为过时，过则汤老而香散，决不堪用。”[②] 这里的“松声”“蟹眼”“微涛”“大涛鼎沸”，既有耳听，又有眼观，不仅是评判煮水之老嫩程度的标准，亦使煮水的过程成为审美的过程。

第三，晚明文人注重茶具。

一是讲求茶具的外观。主要包括茶具的形制和颜色等。在茶具的形制上，许次纾认为茶壶应小，为的是能够留住茶香。除茶壶外，许次纾认为茶杯也贵在小。晚明文人推崇小茶壶和小茶杯也意在彰显他们的饮茶方式，即文人是品味茶而非把茶用于解渴，从而与农夫工匠的饮茶相区隔。在茶具的颜色上，晚明文人钟爱纯白色的茶杯，是为了“可试茶色”[③]，正所谓“欲试茶色黄白，岂容青花乱之”[④]，可见茶杯不仅用于盛茶，也关系着对茶色的品赏，体现出文人重视茶之自然本色。

同时，晚明文人讲求茶具的外观其实也是将茶具作为可供品评的审美对象。高濂说：“茶盏惟宣窑坛盏为最，质厚白莹，样式古雅，有等宣窑印花白瓯，式样得中，而莹然如玉。次则嘉窑心内茶字小盏为美。”[⑤] 文震亨认为“汤瓶铅者为上，锡者次之，铜者亦可用；形如竹筒者，既不漏火，又易点注；磁瓶虽不夺汤气，然不适用，亦不雅观”[⑥]，又认为“茶壶以砂者为上，盖既不夺香，又无熟汤气，……若得受水

---

① （明）黄龙德：《茶说》，载（宋）赵佶等著，沈冬梅、李涓编著《大观茶论（外二种）》，第173页。

② （明）许次纾：《茶疏》，载（宋）赵佶等著，沈冬梅、李涓编著《大观茶论（外二种）》，第115页。

③ （明）屠隆著，赵菁编：《考槃馀事》，第210页。

④ （明）高濂著，王大淳、李继明、戴文娟、赵加强整理：《遵生八笺》，第331页。

⑤ （明）高濂著，王大淳、李继明、戴文娟、赵加强整理：《遵生八笺》，第331页。

⑥ （明）文震亨著，陈植校注：《长物志校注》，第417—418页。

半升，而形制古洁者，取以注茶，更为适用。其‘提梁’、‘卧瓜’、‘双桃’、‘扇面’、‘八棱细花’、‘夹锡茶替’、‘青花白地’诸俗式者，俱不可用”①，等等。可以说，饮茶与品评茶具的结合提升了茶事的品位与格调，从中也可见晚明文人古朴雅致的日常生活审美追求。

二是讲求茶具的清洁。黄龙德认为“器具精洁，茶愈为之生色”②，文震亨也认为“茶瓶、茶盏不洁，皆损茶味”③，两人分别从正反两方面认识到茶具的洁净关系着饮茶的品质与品位。因此，茶具的清洁就尤为重要。许次纾对茶具提出了“必洁必燥”④的要求，并论述了清洁茶具的详细步骤：“每日晨兴，必以沸汤荡涤，用极熟黄麻巾蜕向内拭干，以竹编架，覆而庋之燥处，烹时随意取用。修事既毕，汤铫拭去余沥，仍覆原处。每注茶甫尽，随以竹箸尽去残叶，以需次用。瓯中残沈，必倾去之，以俟再斟。如或存之，夺香败味。人必一杯，毋劳传递，再巡之后，清水涤之为佳。”⑤可见茶具的清洁贯穿饮茶之前、之时和之后的全过程。

第四，晚明文人注重茶侣。

文人饮茶可以一人独饮，如陈继儒说“独坐丹房，萧然无事，烹茶一壶，烧香一炷，看达摩面壁图”⑥，在个人独啜中消烦除躁，以求恬淡致远；也可以与茶侣共饮，如在黄龙德看来，“独烹独啜，故自有一种乐趣。又不若与高人论道，词客聊诗，黄冠谈玄，缁衣讲禅，知己论心，散人说鬼之为愈也”⑦，可见他更喜欢在饮茶时有茶侣相

① （明）文震亨著，陈植校注：《长物志校注》，第418—419页。

② （明）黄龙德：《茶说》，载（宋）赵佶等著，沈冬梅、李涓编著《大观茶论（外二种）》，第176页。

③ （明）文震亨著，陈植校注：《长物志校注》，第416页。

④ （明）许次纾：《茶疏》，载（宋）赵佶等著，沈冬梅、李涓编著《大观茶论（外二种）》，第111页。

⑤ （明）许次纾：《茶疏》，载（宋）赵佶等著，沈冬梅、李涓编著《大观茶论（外二种）》，第121页。

⑥ （明）陈继儒撰，陈桥生评注：《小窗幽记》，第95页。

⑦ （明）黄龙德：《茶说》，载（宋）赵佶等著，沈冬梅、李涓编著《大观茶论（外二种）》，第178页。

伴。当然，并非任何人都能成为晚明文人的茶侣。晚明文人的茶侣在黄龙德这里是高明之人、文人、道士、僧人、知己和超尘自在之人，在高濂这里是“禅僧诗友”[①] 和“仙友”[②]，在许次纾这里是“素心同调，彼此畅适，清言雄辩，脱略形骸”[③] 之人，在屠隆这里是“高衲”[④]，总之都是与文人志趣相合的高洁人士。文人与自己志趣相合之人一起饮茶交流，在此饮茶已超越了饮茶本身，而成为文人与茶侣之间寻求情感共鸣、获得心灵慰藉的渠道，文人从中也极易获得精神的自由与愉悦，难怪黄龙德会不禁发出“对此佳宾，躬为茗事，七碗下咽而两腋清风顿起矣。较之独啜，更觉神怡”[⑤] 的感慨。

晚明文人注重茶侣实际上也是将人纳入了饮茶活动中，追求茶品与人品的并举、品茶与品人的统一。屠隆说：“茶之为饮，最宜精行修德之人，兼以白石清泉，烹煮如法。不时废而或兴，能熟习而深味，神融心醉，觉与醍醐甘露抗衡，斯善赏鉴者矣。使佳茗而饮非其人，犹汲泉以灌蒿莱，罪莫大焉。有其人而未识其趣，一吸而尽，不暇辨味，俗莫甚焉。”[⑥] 在屠隆看来，适宜饮茶之人一方面应具有良好的品德修养，另一方面则应懂得品茶鉴茶，这两方面的条件缺一不可，从而使“佳茗”与“精行修德之人”相互映衬。这里可以说是文人对茶侣的要求，也是对自我的要求。

在对饮茶环境、烹茶工序、茶具和茶侣等诸多细节的审美经营中，晚明文人既重视茶的原有性味，要保存茶之本香、本味和本色；又要以清雅静逸的饮茶环境、小巧莹洁的茶具以及尚雅脱俗的茶侣烘托气

---

① （明）高濂著，王大淳、李继明、戴文娟、赵加强整理：《遵生八笺》，第 129 页。

② （明）高濂著，王大淳、李继明、戴文娟、赵加强整理：《遵生八笺》，第 155 页。

③ （明）许次纾：《茶疏》，载（宋）赵佶等著，沈冬梅、李涓编著《大观茶论（外二种）》，第 125 页。

④ （明）屠隆撰，王飞评注：《娑罗馆清言·续娑罗馆清言》，第 16 页。

⑤ （明）黄龙德：《茶说》，载（宋）赵佶等著，沈冬梅、李涓编著《大观茶论（外二种）》，第 178 页。

⑥ （明）屠隆著，赵菁编：《考槃馀事》，第 214 页。

氛和渲染美感，达到人与茶事、人与环境、人与人以及人与自我之间和谐相处的理想境界，从而在饮茶中将求真与求美有机结合起来，这是晚明文人饮茶生活的鲜明特色。同时，晚明文人的饮茶又结合着清谈雅会、器物品鉴、焚香静心、观画赏花和游山玩水等，使饮茶雅上增雅，展现出晚明文人饮茶活动的复合性与生活情趣的丰富性。进一步看，晚明文人正是要在对饮茶细节的审美经营中洗涤凡俗，舒神畅志，将饮茶由口腹之欲的生理满足升华为精神的愉悦与惬意，从而在庸常纷杂的现实生存空间之外另辟一方悠然别致的精神世界。

可以说，细节是日常生活的最小单位或者说单元，而生活的品位与格调恰恰也是落实和体现于细节之中的。在晚明文人的审美经营下，生活的细节不再微不足道和浅显乏味，它并非仅仅掠过感官便转瞬即逝，而是可以得到持久的关注和感知；它也并非支离破碎，而是可以被重新组织和形构成一个浑然的整体。晚明文人通过对生活细节的审美经营，抓住了日常生活具体感性而又错综复杂的微观世界，抓住了日常生活的肌理、脉络与质感，也就抓住了个体在日常生活中的诗意存在感。

第三章　晚明文人生活美学的功能指向

晚明文人通过生活情境的审美创构、生活之物的审美观照和生活细节的审美经营等日常生活中的审美实践，建构起了其生活美学。那么，晚明文人建构生活美学的目的何在？其实现程度如何？建构生活美学是否导致晚明文人迷恋和沉溺于日常生活而无暇他顾，放弃了所应担负的社会责任？这是需要我们进一步追问和思考的问题。本章将从功能指向的角度回答这些问题，从而使我们对晚明文人的生活美学有更为深入的理解和把握。

第一节　指向自我

晚明文人建构起的生活美学首先是指向其自我的，这主要表现在两个方面——一是服务于理想生活的表达，二是为了自我形象的建构，从而获得精神的愉悦、快慰和满足。可以说，晚明文人的生活美学成了晚明文人别具意义的自我表征，包含着他们对自我生存状态的观照与反思。晚明文人在现实中无法实现的理想生活与理想自我，可以在其所构筑的审美生活世界中得以实现。

一　理想生活的表达

（一）隐逸的生活

晚明文人在日常生活中进行种种审美实践，就是为了过一种隐逸的生活，特别是他们通过引自然入园居和追求生活日用的自然来创构自然的生活情境，更是表达出对隐逸生活的强烈向往。晚明文人所追求的隐逸生活，更多地不是要到深山郊野，而是要能在城市的喧嚣繁华中寻得一片心灵的净土，因此可以说是一种市隐，其要义是保持淡泊平和、宁静悠然的心境，坚守人格的独立，从而由作为外在行为表现的“隐”达到作为精神超脱的“逸”。也可以说，晚明文人注重的不是身隐而是心隐，不是隐的形式而是隐的实质。

晚明文人常常以“幽人”即隐士的生活方式与审美趣味为标准来营构自己的生活。如文震亨要求“斋阁有幽人之致”①，认为卧室“一涉绚丽，便如闺阁中，非幽人眠云梦月所宜”②，将饮茶视为“幽人首务，不可少废”③，指出用玫瑰做成的香袋“实非幽人所宜佩”④、“幽人花伴，梅实专房”⑤、鹦鹉“及锦鸡、孔雀、倒挂、吐绶诸种，皆断为闺阁中物，非幽人所需”⑥；陈继儒要求“香须冲淡为雅，幽人最忌烟浓”⑦；高濂则要求瓶花要表现出“幽人雅趣”⑧；等等。在此文人的居住环境、日常活动、日用佩戴乃至相伴的动植物，都要与“幽人”相符相宜，可见晚明文人以隐逸生活为理想生活的追求已渗透进日常

---

① （明）文震亨著，陈植校注：《长物志校注》，江苏科学技术出版社1984年版，第18页。

② （明）文震亨著，陈植校注：《长物志校注》，第354页。

③ （明）文震亨著，陈植校注：《长物志校注》，第31页。

④ （明）文震亨著，陈植校注：《长物志校注》，第56页。

⑤ （明）文震亨著，陈植校注：《长物志校注》，第50页。

⑥ （明）文震亨著，陈植校注：《长物志校注》，第123页。

⑦ （明）陈继儒撰，陈桥生评注：《小窗幽记》，中华书局2008年版，第205页。

⑧ （明）高濂著，王大淳、李继明、戴文娟、赵加强整理：《遵生八笺》，人民卫生出版社2007年版，第512页。

生活的方方面面。

晚明文人追求隐逸的生活，很大程度上在于晚明动荡的时局、黑暗腐朽的政治环境以及文人自身科举仕途的阻滞与艰辛。对于中国正统文人来说，科举仕途是第一要务，特别是对于一些出身官宦之家的名门之后更是如此。如文震亨的兄长文震孟十试科场终得状元，这是文氏家族的首位也是唯一一位状元。但文震亨多次科考失利，使他于39岁时便放弃了科举："天启甲子（公元一六二四年），试秋闱不利，即弃科举，清言作达，选声伎、调丝竹，日游佳山水间。"[①] 屡试不第所带来的政治抱负的受挫和缺憾必然使文震亨选择其他游艺活动以怡情悦性。文震孟虽为状元，但于宦海沉浮、大起大落，这也让文震亨看到了官场的凶险与为官的不易。归隐在晚明并非发生在个别文人身上，而是形成了一股隐逸之风，还出现了"吏隐""色隐"等多种隐逸形式，祁彪佳也将寓山中的一处景点命名为"瓶隐"。应该说，晚明文人对隐逸生活的追求有其必然性。

晚明文人还将他们对于隐逸生活的追求展露于字里行间。屠隆用优美的笔触勾勒了他所向往的隐逸生活："水色澄鲜，鱼排荇而径度；林光澹荡，鸟拂阁以低飞。曲径烟深，路接杏花酒舍；澄江日落，门通杨柳渔家"[②]；"口中不设雌黄，眉端不挂烦恼，可称烟火神仙。随宜而栽花竹，适性以养禽鱼，此是山林经济"[③]。可见屠隆笔下的隐逸生活不仅要有清丽秀美的景色，而且没有人间的是非纷争，没有心中的烦闷苦恼，能够随性适宜地"栽花竹"和"养禽鱼"，一种悠然自得的生活状态已跃然纸上。

晚明文人所追求的隐逸生活及与世隔绝的个人独处，不意味着绝对的私密和封闭。亲友的相伴以及人际关系的和谐亦是晚明文人所追

① （明）顾苓：《塔影园集·武英殿中书舍人致仕文公行状》，载文震亨著，陈植校注《长物志校注》，第425页。

② （明）屠隆撰，王飞评注：《娑罗馆清言·续娑罗馆清言》，中华书局2008年版，第64页。

③ （明）屠隆撰，王飞评注：《娑罗馆清言·续娑罗馆清言》，第12页。

求的隐逸生活中不可缺少的方面。晚明文人隐逸生活中的朋友不是一般的朋友，而是知己。如陈继儒“寻几个知心友，弄月嘲风”①，“与二三之同调，望衡对宇，联接巷陌；风天雪夜，买酒相呼；此时觉曲生气味，十倍市饮”②。与志趣相投的几个知己或“弄月嘲风”，或“风天雪夜买酒相呼”，人与人之间相处融洽和睦，体现出了一种人情之美。屠隆则描绘了一幅春色中家人和客人俱在的隐逸生活图景：“红润凝脂，花上才过微雨；翠匀浅黛，柳边乍拂轻风。问妇索酿，瓮有新刍；呼童煮茶，门临好客。”③ 这里有好客的主人、备酒的贤妻、煮茶的孩童和恰好光临的客人，再配上春意盎然的美景，一派其乐融融，怎能不让人雅兴勃勃、神清气爽。亲朋好友的相聚使晚明文人的隐逸少了几分孤独和寂寥，也不似陶渊明“世外桃源”那般具有乌托邦色彩，而是在现世中的。当然，晚明文人也不刻意讲求在生活中必有人相伴。在屠隆看来，“茶熟香清，有客到门可喜；鸟啼花落，无人亦是悠然”④，可见无论是有客来访还是无人独处，晚明文人都力求保持一种随性适意、悠然自得的心态。

同时，晚明文人所追求的隐逸生活也并非切断与社会的联系。吴承学、李斌认为陈继儒“不再视科举为唯一正途，凭借自己的知识与才艺以谋生，获得经济的独立与宽裕，保持一种相对自由和独立的文人生活方式，但又与主流社会关系密切，保持着对于社会的关心与介入”⑤。徐美洁也指出屠隆与陈继儒“二人在罢官和弃举业后，都以自己的技艺谋生。虽不参政却关心时事，把隐逸与挽回江南‘虚矫狂慧’士习的责任相提并重”⑥。可见，陈继儒和屠隆都归隐而不绝尘，

---

① （明）陈继儒撰，陈桥生评注：《小窗幽记》，第85页。
② （明）陈继儒撰，陈桥生评注：《小窗幽记》，第104页。
③ （明）屠隆撰，王飞评注：《娑罗馆清言·续娑罗馆清言》，第39页。
④ （明）屠隆撰，王飞评注：《娑罗馆清言·续娑罗馆清言》，第63页。
⑤ 吴承学、李斌：《隐逸与济世——陈眉公与晚明的士风》，《中国文化研究》2005年春之卷。
⑥ 徐美洁：《晚明江南文人隐逸风习的文化共性——以陈继儒与屠隆为例》，《学术界》2013年第1期。

都没有放弃对社会的责任。文震亨也是如此，他虽放弃科举，但依然为官，关心着时事和国家安危，最后以身殉国，展现了晚明文人的气节。

如果从入世与出世这一中国传统文人无法回避的问题来看晚明文人所追求的隐逸生活，则更能彰显其特殊性和复杂性。陈平原指出："一般来说，讨论晚明文人的生活方式，必然涉及'出入'与'仕隐'。"[①] 可见，入世和出世是晚明文人生活中必然面临的重要选择。在晚明文人这里，入世与出世都并非绝对，这也使其隐逸生活不是纯粹和彻底的。如文震亨一方面虽为官并参与政事，但他又放弃科举、淡泊名利，因此不是严格意义上的入世；另一方面他虽以隐士的生活为样榜来营构自己的生活，但又并非笃守园居而远离现实、漠视社会，因此也不是完全意义上的出世。文震亨看似是矛盾的，他介于入世与出世之间，很难做到真正意义上的出世或入世，也就很难过上身隐和心隐兼具的隐逸生活，这正说明晚明文人所追求的隐逸生活重视的是心清和心静而不论身处的是庙堂还是江湖。从另一个角度看，文震亨介于入世与出世之间恰为他提供了一个可仕可隐、可进可退的张力空间，也即一种能够游刃有余地平衡入世与出世并使二者共存于自己生活之中的可能性，由此文震亨的生活虽以隐逸为理想样态，但亦仕亦隐、仕隐交织才是他现实生活的常态。像文震亨这样介于入世与出世之间的生活状态在晚明其他文人身上也有体现，如袁宏道就直言不讳自己"幸而身居隐见之间，世间可趋可争者既不到，余遂欲欹笠高岩，濯缨流水，又为卑官所绊，仅有栽花莳竹一事，可以自乐"[②]，这其实是身在仕途而心向隐逸，并将隐逸之心寄托在了插花之中，从而得以"自乐"，正如他自谓"人情必有所寄，然后能乐"[③]。

---

① 陈平原：《从文人之文到学者之文：明清散文研究》，生活·读书·新知三联书店 2017 年版，第 66 页。

② （明）袁宏道：《瓶史》，载（明）张谦德、袁宏道著，张文浩、孙华娟编著《瓶花谱 瓶史》，中华书局 2012 年版，第 113 页。

③ （明）袁宏道著，钱伯城笺校：《袁宏道集笺校》，上海古籍出版社 1981 年版，第 241 页。

晚明文人还对入世与出世之间的关系有了较为深刻的理解和体认。洪应明认为，不必一味执着于入世或出世的单一维度，也不必将入世与出世二元对立起来，而应融合和统摄二者，兼备入世与出世的意识和能力："居轩冕之中，不可无山林的气味；处林泉之下，须要怀廊庙的经纶。"① 在入世时要有出世的胸襟，在出世时要有入世的壮志，才能平衡好入世与出世。同时，在洪应明看来，入世与出世又是相互依存、紧密关联的。真正意义上的入世要以出世为前提，而真正意义上的出世则要以入世为基础："思入世而有为者，须先领得世外风光，否则无以脱垢浊之尘缘；思出世而无染者，须先谙尽世中滋味，否则无以持空寂之苦趣。"② 正是在此意义上，陈继儒指出："必出世者，方能入世，不则世缘易堕；必入世者，方能出世，不则空趣难持。"③ 也就是说，要真正做到入世，有赖于出世的情怀；要真正做到出世，则离不开入世的阅历。从上述言论中不难看出，晚明文人对于入世与出世是兼顾的，同时他们也意识到一个人往往不可能一辈子都固守于入世或出世，二者并非固定不变而是动态变化的。这也使一些文人在入世时想着出世，在出世时又想着入世，也即在过为官的生活时想过隐逸的生活，在过隐逸的生活时又想过为官的生活，表现出内心的徘徊、挣扎和博弈，如袁宏道就经历了入世与出世、为官生活与隐逸生活之间的来回切换和交错。但是，这并不妨碍他们对于隐逸生活的向往和追求，甚至可以说这反而坚定了他们对于隐逸生活特别是身心皆隐的隐逸生活的向往和追求。

进一步看，晚明文人将隐逸的生活视为一种理想的生活，是为了从对科举仕途的热切追求中冷静下来，从流俗的羁绊中挣脱出来，从而过滤内心的浮躁，获得精神的舒畅与安逸，也获得对世态人情更多的体悟和参透，并以此调和理想与现实、个体与社会之间的关系。晚

① （明）洪应明撰，杨春俏译注：《菜根谭》，中华书局2013年版，第129页。
② （明）洪应明撰，杨春俏译注：《菜根谭》，第34页。
③ （明）陈继儒撰，陈桥生评注：《小窗幽记》，第103页。

明文人不仅在表面上以隐士的生活为标准来规范日常生活的诸物诸事——所居之所要有隐士的风致，所用之物要符合隐士的身份，所行之事要是隐士的嗜好，等等，更关键的是在深层次上要将隐逸的心境带入日常生活中。可以说，晚明文人不仅将隐逸与日常生活紧密融合，更使隐逸的生活真正成了文人自我心灵的归依、精神的寄托和生命的安顿，成了文人自我价值存在的一种确证。

（二）休闲的生活

虽然“修身、齐家、治国、平天下”是中国传统文人的政治理想，但在晚明特殊的历史境遇下，科举仕途已经不再是文人唯一的人生取向，文人的生活也因此呈现出繁杂性和多面性。随着商品经济的发展，文人可以经商，也可以拍卖诗文、书、画，凭才艺治生，还可以通过建构生活美学，在造园治舍、莳花弄草、古玩鉴藏、品茗焚香中消闲遣兴、放松身心。这时休闲也不再被文人视为不务正业，而是得到他们的认可和接受。

在晚明，不少文人都表达了他们对于“闲”的理解和认识。这首推高濂，他在《遵生八笺》中对“闲”进行了较为完整的论述：

> 心无驰猎之劳，身无牵臂之役，避俗逃名，顺时安处，世称曰闲。而闲者匪徒尸居肉食，无所事事之谓。俾闲而博弈樗蒲，又岂君子之所贵哉？孰知闲可以养性，可以悦心，可以怡生安寿，斯得其闲矣。①

高濂在这段话中，一是为“闲”释义。高濂认为“闲”指的是“心无驰猎之劳，身无牵臂之役，避俗逃名，顺时安处”，这当然是“闲”的最佳状态了。二是为“闲”定性。在高濂看来，“闲”不是“尸居肉食”，也不是“无所事事”，可见他并未否定“闲”。三是指出

① （明）高濂著，王大淳、李继明、戴文娟、赵加强整理：《遵生八笺》，第423页。

了“闲”的功用，即三个“可以”——“可以养性，可以悦心，可以怡生安寿”，并将这三个“可以”作为得闲的评判标准。

计成在《园冶》中也多次论及“闲”。在他这里，“闲”是赏景时的优游从容——“闲闲即景”①；是不为衣食生计操劳的自足——“安闲莫管稻粱谋”②；是一份知足常乐的陶然自得——“足矣乐闲，悠然护宅”③；是一种会忙里偷闲的生活智慧与福气——“寻闲是福，知享即仙”④；是人生所要追求的理想境界——“得闲即诣”⑤。

同时，晚明文人对于“闲”也不作孤立的理解和认识，而是将闲与忙并置进行阐释。在晚明文人看来，一个人既不可太忙，也不可过闲，只有在闲暇时不松懈懒散，在忙碌时能抽点空闲、舒缓身心，做到闲中有忙、忙里偷闲，才是适度的生活节奏，也才能有所获益。陈继儒认为“人生莫如闲，太闲反生恶业”⑥；洪应明指出“身不宜忙，而忙于闲暇之时，亦可儆惕惰气；心不可放，而放于收摄之后，亦可鼓畅天机”⑦，“闲中不放过，忙中有受用；静中不落空，动中有受用”⑧，“遇忙处会偷闲，处闹中能取静，便是安身立命的工夫”⑨。可见，晚明文人对于忙与闲已能辩证认识和灵活处理了。

晚明文人理想的生活便是一切皆闲。华淑在《题闲情小品序》中说：

> 晨推窗：红雨乱飞，闲花笑也；绿树有声，闲鸟啼也；烟岚灭没，闲云度也；藻行可数，闲池静也；风细帘青，林空月印，闲庭悄也。以至山扉昼扃，而剥啄每多闲侣；帖括困人，而几案

① （明）计成著，陈植注释：《园冶注释》，中国建筑工业出版社1988年版，第58页。
② （明）计成著，陈植注释：《园冶注释》，第62页。
③ （明）计成著，陈植注释：《园冶注释》，第67页。
④ （明）计成著，陈植注释：《园冶注释》，第69页。
⑤ （明）计成著，陈植注释：《园冶注释》，第60页。
⑥ （明）陈继儒撰，陈桥生评注：《小窗幽记》，第97页。
⑦ （明）洪应明撰，杨春俏译注：《菜根谭》，第8页。
⑧ （明）洪应明撰，杨春俏译注：《菜根谭》，第167页。
⑨ （明）洪应明撰，杨春俏译注：《菜根谭》，第41页。

几多闲编；绣佛长斋，禅心释谛，而念多闲想，语多闲辞。闲中自计，尝欲挣闲地数武，构闲屋一椽，颜曰“十闲堂”，度此闲身。而卒以病废，亦以好闲不能致也。[①]

在华淑的眼中，不仅景闲物闲，而且人也闲，这是由于此时他正处在身心俱闲的理想状态，所以他能以一双闲眼和一颗闲心面对万事万物，在物我交感中便产生了“闲花”“闲鸟”“闲云”“闲池”“闲庭”“闲侣”“闲编”，加之“闲想”“闲词”，这便构成了一幅十分闲适惬意的生活画卷，怎能不让人心向往之，以至于华淑“尝欲挣闲地数武，构闲屋一椽，颜曰‘十闲堂’，度此闲身”，却“卒以病废，亦以好闲不能致”，正如他自谓“能闲者绝少”[②]。正因为闲的不可多得，它才成为晚明文人孜孜不倦追求的理想生活。

值得一提的是，华淑的这段话除最后两句外，其余部分又几乎原封不动地出现在了《小窗幽记》中，可见陈继儒也将休闲的生活作为一种理想生活，他还将华淑这段话的最后两句改为“闲中滋味，洵足乐也”[③]，强调了这样的休闲生活给人带来的乐趣。换句话说，陈继儒更看重休闲生活之乐趣。在他看来，“闲居之趣，快活有五。不与交接，免拜送之礼，一也；终日可观书鼓琴，二也；睡起随意，无有拘碍，三也；不闻炎凉嚣杂，四也；能课子耕读，五也”[④]，这亦是休闲生活对文人的吸引力所在。

陈继儒又将“闲”与“无事”相连。“无事”不是四体不勤、饱食终日，而是没有追名逐利之事和流俗之事的纷扰，“无事”并不等于不做事。陈继儒说：“带雨有时种竹，关门无事锄花；拈笔闲删旧

① 华淑：《题闲情小品序》，载欧明俊主编《明清名家小品精华》，安徽文艺出版社 2007 年第 2 版，第 558 页。

② 华淑：《题闲情小品序》，载欧明俊主编《明清名家小品精华》，第 558 页。

③ （明）陈继儒撰，陈桥生评注：《小窗幽记》，第 290 页。

④ （明）陈继儒撰，陈桥生评注：《小窗幽记》，第 146 页。

句，汲泉几试新茶。”[①] 休闲的生活中定少不了“种竹”“锄花”“删旧句”“汲泉几试新茶”等闲雅之事。他又说：“清闲之人不可惰其四肢，又须以闲人做闲事：临古人帖，温昔年书；拂几微尘，洗砚宿墨；灌园中花，扫林中叶。觉体少倦，放身匡床上，暂息半晌可也。”[②] 同上述“种竹”“锄花”等一样，这里列出的诸件“闲事”也均为雅事，并强调了要有一种“以闲人做闲事”的自由自在的生活状态。陈继儒还认为，相比于富足殷实的生活，休闲的生活更为重要和可贵：“清闲无事，坐卧随心，虽粗衣淡食，自有一段真趣；纷扰不宁，忧患缠身，虽锦衣厚味，只觉万状愁苦。”[③] 这里陈继儒将“清闲无事，坐卧随心，虽粗衣淡食”和“纷扰不宁，忧患缠身，虽锦衣厚味”作为两种截然相反的生活状态进行比照，首肯前者而排斥后者，可见“无事”“随心”而非“纷扰不宁”“忧患缠身”才是他眼中休闲生活的题中应有之义。可以说，陈继儒进一步强化了晚明文人对于休闲生活的追求。

文震亨也典型地体现出晚明文人对于休闲生活的追求。他在《长物志》中不仅称其生活之物为“长物”，即非生产性的、无关生计的闲物，而且流露出了对休闲生活的向往——“长日清谈，闲宵小饮”[④]、“晴窗拓帖，挥麈闲吟，篝灯夜读”[⑤]，而他在日常生活中的种种审美实践更是被沈春泽视为“闲事”——“标榜林壑，品题酒茗，收藏位置图史、杯铛之属，于世为闲事”[⑥]，这些都表明求闲已经渗透进文震亨的日常生活中。在他这里，休闲不是游手好闲，也不仅仅是时间上的闲暇，更不是百无聊赖、无所寄托，而是重在心之闲，即不仅没有衣食住行之忧，没有物质上的压力，而且不受世俗功名利禄所累，没有精神的压抑和重负，从而能以安宁清静、从容淡然之心来看

① （明）陈继儒撰，陈桥生评注：《小窗幽记》，第128页。
② （明）陈继儒撰，陈桥生评注：《小窗幽记》，第138页。
③ （明）陈继儒撰，陈桥生评注：《小窗幽记》，第114页。
④ （明）文震亨著，陈植校注：《长物志校注》，第360页。
⑤ （明）文震亨著，陈植校注：《长物志校注》，第394页。
⑥ （明）沈春泽：《长物志序》，载（明）文震亨著，陈植校注《长物志校注》，第10页。

待人世和经营自己的生活。

叶朗指出："所谓'闲'，就是从直接的实用功利活动中暂时摆脱出来。"[①] 文震亨所理想的休闲不是以躬耕为业的农人辛苦劳作后的间歇休息。农人的休闲是为了更好地工作，这样的休闲还带有功利目的，其实是休而不闲；而文震亨则是要为休闲而休闲，使休闲具有非功利性和纯粹性。毛文芳认为："在'长物'与'闲事'之间，其实是有一种'闲人'居中鼓吹、宣说价值，文震亨闱试不利，即弃科举，纵情于水边林下，倒成了不折不扣、退居边缘的'闲人'。"[②] 那么，文震亨真是一位闲人吗？正如我们上文所说，文震亨不能做到真正出世，他依然心系家国社稷，因此他不可能真正闲下来。也正因为这样，"闲"才成为他所追求的理想生活。

我们常说"空闲""清闲"，可见"闲"与"空"、"清"有着密切的关系，它们是得闲的基本条件。先来看"空"。晚明文人强调园居环境之"空"。如文震亨要求栏杆的立柱中间应挖空，又要求在夏天拆除山斋的北门以使前后贯通，还要求弹琴的阁楼下层应空旷，等等。同时，文震亨还将留白的艺术运用于空间规划设计中，如他要求堂屋的走廊不能过于狭窄，而是要能容纳一席宴席，这与计成所谓"夹巷借天，浮廊可度"[③]、"砖墙留夹，可通不断之房廊"[④] 有着异曲同工之妙。这里文震亨意在以空间之空达到心灵之空，即在空旷、空阔的环境中净化自我的心灵，达到"心空"：一方面学会放下，远离令人烦躁的忙乱，使身心不再被外物占有和支配，不再被俗事俗务堆积和充塞，给自己松绑和减压；另一方面"空"就意味着从封闭走向开放，留出空间也在于给身心留有余地和位置，使身体能够自如地舒

① 叶朗：《欲罢不能》，黑龙江人民出版社2004年版，第232页。

② 毛文芳：《物的神话——晚明文震亨〈长物志〉的物体系论述》，《中国文哲研究集刊》2002年第二十期。

③ （明）计成著，陈植注释：《园冶注释》，第56页。

④ （明）计成著，陈植注释：《园冶注释》，第110页。

展，使心灵能够自由地驰骋，从而使心灵更为阔达，人生也便多了一份淡定、坦荡与泰然。而唯有“心空”，才能生闲。再来看“清”。晚明文人在日常生活审美实践中赏的是清玩，住的是清居，陈设的是清供，观的是清泉，闻的是花与茶的清香，尚清的审美趣味已渗入文人日常生活的方方面面。这里的“清”，是清静、清简、清淡，是一种抛却浊世而宁静致远的素朴生活，也只有在这样的生活中才有可能产生闲心。可以说，在晚明文人这里，空而得闲，清而得闲，最终指向的是精神世界的淡泊、自由与超脱。

不难看出，晚明文人将隐逸和休闲的生活作为理想的生活与其生活美学的建构形成了相辅相成的互动关系：一方面，晚明文人建构生活美学是为了过上隐逸和休闲的生活，从而在日常生活中净化心灵，达到精神的自由和生命的自足；另一方面，晚明文人对于能过上隐逸和休闲生活的迫切渴盼也成为他们建构生活美学的内在动力。同时，在晚明文人这里，隐逸和休闲并非各自孤立，而是由隐得闲，由闲而隐，隐逸与休闲相互生发，都是理想的生活状态、生活心境和生活方式，也都是求得心理慰藉与平衡的处世智慧。

二 自我形象的建构

晚明文人建构生活美学也意在建构自我形象。这里以文震亨为例进行探讨。文震亨在《长物志》中多次提到“幽人”，还直接提到了倪云林，间接提及了陶渊明和竹林七贤等有名的隐士，其实就是将自我比况为闲逸脱俗的隐士。同时，文震亨以“香草垞”命名自建的园林“是沿用了楚国屈原的香草意蕴，以香草隐喻品德崇高的君子，从而间接表明自己的高尚品行和清雅情致”①，在此“香草垞”不仅仅是

① 云嘉燕：《传统园林文化与新兴园林文化比较研究——明末清初苏州园林的文化政治学》，中国建筑工业出版社2019年版，第49页。

一个园林的名称，更成了文震亨对自我形象的寄寓和投射。此外，文震亨还以富有品格寓意的梅、兰、竹、菊装饰日常生活空间，也就是将这些植物作为表征自我之孤高、坚韧的符码，由此对生活空间的装饰亦成了对自我的装饰。以下主要从社会阶层与性别两个视角分析文震亨对自我形象的建构。

从社会阶层上看，文震亨凸显了他作为精英文人的形象。这有赖于他独特的话语策略。第一，文震亨在《长物志》中以审美权威的口吻，通过使用“可……”“宜……”“仅可……”“勿……”“不可……”“不宜……”“忌……”“……不入品”“……可废”等判断句式和“最为可观”“最佳”“最胜”“最恶”“最可厌”“断不可用”“尤不可”“尤俗”等表示最高程度和特别强调的词，旗帜鲜明地区辨日常生活审美品位与格调的高下，建立了一套文人日常生活的审美规范，一副真理牢牢掌握在手的审美仲裁者模样。第二，文震亨常常只作审美区判但不说明其原因，给人一种强势感。第三，文震亨并未使用“吾”“予”等词直接表明自我的存在，而是凭其强硬的语气、雅俗界限分明的审美区判使读者能够明显地感觉到他的存在，但他并无与读者交流的诉求而只顾自说自话。文震亨就是通过上述话语策略建构起了自我清高孤傲、特立独行而又十分自信的形象，这是处于社会上层的精英文人所特有的形象。文震亨又说：“至于萧疏雅洁，又本性生，非强作解事者所得轻议矣。”[①] 认为自己拥有“萧疏雅洁”的审美趣味，且为天性所致，而这种审美趣味并非一般庸俗之辈所能解释清楚，这是何等的自信、高傲甚至自负。在文氏眼中，“萧疏雅洁”的审美趣味正犹如贵族的纯正血统一般。

一个人的服饰往往直观地展现了其形象。因此，文震亨也注重从服饰上建构自我形象。他说：“吾侪既不能披鹑带索，又不当缀玉垂珠，要须夏葛、冬裘，被服娴雅，居城市有儒者之风，入山林有隐逸

① （明）文震亨著，陈植校注：《长物志校注》，第37页。

之象，若徒染五采，饰文缋，与铜山金穴之子，侈靡斗丽，亦岂诗人粲粲衣服之旨乎？”[1] 想必文震亨的服饰既“娴雅”而非“染五采，饰文缋”，又与季节、所居的环境以及文人的身份、性情和气度相符合，而非“与铜山金穴之子，侈靡斗丽”，可见文震亨对于服饰不仅有实用性的考量，更有精神性的讲求，从而使服饰成为他高洁的心灵品质和优雅的审美追求的外化。也就是说，在文震亨这里，服饰是其外在自我和内在自我的统一。同时，这里的“吾侪”也可见文震亨已由对自我形象的建构走向了对精英文人这一群体整体形象的建构。

从性别上看，文震亨在《长物志》中所谈论的培植花木、鉴赏精美的生活器物，以及他所表现出的对生活细节的重视和在生活经营上的精益求精等，都具有浓厚的女性气质。文震亨对生活的用心经营就如同一位佳丽在细致地梳妆打扮。同时，文震亨尚清、素、简、淡的日常生活审美趣味也使我们不由得感到他似是一位面容清秀白皙、性格温文尔雅的小生，但身材单薄、体质文弱，甚至是多愁善感的。这些会不会有损文震亨的阳刚之气，影响他作为男性文人对自我的定位呢？特别是当其强硬的文化权威独语又是明显的男性口吻时，这个问题便更加突出。

应该说，文震亨对自我形象的建构是复杂多面的，既有男性精英文人的孤高自傲，也有女性的文静细腻乃至敏感多情，男女两种个性气质交融互补地体现在他身上，但男性的气质无疑是其形象的主导方面，这从他如何对待女性中便可看出。文震亨一方面对女性持消极否定的态度，如他反对男性文人的幽斋中出现闺阁之物和带有脂粉气，将女性作为男性文人的对立面；但另一方面他又对女性持积极肯定的态度，如将美好的事物以女性来作比拟等。不论对女性是持消极否定的态度，还是积极肯定的态度，文震亨都是完全站在男性的立场上来看待女性的。

---

① （明）文震亨著，陈植校注：《长物志校注》，第 325 页。

这一点又尤其体现在他所说的“看书画如对美人，不可毫涉粗浮之气”[①] 一句上。这句话通过视觉上看书画的行为传达出了丰富的性别信息：其一，男性是看的主体，是主动的，而女性（“美人”）是看的客体，是被动的，其中隐含了男性的欲望与视觉权力，其实也是一种视觉等级——女性常被置于男性的注视与规训之下；其二，“不可毫涉粗浮之气”可见文震亨与那些纵欲和沉迷于感官享乐的晚明文人不同，这里的欲望更多的不是男性的生理欲望，而是流露出对女性的一种怜爱。

文震亨将花木比作女性形象，并用欣赏女性的眼光来欣赏书画，而这里的女性其实都是不在场的，是文震亨将对女性的虚拟和想象融于日常生活之中，这便为男性文人的日常生活增添了情趣，从中也可见文震亨是把女性作为日常生活中潜在的审美对象预设的，从而凸显了男性文人视角下的女性，这又与晚明文人对女性审美的重视密切相关。当时的蓄妓风尚、青楼写作等都使女性正式成为文人审美观照的对象，而卫泳的《悦容编》更是提出了品鉴女子的完整架构。女性审美在《长物志》中虽不是重点，但文震亨也在一处提及：“花红，能染指甲，然亦非美人所宜。”[②] 文氏认为凤仙花为红色，能染指甲，但不适合淑女，这就对女性的打扮提出了自己的看法与建议，投射了男性的审美眼光。同时，文震亨这种在欣赏日常事物时结合对女性进行虚拟和想象的审美方式也体现在晚明文人对自然的欣赏中。黄卫总（Martin W. Huang）指出在晚明这一“游记文体兴盛的年代，在创作以自然为主题的散文和诗歌时，传统上用于形容美女的词汇更多地被用于描写自然山水的吸引力。……人们像欣赏美女一样欣赏自然，借助感官才能完全地体验它。‘色’的暗示无处不在”[③]。但文震亨在《长物志》中展现的则是一副不近女色的谦谦君子形象。

---

① （明）文震亨著，陈植校注：《长物志校注》，第 147 页。

② （明）文震亨著，陈植校注：《长物志校注》，第 93 页。

③ ［美］黄卫总：《中华帝国晚期的欲望与小说叙述》，张蕴爽译，江苏人民出版社 2012 年版，第 13—14 页。

如果用今天的眼光来看文震亨的形象，他有如我们所说的“居家男人”。固然文震亨在日常生活审美实践中展现出女性的优雅文静和细腻体贴，但不妨说这种女性气质已融入了他男子气概的题中应有之义中，正如英雄勇士也可以有儿女情长。正是这些女性特质的存在成就了文震亨对日常生活的审美化。

在文震亨这里，其实存在着两个自我：生活于晚明现实中的自我和其在《长物志》中建构的自我。对于今人来说，现实的文震亨早已离我们远去，诚然我们可以通过史料得知他出身书香门第，以身殉国，等等，但因《长物志》的存在我们便能充分地面对和了解他在书中所建构的自我形象。从这个意义上说，文震亨所建构的自我也更加丰富多维和生动鲜活。除上述外，文震亨在对生活中诸多物件的列举品评中也形塑了自我博学之士的形象。如果从毛文芳所言“晚明文人是以表演者的心态来经营俗世生命的生活美学，其美学意义的实现，有赖观者视点的参与”[①] 来看，文震亨又是一位表演者。这种“表演”，既可以是文震亨向其同僚展示自己生活的艺术；也可以是将自己拟想成演员与观众的同一体，自己“观看”自己在审美化经营日常生活中的一举一动。我们下节要讲到的文震亨不趋时、不随俗，以简和古为审美标准建构新的生活风尚，其实也是他在与时俗的对抗中张扬自我个性和标举自我人格，从而活脱脱地展现出一位文人审美文化的坚定捍卫者形象。

同时，相较于现实中的自我，文震亨在《长物志》中建构的自我也更率性纯真。它既是对现实自我的折射，也是对现实中无法实现的自我的想象。现实中也许受制于各种因素，个人的才能、性情等不能自由施展，但在建构生活美学的过程中，所谓“挹古今清华美妙之气于耳、目之前，供我呼吸，罗天地琐杂碎细之物于几席之上，听我指挥”[②] 能够得以实现，这亦是在晚明严酷社会政治环境下对自我的一种解放。由

① 毛文芳：《晚明闲赏美学》，台北：台湾学生书局2000年版，第325页。

② （明）沈春泽：《长物志　序》，载（明）文震亨著，陈植校注《长物志校注》，第10页。

此，上述文震亨自作审美评判、自立审美标尺的行为和咄咄逼人的权威语气也不妨视为一种在压抑现实中的自我宣泄和释放，是对自我功名受阻、功业不立的心灵安抚和排遣。从这个意义上说，以文震亨为代表的晚明文人建构生活美学的过程，其实也就是一次对自我进行重新体察、定位和诠释的过程。

第二节　指向社会

晚明文人建构生活美学有其深刻的用意，一方面是为了过上隐逸和休闲的生活，并建构起自我的形象；另一方面也是为了走向与社会的对话，表现出对社会的关怀意识和责任感，由此私人空间与公共场域之间便形成了互动。晚明文人的生活美学并非仅仅指向文人个人，而是与晚明生活风尚的批判和引领、身份的区隔和认同、阶层互动与审美趣味的互渗、文化资本与审美权力的运作、时尚的递变以及社会的商业化与世俗化等问题密切相关，从中既体现出晚明文人并没有放弃对社会的冷静观察与反思，尤其是在社会审美文化领域，他们依然保持着文人特有的洞察力与批判力；也表明审美不仅仅是一种感知和体验，更是能够介入和参与社会生活，有其形塑生活世界的潜在力量。

一　批判和引领

晚明文人建构生活美学的社会功能之一便是要批判当时社会上奢豪华丽的生活风尚，进而引领一种简雅古朴的生活风尚，这突出地体现在文震亨身上。沈春泽记叙了他与文震亨的一次对话：

余因语启美："君家先严徵仲太史，以醇古风流，冠冕吴趋者，几满百岁，递传而家声香远，诗中之画，画中之诗，穷吴人巧心妙手，总不出君家谱牒，即余日者过子，盘礴累日，婵娟为堂，玉局为斋，令人不胜描画，则斯编常在子衣履襟带间，弄笔费纸，又无乃多事耶?”启美曰：“不然。吾正惧吴人心手日变，如子所云，小小闲事长物，将来有滥觞而不可知者，聊以是编堤防之。”①

晚明的生活之风以奢华为尚，人们竞相追求奢侈的生活享受，讲求生活环境的雕镂彩饰。面对日益奢靡浮华的生活风气，文震亨在这里表达出了深切的忧虑：他“惧吴人心手日变”，认为“小小闲事长物，将来有滥觞而不可知者”，便“聊以是编堤防之”。应该说，社会生活风气的引领和改善关键还在文人，文震亨主动承担起了这份责任，他立足尚雅反俗的生活审美观，以倡导简和古的日常生活审美趣味来批判当时崇奢的生活风气，进而引领新的生活风气。这也就是将简和古作为新的日常生活审美标尺，以此作为打破生活旧风尚、树立生活新风尚的一剂良方。

沈春泽说：“删繁去奢之一言，足以序是编也。”② 他用“删繁去奢”四个字概括了《长物志》中日常生活审美的要义，可谓切中肯綮。“删繁去奢”也正是文震亨崇简审美取向的内涵所在。文震亨所推崇的生活之简是多义的，可作多层次的分析。

生活之简首先是简朴，反对铺张浪费。文震亨说：“驰道广庭，以武康石皮砌者最华整。花间岸侧，以石子砌成，或以碎瓦片斜砌者，雨久生苔，自然古色，宁必金钱作埒，乃称胜地哉?”③ 在他看来，如果充分利用石子、碎瓦片、苔藓等最简单的自然原材料，通过精心的设计布置就能达到“胜地”的审美效果，就没必要耗费巨资。文震亨意在告诉人们，就生活环境的布设来说，一是应以节俭为贵，二是自

① （明）沈春泽：《长物志　序》，载（明）文震亨著，陈植校注《长物志校注》，第11页。
② （明）沈春泽：《长物志　序》，载（明）文震亨著，陈植校注《长物志校注》，第11页。
③ （明）文震亨著，陈植校注：《长物志校注》，第33—34页。

然简朴的审美风格要远胜由金钱打造的奢华气派，也更能表达出主人追求清雅的生活品位与格调。其次，生活之简是简约，反对繁杂。文震亨既对室内物件的数量有着严格的规定，如他主张盆景“斋中亦仅可置一、二盆，不可多列”①，“天然几一……几上置旧研一，笔筒一，笔觇一，水中丞一，研山一”②，“斋中仅可置四椅一榻……屏风仅可置一面”③，等等。又反对过分雕饰，如他认为榻“有大理石镶者，有退光朱黑漆、中刻竹树、以粉填者，有新螺钿者，大非雅器”④ 等，从而使生活环境呈现出简约的风格。再次，生活之简是简洁，反对色彩的绚丽。文震亨说：“若徒侈土木，尚丹垩，真同桎梏、樊槛而已。”⑤ 对于当时富贵人家建筑的“侈土木，尚丹垩”，文震亨持批判态度。他还推崇纯色和素色，如他说水缸“以五色内府、官窑、瓷州所烧纯白者，亦可用”⑥，茶炉“有姜铸铜饕餮兽面火炉，及纯素者，有铜铸如鼎彝者，皆可用”⑦，等等。最后，生活之简还是简淡，反对繁文缛节的束缚。这是从生活心境上说的，即拥有一种平和恬淡的生活心境，而这也正与文震亨所追求的闲隐生活相契合。不难看出，文震亨对生活之简的推崇达到了物质要求与精神追求的同构。

除崇简外，文震亨还着力以复古纠正奢华流俗，倡导一种复古的生活。这种复古的生活，一方面是在物质层面上以具有材质之古、样式之古和颜色之古的物件来重新架构日常生活的时空，营构出与奢华相对的古朴生活气氛；另一方面是在精神层面上返回历史情境中，寄托对前贤生活境界的追念，使复古的生活成为一种精神的仰慕、古典的想象和文化记忆的找寻，因此“古”又可指古人。在文震亨这里，

---

① （明）文震亨著，陈植校注：《长物志校注》，第 97 页。
② （明）文震亨著，陈植校注：《长物志校注》，第 348 页。
③ （明）文震亨著，陈植校注：《长物志校注》，第 350 页。
④ （明）文震亨著，陈植校注：《长物志校注》，第 226 页。
⑤ （明）文震亨著，陈植校注：《长物志校注》，第 18 页。
⑥ （明）文震亨著，陈植校注：《长物志校注》，第 133 页。
⑦ （明）文震亨著，陈植校注：《长物志校注》，第 417 页。

复古生活的“古”并不是一个指涉明确的概念，即他并没有确切地告诉人们他所谓的“古”指的是哪个具体的历史时期。正因为如此，文震亨似乎把他之前的朝代都一律视为“古”，“古”成了一个时间的集合。但是，我们还是可以依据文震亨提供的相关信息合理地推测“古”所指涉的历史时期。文震亨所谓“俨然万林竹中人也”即隐射竹林七贤，“如入武陵桃源”即暗指陶渊明，可见他所向往的最有可能是魏晋文人的生活，而他们的生活显然是与奢华浮靡相隔绝的。当然，文震亨也不是要让人们完完全全去过竹林七贤和陶渊明的生活，而是要汲取他们生活的精神内涵，效仿他们生活中所表现出来的简雅淡泊之风。

这里我们不妨探讨一个问题：在文震亨所提倡的简与古这两种日常生活审美趣味中，他是二者并重还是有所侧重呢？李惠仪以文震亨所言“古人最重题壁，今即使顾、陆点染，钟王濡笔，俱不如素壁为佳”指出：“面对简与古人画作之间的选择，文氏选择了简，虽然古常被视为标准审美趣味的体现。”① 但我们认为，文震亨所提倡的简与古的生活是统一的。这种统一性一方面表现在上述文氏追慕古人简雅的生活之风，另一方面表现在他要求部分生活物用具有既古朴又自然的审美趣味，而自然的审美趣味本身就尚简反繁，因此古朴与自然两种审美趣味的结合便能形成简古的生活风格，这正与文震亨所要批判的繁复浓艳的生活风格形成了强烈的对照。

进一步看，复古也就意味着返回自然、返回人之本源。卢福寿认为复古主义有两个基本原则——“返璞归真”与“集前代之大成”。就“返璞归真”来说，他指出崇古“可能是每一样事物在演化流变中必然要发生的‘繁琐失真’。……脱离旧典范而另立新体，并非人人可为，回溯源头，探求本真，也可以是脱离途穷困窘的方式”②。文震

---

① WAI-YEE LI, “The Collector, the Connoisseur and Late-Ming Sensibility”, *T'oung Pao*, Vol. 81, 1995.

② 卢福寿：《崇古摹古及其心态探因》，《高雄师大学报：人文与艺术类》2009 年第 26 期。

亨也是这样，面对日常生活领域中的“繁琐失真”，他将尚古的审美趣味与追求自然的审美趣味统一起来。一方面，人作为自然之子，向往和归依自然是人根深蒂固的天性和不可遏制的心灵需要；另一方面，晚明黑暗严酷的政治环境常让文人丧失自我的本然、本性和本真，因此他们也迫切渴望恢复本我和真我，这正如陶渊明所谓“久在樊笼里，复得返自然”（《归园田居·其一》）。从另一个角度看，文震亨在日常生活领域的复古未尝不可视为他对晚明黑暗动荡的政治现实的不满，寄寓着他对明初盛世再次来临的些许期待。在此，文震亨的生活理想与政治理想在一定程度上获得了统一。

文震亨从崇雅贬俗出发，倡导将简和古的审美趣味注入日常生活中，实际上是以抨击和抵御当时流行的奢华生活时尚来建立起新的生活时尚，这也就对时尚进行了重新定义。那么文震亨所标举的时尚又能维持多久呢？关于这一点，我们将在本章第三节进行探讨。

二　区隔和认同

在晚明文人生活美学的社会功能中，身份成为一个重要的问题，主要包括身份的区隔和身份的认同两个方面。我们先来看身份的区隔。

晚明商品经济的高度发展导致了商人阶层的崛起及其社会地位的极大提高，由此也带来了逾礼越制之风的盛行。商人像文人那样筑造园林、购买古董文玩、收藏书画鼎彝等，渴望拥有文人的文化身份，从而跻身上层社会，文人的社会地位受到动摇，也使晚明社会士、农、工、商的阶层界限日益模糊。因此，晚明文人不得不认真思考如何将自身与商人、平民等社会其他阶层区隔开来，增强文人身份的标识度，由此维护文人本有的身份、地位和优越感。

晚明文人清醒地认识到，自己不可能在经济实力上与商人比拼，同时科举的艰难也使其无法拥有政治资本，因此他们便选择了从文人的审美趣味入手建构生活美学，以文人的日常生活审美趣味作为身份区隔的标识。这在于，一方面，文人的审美趣味不是与生俱来和人所共有的，而是受教育和经过长期培养的结果，是社会上少数有文化、有教养的精英所专有的，因此审美趣味本身就表征着精英与大众的区别，确证着文人的身份与地位。另一方面，日常生活又是雅俗等审美趣味交锋最为激烈的领域，也是审美趣味最能自然流露的领域，正所谓“一个人可以在一夜之间暴富，但却不能在一夜之间改变自己的生活格调”①。因此，以日常生活的审美趣味的区隔来达到社会身份的区隔也将更为有效，这不能不说是晚明文人的高明之处。

从政治资本、经济资本和文化资本来看，晚明文人其实提出了身份区隔的新标准。封建社会中传统的身份区隔主要是依照政治资本。到了晚明，随着商人阶层的崛起，社会越来越趋向于以经济资本来划分阶层。而晚明文人在其生活美学中则是以日常生活审美趣味主导的文化资本作为身份区隔的新标准，以此唤起并强化文人的身份意识，使文人对其身份有一个明确清晰的社会定位，从而更好地把握自己的社会处境与生存状态。

美国学者保罗·福塞尔《格调：社会等级与生活品味》一书的中译者石涛指出：“本书的英文原名是‘CLASS’。在英语中，这个词既有阶级、阶层和等级的意思，也含有格调、品味的含意。说一个人是否‘classy’或说一个人有没有‘class’，并非在说他或她的社会地位和阶层高或低，而是说这个人有没有品味和格调。因此，作者的书名取‘class’一词的双重含意，指通过一个人的品味和格调来判断他或她所属的社会阶层。”② 他又指出在福塞尔看来，“正是人的生活品味和格调决定了人们所属的社会阶层，而这些品味格调只能从人的日常

① 石涛：《中译本第1版序言　品味——社会等级的最后出路》，载［美］保罗·福塞尔《格调：社会等级与生活品味（修订第3版）》，梁丽真、乐涛、石涛译，世界图书出版公司北京公司2011年版，第296页。

② 石涛：《中译本第1版序言　品味——社会等级的最后出路》，载［美］保罗·福塞尔《格调：社会等级与生活品味（修订第3版）》，梁丽真、乐涛、石涛译，第293页。

生活中表现出来”[①]。福塞尔可谓晚明文人的西方知音，他们在阶层划分上都不约而同地采用了同样的标准。而在当今社会中，人们也时常根据一个人的生活品位与格调来判断其所属的社会阶层。

身份区隔的社会功能指向贯穿于晚明文人的生活美学中。晚明文人所展开的生活情境的审美创构、生活之物的审美观照和生活细节的审美经营，就是要高标文人的精致优雅的生活方式和生活品位，展现文人尚自然、古朴、简淡、如画、精细等多种尚雅反俗的日常生活审美趣味，而这些文人的日常生活审美趣味往往无法为大众所真正拥有，因此也就有了身份区隔的作用。大众无法真正拥有文人的日常生活审美趣味，一方面在于他们追求的是奢华、艳丽、工巧等文人日常生活审美趣味的对立面；另一方面也在于他们缺乏必要的审美和人文素养。例如，晚明文人尚自然的日常生活审美趣味就具有身份区隔的作用。陈继儒说：“名茶美酒，自有真味。好事者投香物佐之，反以为佳，此与高人韵士误堕尘网中何异。”[②] 他的这句话暗含着以是否追求“名茶美酒”的“真味”来作为区隔“高人韵士”（即文人）与“好事者”（即文人以外其他社会阶层）身份的标尺。又如，晚明文人日常生活中的“如画”审美趣味更是典型地体现出了对于身份的区隔。对于具有画学素养和审美能力的文人来说，他们能由眼前的物象联想到相应的画作，从而获得审美经验，而对于不具有画学素养和审美能力的商人、平民等社会其他阶层来说，他们则无法将眼前的物象与相应的画作相关联，他们眼中的物就是物原来的样子，而不可能生成一幅画，也就无法将生活中的客观物象审美化了。在此“如画”作为晚明文人的一种日常生活审美趣味便发挥了区隔文人身份与商人、平民身份的功效。再如晚明文人日常生活中的复古审美趣味。复古的生活美

---

① 石涛：《中译本第 1 版序言　品味——社会等级的最后出路》，载［美］保罗·福塞尔《格调：社会等级与生活品味（修订第 3 版）》，梁丽真、乐涛、石涛译，第 295 页。

② （明）陈继儒撰，陈桥生评注：《小窗幽记》，第 21 页。

学终归要依靠文人的审美感受和体验去实现。也就是说，即使生活环境中有古物的存在，但要生成审美经验，关键还在于文人要从这些古物中激发起自我的思古情怀和对古代先贤的遥想，以此体味古意、领略古风，进入古色古香的特定生活之境，从而获得超越现世的别样审美经验。然而对于普通大众来说，如果他不具有文人这样的审美能力和历史文化知识，也就无法进入对古物的审美状态。因此，文人日常生活中的复古审美趣味同样具有身份区隔之效。

晚明文人日常生活审美实践中的品物活动也鲜明地体现出日常生活审美趣味与身份区隔的关联。晚明文人在品物中对何物为雅、入品的审美区判，为物分等第、排座次以及使用品物术语等都可见晚明文人对待物的审美趣味。在晚明文人看来，尽管商人、平民等社会其他阶层可以花钱拥有文人之物，但他们无法对物进行细致的品辨，也不懂得如何准确地使用品物术语，因此也就无法拥有文人那般对待物的审美趣味，其原因在于文人与商人、平民等社会其他阶层有着根本不同的对待物的态度和方式。文人是把物视为审美对象，使其服务于自己的精神需要；而对于商人、平民等社会其他阶层特别是那些有钱无识、附庸风雅的商人来说，他们往往没有闲情逸致去品鉴物，精致之物只能是孤立、冰冷的摆设，或成为门面的装点，或成为财富的炫耀，或成为自我的粉饰，并不能真正走进其精神世界，由此，从对待物的审美趣味上就能对文人与商人、平民等大众进行身份区隔。品物中书画品鉴的身份区隔功能就更加明显。高濂说："米元章云，好事家与赏鉴家，自是两等家。多资蓄，贪名好胜，遇物收置，不过听声，此谓好事。若鉴赏家，天资高明，多阅传录，或自能画，或深知画意，每得一图，终日宝玩，如对古人，声色之奉不能夺也，名曰真赏。"①可见，"好事者"收藏画作只是一味求"多"求"名"，他们真正感兴趣的并非画作本身的审美价值，只是借收藏画作来包装自我。与之相

① （明）高濂著，王大淳、李继明、戴文娟、赵加强整理：《遵生八笺》，第467页。

对，“鉴赏家”则不关心收藏书画的数量多少，他们能全神贯注地投入对画作的审美品鉴，力求“如对古人”，达到“真赏”的境界。换句话说，“好事者”并没有形成对画作的审美评判能力，也就无法形成对画作的审美趣味；而“鉴赏家”则善于挖掘画作的审美价值，其自身对画作的审美趣味也得到了充分的展现。不难看出，“好事者”即商人等新富阶层，“鉴赏家”即文人，因此这里对“好事者”和“鉴赏家”的区分带有强烈的以审美趣味区隔身份的意味。文震亨则指出，书画“一入俗子之手，动见劳辱，卷舒失所，操揉燥裂，真书画之厄也。故有收藏而未能识鉴，识鉴而不善阅玩，阅玩而不能装褫，装褫而不能铨次，皆非能真蓄书画者”①。在他看来，对于书画重要的不是对其物质性的占有，而是是否真正懂得鉴赏之道（即能否“铨次”），这同样是以审美趣味对文人与“俗子”作了身份区隔。文震亨还在《长物志》的《书画》卷中谈及大量历代的名家名作，但他只是“提供了一份列有画家之名的简要清单而假定读者已具备关于画作年代和画家生平的知识”②，其用意正在于告诉那些虚张声势的“暴发户”们：“求取有名画家的作品，仍是一种文化资本的试验，需要的不只是金钱而已，还包括人际网络与绘画知识。”③

晚明文人在日常生活审美书写的言语间也时常流露出身份区隔的意识，这在高濂身上得到了鲜明的体现。高濂在《湖冻初晴远泛》中写道：“西湖之水，非严寒不冰，冰亦不坚。冰合初晴，朝阳闪烁，湖面冰澌琼珠，点点浮泛。时操小舟，敲冰浪游，观冰开水路，俨若舟引长蛇，晶莹片片堆叠。家僮善击冰爿，举手铿然，声溜百步，恍若星流，或冲激破碎，状飞玉屑，大快寒眼，幽然此兴，恐人所未同。”④这

① （明）文震亨著，陈植校注：《长物志校注》，江苏科学技术出版社1984年版，第135页。

② Craig Clunas, *Pictures and Visuality in Early Modern China*, London: Reaktion Books Ltd., 1997, p. 146.

③ 王正华：《艺术、权力与消费：中国艺术史研究的一个面向》，中国美术学院出版社2011年版，第434页。

④ （明）高濂著，王大淳、李继明、戴文娟、赵加强整理：《遵生八笺》，第180—181页。

里高濂于西湖湖面结冰之时破冰行舟，并将仆人破冰的场景视为审美对象进行欣赏，从中获得了审美满足。在高濂看来，“幽然此兴，恐人所未同”，即认为像他这样的审美雅兴和品位，一般人未必能够拥有，其实也是从日常生活审美趣味的角度对文人与一般人进行了身份区隔。又如高濂在《山窗听雪敲竹》中写道：“飞雪有声，惟在竹间最雅，山窗寒夜，时听雪洒竹林，淅沥萧萧，连翩瑟瑟，声韵悠然，逸我清听。忽尔回风交急，折竹一声，使我寒毡增冷。暗想金屋人欢，玉笙声醉，恐此非尔所欢。”[①] 高濂不仅行使了文人对于日常生活审美的评判权，即指出“飞雪有声，惟在竹间最雅”，而且十分细致地描绘了自己于一个寒夜坐在山居的窗边，静静聆听屋外之雪洒落在竹林间时所获得的审美感受和体验——既有“逸我清听”，又能“使我寒毡增冷”，可见在此高濂的听觉审美经验并不单一，而是具有了一定程度的变化感、对比度和层次性，由此他又“暗想金屋人欢，玉笙声醉”，感叹“恐此非尔所欢”，即认为自己从“山窗听雪敲竹”中所获得的审美愉悦并非能被那些沉浸于奢华享乐生活中的人们理解，其身份区隔的话语指向已十分明显。值得一提的是，这种基于日常生活审美趣味的身份区隔也表现在饮食上。如高濂在《西溪楼啖煨笋》中写道：“西溪竹林最多，笋产极盛。但笋味之美，少得其真。每于春中笋抽正肥，就彼竹下扫叶煨笋，至熟，刀截剥食，竹林清味，鲜美莫比。人世俗肠，岂容知此真味。”[②] 言下之意是唯有文人才能把握笋的真味，这是因为文人既懂得食笋的准确时机——“每于春中笋抽正肥”，又懂得烹笋食笋的恰当方式——“竹下扫叶煨笋，至熟，刀截剥食”，一种追求自然的日常饮食审美趣味淋漓尽致地展现了出来。又如高濂在《湖心亭采莼》中写道：“旧闻莼生越之湘湖，初夏思莼，每每往彼采食。今西湖三塔基旁，莼生既多且美。菱之小者，俗谓野

① （明）高濂著，王大淳、李继明、戴文娟、赵加强整理：《遵生八笺》，第183页。

② （明）高濂著，王大淳、李继明、戴文娟、赵加强整理：《遵生八笺》，第89页。

菱，亦生基畔，夏日剖食，鲜甘异常，人少知其味者。余每采莼剥菱，作野人芹荐，此诚金波玉液，清津碧荻之味，岂与世之羔烹兔炙较椒馨哉？供以水蔌，啜以松醪，咏《思莼》之诗，歌《采菱》之曲，更得乌乌牧笛数声，渔舟欸乃相答，使我狂态陡作，两腋风生。若彼饱膏腴者，应笑我辈寒淡。”[①] 在此作为身份区隔的标识不在于吃的食物是莼菜还是大鱼大肉，而在于所吃食物背后表征的审美趣味是清雅的还是世俗的。从以上四例不难看出，一种文人特有的审美自信和自足在高濂这里已溢于言表。

晚明文人一方面要进行文人与商人、平民等社会其他阶层之间的身份区隔，另一方面也要于文人群体中建立身份认同。晚明文人通过寻求自己在日常生活审美上的知音，进而建立文人间的身份认同，从而坚守文人阶层的审美品位。如文震亨在《长物志》中多次使用“吾侪”“吾辈”“吾曹”等词，有代表精英文人发言的意味，其实也是在寻求其他文人的认同。沈春泽称赞《长物志》：“诚宇内一快书，而吾党一快事矣！”[②] 这里的“吾党”一词可见沈春泽显然是文震亨日常生活审美的认同者。

晚明文人之间的这种认同更直接地体现在具体的日常生活审美实践中。吴从先说：

> 文房供具，借以快目适玩。铺叠如市，颇损雅趣。其妆点之法，要如袁石公瓶花，罗罗清疏，方能得致。[③]

这里吴从先明确表达了他对袁宏道插花审美趣味的认同，要求书房供具的摆放应“如袁石公瓶花，罗罗清疏”，切忌“铺叠如市”，才

---

① （明）高濂著，王大淳、李继明、戴文娟、赵加强整理：《遵生八笺》，第129—130页。
② （明）沈春泽：《长物志 序》，载（明）文震亨著，陈植校注《长物志校注》，第11页。
③ （明）吴从先撰，郭征帆评注：《小窗自纪》，中华书局2008年版，第141页。

“能得致”而不会“损雅趣”。这里的“罗罗清疏”既是吴从先对袁宏道插花审美趣味的概括，也是他对书房供具摆放的要求，更是文人之间共有审美追求的体现。

值得注意的是，晚明生活美学的代表性著作，即高濂的《遵生八笺》、屠隆的《考槃馀事》和文震亨的《长物志》之间还形成了互文性，表明晚明文人的生活美学著作并非完全自说自话，而是相互关联与指涉的。一方面，这种互文性表现为对日常生活中一些领域的共同关注，如家居布设、器物清赏、书画评点、饮茶、插花等。但是它们又有所不同，如《遵生八笺》对养生极为重视，而《长物志》和《考槃馀事》则对此基本不涉及；从家居布设来说，《长物志》兼及室内、外环境，而《遵生八笺》和《考槃馀事》则集中于室内环境，因此三者之间又形成了互补。另一方面，互文性还表现为屠隆和文震亨对高濂书中某些观点的吸收、借鉴和继承，表明了文人之间对一些共同拥有的日常生活审美趣味和日常生活审美方式的认同，由此获得彼此间的身份认同。例如，高濂、屠隆和文震亨对于书斋这一最具文人特色的生活空间的总体布设如下。

高濂：

> 书斋宜明净，不可太敞。明净可爽心神，宏敞则伤目力。窗外四壁，薜萝满墙，中列松桧盆景，或建兰一二，绕砌种以翠云草令遍，茂则青葱郁然。旁置洗砚池一，更设盆池，近窗处，蓄金鲫五七头，以观天机活泼。①

屠隆：

> 宜明净，不可太敞。明净可爽心神，宏敞则伤目力。中庭列

① （明）高濂著，王大淳、李继明、戴文娟、赵加强整理：《遵生八笺》，第199页。

盆景建兰之嘉者一二本，近窗处蓄金鳞五七头于盆池内，傍置洗砚池一。余地沃以饭沈，雨渍苔生，绿褥可爱。绕砌种以翠芸草令遍，茂则青葱欲浮。取薜荔根瘗墙下，洒鱼腥水于墙上，腥之所至，萝必蔓焉。①

文震亨：

宜明净，不可太敞。明净可爽心神，太敞则费目力。或傍檐置窗槛，或由廊以入，俱随地所宜。中庭亦须稍广，可种花木，列盆景，夏日去北扉，前后洞空。庭际沃以饭沈，雨渍苔生，绿缛可爱。绕砌可种翠云草令遍，茂则青葱欲浮。前垣宜矮。有取薜荔根瘗墙下，洒鱼腥水于墙上引蔓者，虽有幽致，然不如粉壁为佳。②

高濂、屠隆和文震亨对书斋环境共同的审美追求表现为三个方面：一是追求明亮洁净，为的是舒爽心神；二是认为不必过于宽敞阔大，为的是防止费眼力；三是要求环绕台阶种满翠云草，为的是其茂盛时能给人带来青翠绿意，可见他们都渴望清静安宁、简约明快的生活环境。正如罗筠筠所说，“如同在文学艺术中长期的创作与欣赏会形成一定的艺术与审美规律一样，日常生活中一些经过长期概括、得到普遍认同的审美趣味也形成一定的审美程式”③，这里高濂、屠隆和文震亨在书斋环境布设上所体现出的共同的审美趣味即为一种“审美程式”。“审美程式”还能够适用于不同的生活事务。如前述吴从先的“罗罗清疏”作为一种“审美程式”，能够对摆放书房供具和插花这两

① （明）屠隆著，赵菁编：《考槃馀事》，第234页。

② （明）文震亨著，陈植校注：《长物志校注》，第28页。

③ 罗筠筠：《灵与趣的意境——晚明小品文美学研究》，社会科学文献出版社2001年版，第353页。

件不同的生活事务进行审美指导和规范。类似这样的“审美程式”在晚明文人的日常生活审美实践中大量出现，它们不仅总结了晚明文人日常生活审美的基本原则，揭示了在日常生活中如何发现美、欣赏美和创造美，更重要的是标示出晚明文人在日常生活审美问题上的共识，并以此加强了文人对自我身份的认同。

需要指出的是，晚明文人的日常生活审美认同也并非一味求同而忽视了同中有异。如上述屠隆和文震亨虽都主张在中庭列盆景和在庭院浇洒米汤，使其雨后生出苔藓，但文震亨对屠隆“取薜荔根瘗墙下，洒鱼腥水于墙上，腥之所至，萝必蔓焉”的做法表示反对，认为这样做“虽有幽致，然不如粉壁为佳”，可见文震亨更加追求自然的生活情境。

不难看出，晚明文人以日常生活审美趣味上的认同加强彼此间身份的认同，一方面促进了文人之间的交流，有利于文人建立起自己的社交网络，并从中提升社会地位与声望，增加社会资本的积累，实现文化资本向社会资本的转化。如高濂、屠隆和文震亨都可以通过赠送、传阅等方式使自己的生活美学著作进入文人的社交空间，以此得到更多文人的认同和响应，从而推动一个同声相应、同气相求的生活美学共同体的形成。另一方面加强了文人内部的团结，也就增强了抵御社会上审美流俗的力量，由此文人与社会其他阶层的身份区隔就会得以强化，文人也就能更好地引领反奢崇雅的生活新风。从这个意义上来说，晚明文人生活美学的两大社会功能（即批判和引领、区隔和认同）又是彼此关联、相互统一的。

第三节　功能指向的复杂性

晚明文人试图以尚雅反俗的审美趣味批判崇奢的生活之风，引领以简和古为审美趣尚的生活新风，同时进行身份的区隔和认同，这一功能指向潜藏着复杂性，具体表现在功能指向的限度和功能指向的张力两个方面。

一　功能指向的限度

这里我们要探讨的是，晚明文人的生活美学所具有的指向社会的功能，其效力如何呢？应该说是有限度的。

首先，从日常生活审美趣味的角度看，晚明文人着眼于日常生活审美趣味树立新的生活范型，其实是试图以文人阶层的日常生活审美趣味来影响和规约社会整体的日常生活审美风尚，但这种影响和规约毕竟不同于法律、法规和政策的影响、规约，它是软性、弹性和非正式性的，不具有强制性和持久性的约束效力，只能是潜移默化地发挥作用。同时，日常生活审美趣味又是高度个体化和个性化的，不可能强求社会上人人都接受、认可和遵循文人阶层的日常生活审美趣味。即使一个商人按照文人的日常生活审美趣味去打理自己的生活，他可能只是于外在行动上模仿文人以附庸风雅、提高身价，而并未在内心深处真正理解和认同文人的日常生活审美趣味，也就是说文人的日常生活审美趣味在他这里不具有自觉性和主导性。此外，一个人日常生活审美趣味的改变也不是一时的，需要一个逐渐转换的过程。因此，要使文人阶层的日常生活审美趣味成为全社会共同的日常生活审美趣味，进而从根本上改变当时崇尚奢华艳丽的生活风尚，并非易事。也可以说，文人阶层的日常生活审美趣味并不具有绝对的共通性与普遍的适用性。

其次，从时尚的角度看，晚明文人对于时尚往往都给予反对。如文震亨说“盆玩，时尚以列几案间者为第一，列庭榭中者次之，余持论反是”①，“若如时尚作沉香片者，甚无谓。盖木片生花，有何趣味？”②，

---

① （明）文震亨著，陈植校注：《长物志校注》，第96页。

② （明）文震亨著，陈植校注：《长物志校注》，第97页。

"唐巾去汉式不远，今所尚'披云巾'最俗"①，等等。其实，晚明文人反对时尚，倡导尚简古反奢艳的日常生活审美趣味，实际上就是以反时尚建立起了一种崇简趋古的新时尚。然而，时尚又绝非固定不变，晚明文人对此也有所认识。如文震亨指出对于金鱼，人们"初尚纯红纯白，继尚金盔、金鞍、锦被，及印头红、裹头红、连腮红、首尾红、鹤顶红，继又尚墨眼、雪眼、朱眼、紫眼、玛瑙眼、琥珀眼；金管、银管，时尚极以为贵"②，揭示了时尚的演变。随着晚明文人日常生活审美书写风尚的兴盛，特别是晚明出版业的发达和一批出版人的出现，文人的生活美学著述不仅会在文人间流通和传播，也会在文人以外的社会其他阶层间流通和传播。陈继儒就是晚明著名的出版人，他"接连不断地出版并畅销的是高雅文人趣味生活的教科书。他以出版业为背景，推动了文人趣味的大众化（俗化）。在中国，文人趣味本身肯定早已有之，而到了明末，出现了许多文人趣味指南，它被普及到了更为广泛的社会阶层"③。可以想见，当文人以外的社会其他阶层竞相追随和效仿文人在生活美学著述中建立的日常生活审美时尚来打造自己的审美生活，其日常生活审美趣味也逐渐由崇奢好艳转向简古精致之时，文人便不免会思考是否要重塑自己的日常生活审美趣味和重建一套日常生活审美时尚的问题，从而维持和巩固自身与其他社会阶层之间的身份区隔。正如卜正民所说："时尚的确定并不是一个公开的过程。它总是被那些既定的精英人物所裁断。时尚的标准不是由那些从底层爬上来的企求者决定的，而是由那些已经达到既定水平、需要保护既得的精英地位的人们决定的。他们划出时尚与普通的界限，将大多数企图挤进上流社会的追寻者都拒之门外；不然的话，他们的上流社会地位就会变得不值钱，他们足以象征其优越地位的资本就会失

---

① （明）文震亨著，陈植校注：《长物志校注》，第 336 页。

② （明）文震亨著，陈植校注：《长物志校注》，第 127 页。

③ ［日］大木康：《明末江南的出版文化》，周保雄译，上海古籍出版社 2020 年版，第 89 页。

去价值。……时尚设计者就必须一次又一次地使那些大众消费者明白，他所穿戴或收藏的东西是错误的，或是穿戴或收藏的方法不对，否则就会缺乏时尚创新的生命力；他们必须摒弃由下层素材构思新款式的企图，除非将其融合改造使一般民众无法企及。”① 从这个角度看，晚明文人的生活美学也将处于动态的建构之中。

再次，从身份区隔的角度看，晚明文人建构生活美学不仅要在文人与商人、平民等社会其他阶层之间进行身份区隔，也隐含着在文人阶层内部进行身份区隔，即精英文人与一般文人之间的身份区隔。我们这里说隐含，是因为身份区隔的主要和主导方面是文人与商人、平民等社会其他阶层之间的身份区隔而非文人阶层内部的身份区隔，但文人阶层内部的身份区隔同样值得关注。如文震亨撰写《长物志》，就是要彰显精英文人的日常生活趣味，并以此与一般文人进行身份上的区隔。从这个意义上说，文震亨也意在成为晚明文人日常生活审美的“领头雁”，成为其他文人学习的榜样，凸显自身对于当时文人日常生活审美的领导权和话语权。但是，《长物志》等生活美学著作的刊刻发行也极有可能造成精英文人之间的关系紧张，如引发精英文人之间的嫉妒和攀比，正如凡勃伦所谓“在任何一个社会，如果物品归个人独自保管，为求自我心境的安宁，个人势必拥有与他平常归为同类的伙伴相当的物品，要是能拥有比别人多得多则格外满足”②，甚至由此引发精英文人之间对于日常生活审美领导权和话语权的纷争。对于一般文人来说，他们的物质欲求会被极大地激发，他们也希望获得自己没有但精英文人拥有的物件，从而导致装点门面之举也在文人阶层内部发生，由此也可能使文震亨等精英文人出于对维护自身上层精英身份的考虑而改写日常生活的审美标准和审美范式。

---

① ［加］卜正民：《纵乐的困惑：明代的商业与文化》，方骏、王秀丽、罗天佑译，生活·读书·新知三联书店 2004 年版，第 251—252 页。

② ［美］凡勃伦：《有闲阶级论：关于制度的经济研究》，李华夏译，中央编译出版社 2012 年版，第 32 页。

二　功能指向的张力

晚明文人生活美学的功能指向中有三个颇耐寻味之处，这里将之称为“张力”。这些“张力”包含着丰富的信息，凸显了晚明文人生活美学的矛盾性和悖谬性。

第一，从晚明文人的生活美学对待商业化来看，当时社会上已经出现士商渗透，甚至弃儒从商的现象，文人由重视立功、立德转向强调治生，传统的价值观念发生了转变。文人有的靠拍卖和鉴赏书画作品在市场上谋利，有的以出版印刷应试指南类的书籍为生。周绍明指出：“从 15 世纪晚期开始，科举应试者人数急剧增长，带来了对考试用书和应试手册的需求。例如，杭州下属的一个州于 1480 年前后因印刷科举程文盈利后，福建和其他地方的印刷者争相效仿，应试指南的出版甚至比南宋还繁荣。一些作者——许多是科场上的失败者——靠为这一膨胀的读者群编书为生。”① 可以说，商业化已成为当时不可阻挡的时代潮流，因此晚明文人的生活美学在日常生活审美趣味上拒斥商业化，最终可能只是文震亨等晚明精英文人的一己之愿。

同时，晚明文人的生活美学虽批判商人的附庸风雅，着力对文人与商人进行身份区隔，摒弃商业化，但又表现出了一定的矛盾性。一则晚明文人生活美学的建构必离不开雄厚经济实力的支持，包括来自商人的艺术赞助等。二则晚明文人的生活美学并不避讳涉及书画、蔬果和工艺品等的价格。如张岱既对宜兴罐和锡注进行品鉴并划分等次，又论及它们的价格：“宜兴罐，以龚春为上，时大彬次之，陈用卿又次之。锡注，以王元吉为上，归懋德次之。夫砂罐，砂也；锡注，锡也。器方脱手，而一罐一注价五六金，则是砂与锡与价，其轻重正相

① ［美］周绍明：《书籍的社会史：中华帝国晚期的书籍与士人文化》，何朝晖译，北京大学出版社 2009 年版，第 61 页。

等焉，岂非怪事。一砂罐、一锡注，直跻之商彝、周鼎之列而毫无惭色，则是其品地也。”[①] 可见晚明文人对于工艺品不仅注重其审美价值，也注重其商业价值。三则晚明文人的生活美学著述本身也是商品，也具有商业价值。社会其他阶层为了跟随和效仿文人的生活方式必定会争相购买文人的生活美学著述，对此文人不可能不有所意识。不难看出，晚明文人的生活美学一方面竭力排除商业化，另一方面又与商业化有着千丝万缕的联系，其实质正是晚明社会文人与商人之间既互动互惠又区隔排斥、既共存共在又紧张冲突的复杂关系的真实写照与缩影。

第二，从晚明文人的生活美学对待雅俗关系来看，雅与俗在文人的日常生活审美领域可谓泾渭分明、截然对立。如高濂说：“植四老柏以为之，制用花匠竹索结束为顶成亭，惟一檐者为佳，圆制亦雅，若六角二檐者俗甚。”[②] 陈继儒说：“园亭若无一段山林景况，只以壮丽相炫，便觉俗气扑人。”[③] 然而在文艺审美领域，晚明文人眼中的雅与俗则并非泾渭分明、截然对立：有的文人主张雅俗并存共生、相得益彰。如屠隆云：“传奇之妙，在雅俗并陈，意调双美，有声有色，有情有态，欢则艳骨，悲则销魂，扬则色飞，怖则神夺。”[④] 臧懋循云：“雅俗兼收，串合无痕，乃悦人耳。”[⑤] 有的文人强调俗中寓雅、赋俗以雅，以俗为雅、为美，如徐渭曰：“点铁成金者，越俗越雅，越淡薄越滋味，越不扭捏动人越自动人。”[⑥] 王骥德曰：“俳谐之曲，东方滑稽之流也。非绝颖之姿，绝俊之笔，又运以绝圆之机，不得易

① （明）张岱撰，淮茗评注：《陶庵梦忆》，第36页。

② （明）高濂著，王大淳、李继明、戴文娟、赵加强整理：《遵生八笺》，第201页。

③ （明）陈继儒撰，陈桥生评注：《小窗幽记》，第108页。

④ （明）屠隆：《章台柳玉合记叙（节选）》，载陈多、叶长海选注《中国历代剧论选注》，上海古籍出版社2010年版，第153页。

⑤ （明）臧晋叔：《元曲选序》，载臧懋循编《元曲选》，浙江古籍出版社1998年版，第3页。

⑥ （明）徐渭：《题〈昆仑奴〉杂剧后》，载黄桃红、刘宗彬编《徐渭小品》，江西人民出版社2010年版，第116页。

作。着不得一个太文字，又着不得一句张打油语。须以俗为雅，而一语之出辄令人绝倒，乃妙。”① 还有的文人认为雅俗之间没有绝对必然的界限，而全仰赖于艺术家本人恰到好处的平衡和驾驭，如王骥德说：“雅俗浅深之辨，介在微茫，又在善用才者酌之而已。”② 可见，晚明文人在文艺审美领域对于雅俗关系已有了辩证的认识，然而在日常生活审美领域他们又坚决地尚雅反俗，表现出了一定的矛盾性。

同时，相较于文艺审美领域的雅俗评判，日常生活审美领域的雅俗评判往往带有更大的主观性，与文人个人的审美偏好和趣尚关系更为密切。因此，即使面对同一器物，文人之间也可能作出不同的雅俗评判。如对于袖炉，高濂说：“今有新铸紫铜有罩盖方圆炉，式甚佳，以之为袖炉，雅称清赏。”③ 屠隆也说：“今新制有罩盖方圆炉亦佳。”④ 对于新制方圆炉，高、屠两人都表示肯定，但文震亨认为“新制轻重方圆二式，俱俗制也”⑤，明确表示反对。从另一个角度看，高濂的《遵生八笺》、屠隆的《考槃馀事》和文震亨的《长物志》均为晚明文人生活美学的代表性著作，并且《遵生八笺》和《考槃馀事》在《长物志》之前刊刻发行，这里文震亨反对高濂和屠隆的意见，从中也可见文震亨想要掌握文人日常生活审美领导权和话语权的意图。

在晚明文人的生活美学中，对于尚雅反俗表现得最为决绝的要数文震亨了。文震亨将雅与俗二元对立起来，在二者之间设置了不可逾越的鸿沟，这是因为：面对来自商人阶层对文人阶层身份的挑战，文震亨不得不有所警觉；而不少文人的世俗化又有违传统文人的阶层属性与身份定位，更不免让文震亨深切忧虑。因此，文震亨一味地崇雅黜俗既是其区隔逻辑使然，即通过区隔生活物用与生活行为之雅俗，

① （明）王骥德著，陈多、叶长海注释：《曲律注释》，上海古籍出版社2012年版，第199页。
② （明）王骥德著，陈多、叶长海注释：《曲律注释》，第155页。
③ （明）高濂著，王大淳、李继明、戴文娟、赵加强整理：《遵生八笺》，第219页。
④ （明）屠隆著，赵菁编：《考槃馀事》，第199页。
⑤ （明）文震亨著，陈植校注：《长物志校注》，第253—254页。

从而来区隔人之雅俗，进而区隔人之身份，更是他对传统文人道德观念、人格情操和生活理想的维系与坚守。

虽然文震亨坚决地尚雅反俗，但其实在他的生活中雅俗恰是并存杂陈的。其一，相比建功立业的伟大创举，琐细平淡的日常生活属于俗事俗务，但文震亨通过日常生活的审美实践，将世俗的日常生活高度雅致化了，可谓化俗为雅、俗中点雅。再从《长物志》的书名[①]来看，其中的“志”别有一番深蕴。从基本的含义上说，“志”就是“记”的意思，《长物志》也确是一本记载晚明文人日常生活的著作，从其体例编排上看也有资料收集的特点，但这里的“志”不仅仅是记叙、记录，更多的是寓情于“长物”、托“长物”以言志，借“长物”来表达自我对日常生活审美的见解与理念，并将日常生活的审美实践与自我精神世界的建构结合起来，从而使日常生活能够超凡脱俗。其二，我们知道，牡丹为艳丽妖娆之花，象征着富贵，文人雅士多不喜牡丹，将其视为市井俗物。在传统文人的观念中，植物中代表雅的是被称为“四君子”的梅、兰、竹、菊和被称为“岁寒三友”的松、竹、梅，它们是高尚人格的化身，被赋予了君子的理想。但吊诡的是，反奢华的文震亨不但没有厌恶和排斥牡丹，反而对其流露出欣赏与喜爱之情。在《长物志·花木》卷中所列的众多植物中，文震亨首先提到的便是牡丹，将它定位为“花王”和“花中贵裔”，并说“栽植赏玩，不可毫涉酸气”[②]，还要求“花时设宴，用木为架，张碧油幔于上，以蔽日色，夜则悬灯以照”[③]，可谓颇费心思。其三，当文震亨所推崇的雅物雅事成为大众共趋的时尚之时，原本的雅物雅事也难免会陷入俗的泥淖，加之雅俗的定义本属人为，因此雅俗的边界是不断移

---

① 晚明文人生活美学类著作的书名都值得关注。除了《长物志》之“志”外，还有《遵生八笺》之“笺”、《考槃馀事》之“事”、《园冶》之“冶”、《瓶花谱》之“谱”、《瓶史》之“史”等。到了清代，则有《闲情偶寄》之“寄”等。

② （明）文震亨著，陈植校注：《长物志校注》，第43页。

③ （明）文震亨著，陈植校注：《长物志校注》，第43页。

动的，雅俗的对象也是不断变易的。

这里也许有人不禁会问：在晚明社会各阶层身份界限日益模糊的情形下，文震亨的求雅，是不是一种伪雅行为？他是不是一名伪雅士？物物皆雅是否反而不自然，反倒显得俗气呢？伪雅是令人生厌的卖弄、做作和装腔作势，是一种病态、盲目的追随，是一种自欺欺人的虚荣自负，是会被人嘲笑和揭穿的。但文震亨的求雅显然不是伪雅，他建立了雅的标准，确定了雅的内涵。更重要的是，他的求雅有着针砭时弊的鲜明现实针对性，即他的“雅”一方面指向时尚领域，要以反时尚引导新的时尚；另一方面指向社会阶层，要明确阶层界限。

第三，从晚明文人的生活美学对待各阶层审美趣味的互动来看，当时泰州学派提倡平民意识，有助于打破森严的封建等级观念，形成审美上由雅向俗的平民化走向。随着文权的下移，俗文艺的地位得以空前提升，作为其代表的小说和戏曲登上了大雅之堂，广受市民阶层的欢迎，得到了蓬勃发展。不少文人开始重视民间，并深入市井生活，如李梦阳、李开先都提出了真诗在民间的观点；袁宏道身体力行向民间学习诗歌；冯梦龙强调通俗演义小说应为大众服务，并充分肯定民歌的价值；等等。不少文人都将文人雅趣与市民俗味结合起来，打破了知识阶层与非知识阶层之间的边界，并自由地行走于二者之间。

但是，晚明文人的生活美学依然固守其文人立场，一味排拒大众趣味而高标纯粹的文人日常生活审美趣味，没有充分认识到各阶层之间审美趣味的相互渗透所产生的效应。其实，晚明社会中商人、平民等大众竞相追随和效仿文人，渴望拥有文人的身份和地位。这正说明在他们心目中，文人的日常生活审美趣味及生活方式依然是典范与标尺。可见，文人的身份虽受到挑战，但依然不失其优越性。同时，虽然民众对文人日常生活审美趣味及生活方式的仿效可能只是盲目跟风，缺乏日常生活审美的自觉性和主动性，但在此过程中他们也会或多或少地受到文人高雅精致的日常生活审美趣味的影响和熏陶，从而在客观上提升他们的日常生活审美趣味。此外，文人对于社会其他阶层的日常生活审美趣味也不应一概否定，而应关注到其中的可取之处，做到化俗为雅、俗不伤雅，探寻文人日常生活审美趣味与社会其他阶层日常生活审美趣味之间的沟通。可以说，阶层间审美趣味的互渗互动有其积极的意义和价值，而晚明文人的生活美学出于对传统文人阵地的坚守和辨明文人身份的需要，对此是有所忽视的。

第四章　晚明文人生活美学的内涵特质

晚明文人生活美学的内涵特质可概括和归结为以审美改造和重塑日常，这就突出表现在三个方面：一是晚明文人强调在日常中的超日常；二是晚明文人追求物质与精神相协调；三是晚明文人注重以身心修养通达审美境界。正是通过上述三个方面，晚明文人不仅赋予了原本单调枯燥的日常生活以重焕生机的意义和价值，使自我的日常生活成为值得尽心投入和认真度过的生活，而且为自我在日常生活中获得心灵的自由和精神的超越提供了可能。

第一节　日常中的超日常

晚明文人对于日常生活有着超越的需求，即要超越日常生活的凡俗和有限，进而超越现实的生存处境，最终获得精神的自由与愉悦。因此，晚明文人对于日常生活的超越也即审美超越，或者说精神超越。同时，这种超越的实现，不是在日常生活之外另寻另构一个彼岸的世界，而是不脱离日常生活、就在日常生活之中，形成了日常中的超日常。这是晚明文人对日常生活进行超越的独特性所在。

晚明文人在日常中就能超日常，这除了通过生活情境的审美创构、生活之物的审美观照和生活细节的审美经营来实现外，还包括以下两种实现途径。

第一，通过生活之事来实现日常中的超日常。这里又可以分为三种情况。

一是通过生活之事本身来实现日常中的超日常。如陈继儒“茅檐外，忽闻犬吠鸡鸣，恍似云中世界”[①]，“鸟啼花落，欣然有会于心。遣小奴，挈瘿樽，酤白酒，釂一梨花瓷盏；急取诗卷，快读一过以咽之，萧然不知其在尘埃间也”[②]，“闲暇时，取古人快意文章，朗朗读之，则心神超逸，须眉开张”[③]，“月夜焚香，古桐三弄，便觉万虑都忘，妄想尽绝”[④]。对于陈继儒来说，听到狗和鸡的叫声、派仆人买酒而饮、饮酒后快读诗卷、诵读“古人快意文章”、焚香、弹琴等虽都是生活中的寻常之事，但他能从中获得“恍似云中世界”“萧然不知其在尘埃间”“心神超逸”“万虑都忘”“妄想尽绝”等超日常的审美经验，即精神的自由和超脱。有时，陈继儒在日常中的超日常是在完成一系列生活之事后达到的：“余尝净一室，置一几，陈几种快意书，放一本旧法帖；古鼎焚香，素麈挥尘，意思小倦，暂休竹榻。饷时而起，则啜苦茗，信手写汉书几行，随意观古画数幅。心目间，觉洒洒灵空，面上俗尘，当亦扑去三寸。”[⑤] 这里的生活之事，既有“陈几种快意书”“放一本旧法帖”“古鼎焚香”“啜苦茗”“信手写汉书几行”“随意观古画数幅”等生活中的雅事，也有“净一室”“置一几”“素麈挥尘”等日常家务劳动，还有“暂休竹榻”“饷时而起”等日常起居，而“心目间，觉洒洒灵空，面上俗尘，当亦扑去三寸”的超日常的审美经验正建基于这些生活之事。值得一提的是，陈继儒在日常起居中也能超日常，除上述外，还有如“清晨端起，亭午高眠，胸襟何

① （明）陈继儒撰，陈桥生评注：《小窗幽记》，中华书局2008年版，第96页。
② （明）陈继儒撰，陈桥生评注：《小窗幽记》，第106页。
③ （明）陈继儒撰，陈桥生评注：《小窗幽记》，第145页。
④ （明）陈继儒撰，陈桥生评注：《小窗幽记》，第152页。
⑤ （明）陈继儒撰，陈桥生评注：《小窗幽记》，第128页。

其洗涤也”[①] 等，足见他在日常中超日常的功夫之高。又如高濂“时乎坐陈钟鼎，几列琴书，帖拓松窗之下，图展兰室之中，帘栊香霭，栏槛花研，虽咽水餐云，亦足以忘饥永日，冰玉吾斋，一洗人间氛垢矣。清心乐志”[②]，这里高濂通过“坐陈钟鼎”“几列琴书”“帖拓松窗之下”“图展兰室之中”以及闻香、观花等生活之事，获得了“忘饥永日”“一洗人间氛垢”“清心乐志”等精神的愉悦和满足，达到了在日常中的超日常。

二是通过一类具有特殊性的生活之事（即传统节日活动）来实现日常中的超日常。张岱在《陶庵梦忆》中就描绘了元宵灯会、清明扫墓、端午赛龙舟以及中秋聚会和夜游虎丘的盛大场面，他从中也获得了精神的愉悦和自由。同时，这些传统节日活动中的某些景象还常常激起张岱的诗意感发。如他写中秋的虎丘：“自生公台、千人石、鹤涧、剑池、申文定祠，下至试剑石、一二山门，皆铺毡席地坐，登高望之，如雁落平沙，霞铺江上。”[③] 写闰中秋：“月光泼地如水，人在月中，濯濯如新出浴。”[④] 写元宵在龙山放灯：“山下望如星河倒注，浴浴熊熊，又如隋炀帝夜游，倾数斛萤火于山谷间，团结方开，倚草附木，迷迷不去者。”[⑤] 不难看出，这些传统节日活动中的景象由于张岱的诗意感发，被赋予了审美的意味，而张岱也由此获得了一种对寻常生活的超越。高濂在《遵生八笺》中写除夕夜登上吴山观赏杭州城内燃烧的木柴和燃放的烟花，“觉我身在上界”[⑥]，即获得了一种超尘拔俗的审美经验，实现了在日常中的超日常。可以说，晚明文人在传统节日活动中能够进入一个有别于日常家居环境的新空间，获得身心

---

① （明）陈继儒撰，陈桥生评注：《小窗幽记》，第142页。

② （明）高濂著，王大淳、李继明、戴文娟、赵加强整理：《遵生八笺》，人民卫生出版社2007年版，第423页。

③ （明）张岱撰，淮茗评注：《陶庵梦忆》，中华书局2008年版，第95页。

④ （明）张岱撰，淮茗评注：《陶庵梦忆》，第139—140页。

⑤ （明）张岱撰，淮茗评注：《陶庵梦忆》，第149页。

⑥ （明）高濂著，王大淳、李继明、戴文娟、赵加强整理：《遵生八笺》，第183页。

的放松以及有别于平日生活的新感受和新体验，因此传统节日活动为他们在日常中的超日常提供了很好的契机。

三是通过对寻常生活之事的精心打理和安排来实现日常中的超日常。如陈继儒对于弹琴就很讲究："山房置古琴一张，质虽非紫琼绿玉，响不在焦尾、号钟，置之石床，快作数弄。深山无人，水流花开，清绝冷绝。"[①] 在陈继儒看来，弹琴既要讲究放琴的位置——将琴置于山房中的石床上，又要讲究弹琴的环境——在寂静无人的深山中且有流水野花相伴，由此达到的"清绝冷绝"与其说是一种清幽至极的琴声，不如说是一种在日常中超日常的审美经验。再如吴从先对于避暑的讲究："逃暑深林，南风逗树。脱帽露顶，浮李沉瓜。火宅炎宫，莲花忽迸。较之陶潜卧北窗下，自称羲皇上人，此乐过半矣。"[②] 在吴从先这里，避暑要去深山，且要脱下帽子、露出头顶，感受阵阵凉风，还要将李子和瓜浸在冰凉的溪水中以备食用，真是十分清爽惬意。这份消暑的欢愉已远超"陶潜卧北窗下，自称羲皇上人"了。夏日的炎热常让人难忍，但对于像吴从先这样善于在日常中超日常的晚明文人来说，避暑成了生活中的一件充满乐趣之事。

第二，通过在日常生活中的独到体会和领悟来实现日常中的超日常。这里又可以分为三种情况。

一是对宇宙天地的体会和领悟，表现出一种宇宙感。如陈继儒说"高卧闲窗，绿阴清昼，天地何其寥廓也"[③]，"半窗一几，远兴闲思，天地何其寥阔也"[④]；洪应明说"兴来醉倒落花前，天地即为衾枕"[⑤]；等等。晚明文人不满足于日常生活世界的有限性，他们力求将自我与宇宙天地融为一体，由对宇宙天地之辽阔宽广的体会和领悟来通达无

---

① （明）陈继儒撰，陈桥生评注：《小窗幽记》，第176页。

② （明）吴从先撰，郭征帆评注：《小窗自纪》，中华书局2008年版，第156—157页。

③ （明）陈继儒撰，陈桥生评注：《小窗幽记》，第105页。

④ （明）陈继儒撰，陈桥生评注：《小窗幽记》，第142页。

⑤ （明）洪应明撰，杨春俏译注：《菜根谭》，中华书局2013年版，第88页。

限，从而超越日常生活的拘囿。

二是对古今的体会和领悟，表现出一种历史感。一方面，晚明文人时常于日常生活中遥想和追慕古代贤人，主要有陶渊明、倪瓒、林逋、米芾等。在这种遥想和追慕中，晚明文人既将今连通古，又将古置于今，使古人仿佛就在此时此刻出现，这就超越了古今的时间分界和阻隔。另一方面，晚明文人又以日常生活中自然风物的不变感叹古今人事的变化。如高濂在《登眺天目绝顶》中写道："几簇松筠，山僧指云：'往宋王侯废冢。'噫！山川形胜，千古一日，曾无改移，奈何故宫黍离，陵墓丘壑，今几变迁哉？重可慨也。"① 这就形成了往返于古今、亦今亦古的体味和感兴，从而既超越了历史时间，也超越了当下时间。

三是对人生的体会和领悟，表现出一种人生感。洪应明说"芳菲园林看蜂忙，觑破几般尘情世态"②，在他看来，能"觑破"即能超越人生的奔波劳碌。吴从先说："春云宜山；夏云宜树；秋云宜水；冬云宜野。着眼总是浮游，观化颇领幻趣。"③ 在此吴从先的"观化"，与其说他是在观赏云的变化，不如说是在体悟人生的变化，进而把握人生的真谛。

需要指出的是，晚明文人由对宇宙天地、古今和人生的体会和领悟而达至的超日常并不是凭空产生的，而是有赖于日常生活中各种事物的激发、兴会和涤荡，正可谓超日常而又不脱离日常。

不难看出，晚明文人这种在日常中的超日常具有以下三个特征。一是并非刻意为之。晚明文人在日常中的超日常不是为了超日常而超日常，其超日常可以说是水到渠成、自然而然的。在此，日常与超日常之间过渡顺畅、衔接紧密，融合成了一个有机整体，表征着日常生

① （明）高濂著，王大淳、李继明、戴文娟、赵加强整理：《遵生八笺》，第 182 页。
② （明）洪应明撰，杨春俏译注：《菜根谭》，第 101 页。
③ （明）吴从先撰，郭征帆评注：《小窗自纪》，第 23 页。

活审美经验的完整结构。二是表现出了暂时性与经常性之间的张力关系。晚明文人不可能时时刻刻都处于超日常，超日常的状态往往是暂时的，表现为一种即景即情、即时即刻的瞬间精神升华与超拔。但在晚明文人看来，超日常状态持存的短暂性并不妨碍其出现的经常性，因此他们总是尽可能多地在日常中寻求超日常的契机和获致超日常的审美经验，从而不断地丰富和拓展自我的精神生命。由此在晚明文人这里，日常中的超日常也就逐渐成为一种常态，这亦是一种理想的生存状态。三是向自我本真性的回归。自我的本真性即自我本有的自然、自得和自在常被功利、实用掩盖。晚明文人在日常中超日常，正是要以超功利、超实用的审美方式使自我的本真性得以开显。

晚明文人能够实现在日常中的超日常，很重要的一点是他们珍视现世生活，这表现在两个方面。一是晚明文人拥有一种活在现世、活在当下的强烈意识，注重从现世生活中获得享受和快乐。如陈继儒认为“如今休去便休去，若觅了时无了时。若能行乐，即今便好快活。身上无病，心上无事，春鸟是笙歌，春花是粉黛。闲得一刻，即为一刻之乐”①。“片时清畅，即享片时；半景幽雅，即娱半景；不必更起姑待之心”②。二是晚明文人认为令人会心的佳景无须到远方寻觅，现实生活中的小景致也时常能让人舒心畅神，值得留意。如陈继儒说“会景不在远，蓬窗竹屋下，风月自赊”③，洪应明说“会心不在远”④，屠隆说“临池独照，喜看鱼子跳波；绕径闲行，忽见兰芽出土。亦小有致，时复欣然”⑤，等等。正因为晚明文人珍视现世生活，所以他们没有把精神寄托于上帝、天堂和来世，而是抓住具体鲜活的现世生活，将精神超越寓于现世生活中，在现世生活中寻求精神的自

① （明）陈继儒撰，陈桥生评注：《小窗幽记》，第96页。
② （明）陈继儒撰，陈桥生评注：《小窗幽记》，第144页。
③ （明）陈继儒撰，陈桥生评注：《小窗幽记》，第155页。
④ （明）洪应明撰，杨春俏译注：《菜根谭》，第102页。
⑤ （明）屠隆撰，王飞评注：《娑罗馆清言·续娑罗馆清言》，中华书局2008年版，第29页。

适、自得和自在。林语堂在谈论中国人的人生归宿时曾指出，“吾们倾向于放弃不可捉摸的未来而同时把握住少数确定的事物”①，“从不想逃免这个现世的生命而寻索未来生命的意义”②。莫砺锋也认为：“中华民族的一切价值追求都是在现实人生中实现的，他们从来不以虚幻的彼岸为归宿，也从来不把哲理性的沉思视为实现人生超越的途径。”③ 这在晚明文人身上都得到了鲜明的体现。可以说，晚明文人对现世生活的珍视也就是对自我当下生命存在的珍视，这为他们在日常中的超日常奠定了前提和基础。

进一步看，晚明文人在日常中的超日常是对传统审美超越方式的革新，也为把握日常生活与审美的关系提供了新的思路。传统的审美超越方式往往强调远离乃至抛弃日常生活，而晚明文人在日常中的超日常恰恰直面和拥抱日常生活，在现世的日常生活中追求精神的自由、愉悦和满足，实现审美地生存。因此，对于晚明文人来说，日常生活与审美之间并非绝对分化分立，而是彼此互联互动：一方面，日常生活自身包蕴着可被开掘的审美因子而有着向审美转化、生成和提升的潜能，由此审美不必另寻他方而在日常生活中便能实现；另一方面，审美也并非凌空高蹈，而是要立足于具体鲜活的日常生活，由此日常生活成了审美的根基，这就打破了以往日常生活与审美的二元对立，达到了二者的交汇融通。

第二节　物质与精神相协调

晚明文人的日常生活中充满着各式各样的物，既有自然之物，如云、山、树、鸟等；又有日用之物，如家具、服饰、文具、香炉、食

---

① 林语堂：《吾国与吾民》，黄嘉德译，湖南文艺出版社 2018 年版，第 302 页。

② 林语堂：《吾国与吾民》，黄嘉德译，第 301 页。

③ 莫砺锋：《诗意人生》，江苏人民出版社 2020 年版，第 5 页。

器等；还有收藏之物，如图书、古物文玩、书画艺术作品等。除上述单个物外，还有复合物，最典型的就是园林。园林作为一种复合物，是由水、石、植物、动物和建筑等诸多单个物构成的。无论是单个物还是复合物，它们形成了一个庞大繁杂的日常生活的物质世界。可以说，晚明文人的生活美学与这个日常生活的物质世界密切相关。一方面，晚明文人要建构起生活美学，离不开这样一个日常生活物质世界的支撑。换句话说，晚明文人的生活美学建基于一定的物质基础之上，晚明文人生活美学中的生活并不是物质贫乏的清苦生活。另一方面，晚明文人的生活美学能否成为一种美学，又取决于晚明文人如何面对这样一个日常生活的物质世界，如何处理自我与诸物之间的关系等，而这也正是晚明文人生活美学的特色所在。

晚明文人对于物质以及物质与精神的关系有了新的体认。对于物质，晚明文人一方面正视物质欲求，并不否定和排斥物质享受；另一方面又不沉湎和流连于物质享受，强调“受享毋逾分外”①，即认识到物质享受要有度，要在合理的范围之内。更重要的是，晚明文人认为，作为文人，其生活不能仅仅停留在物质的层面，还应有精神的层面，物质的层面应向精神的层面飞升，从而兼顾物质和精神，并努力使二者走向协调。

晚明文人通过审美使物质与精神协调起来，这得益于他们独特的感物、品物、赏物、玩物、用物和置物的审美方式。正是通过感物、品物、赏物、玩物、用物和置物，晚明文人在物我之间建立起了审美关系，将日常生活的物质世界审美化了，由此不仅物质能够跃升至精神，而且精神也能够寄寓于物质，物质与精神的并存与统合得以实现。

相较于我们在本书第二章第二节中探讨的感物、品物、赏物和玩物，这里将要探讨的用物和置物与实用性的关联更为密切，也就离审美性更远，但晚明文人同样将用物和置物提升到了审美的层面，使用

① （明）洪应明撰，杨春俏译注：《菜根谭》，第121页。

物和置物也具有了精神性。换句话说，相较于感物、品物、赏物和玩物，用物和置物更能体现出晚明文人对于物质与精神相协调的注重。

先看晚明文人的用物。这里以文震亨为例进行探讨。文震亨用物的核心要义在于能够处理好实用与审美的关系，这具体表现为以下三个方面。

首先，文震亨在用物中注重实用。一方面，文震亨推崇便捷之物。如交床既有靠背又能折叠，在游山玩水和乘船时均能携带，使用方便，因此受到文震亨的喜爱。另一方面，文震亨重视物的养生保健功效。如他指出脚凳“以脚踹轴，滚动往来，盖涌泉穴精气所生，以运动为妙”①，认为脚凳可用于按摩涌泉穴，有助于精气的生成。在此，文震亨将用物与强身健体紧密联系了起来。不难看出，无论是推崇便捷之物，还是重视物的养生保健之效，文震亨都没有忽视用物中的身体维度，推崇便捷之物着眼于身体的舒适感，重视物的养生保健之效着眼于身体的健康度。对用物中身体维度的关切也可见晚明文人的尊生、养生观念在生活日用中的具体践行，同时在用物中由身体的舒适和健康所带来的身体愉悦也能为精神愉悦的生成提供可能。

其次，文震亨在用物中将注重实用与讲求审美相结合。来看文震亨对于书桌的使用要求：“书桌中心取阔大，四周镶边，阔仅半寸许，足稍矮而细，则其制自古。”② 这里“书桌中心取阔大”是对书桌方便使用的实用性考量，而“四周镶边，阔仅半寸许”则是对书桌审美性的讲求。同时，桌面的“阔大”与桌腿的“稍矮而细”也符合对比与调和的形式美的基本规律，同样也是对书桌审美性的讲求。可以说，只有兼具实用与审美，才能最大限度地展现出书桌之“用”。

通常认为，用物中以实用为主导，审美是一种外在的装饰和点缀，审美从属和依附于实用。但在文震亨的用物中，审美并非实用的从属

---

① （明）文震亨著，陈植校注：《长物志校注》，第 244 页。

② （明）文震亨著，陈植校注：《长物志校注》，第 232 页。

和依附，实用与审美相互交织、相互作用，从而真正将注重实用与讲求审美结合起来。如文震亨指出：玫瑰既可用作香囊，也可用作食品。在此，玫瑰的实用性与审美性不可截然两分，甚至可以说实用即审美、审美即实用。又如文震亨认为茶壶应选用砂质壶，原因在于其既不会夺走茶香，又能避免茶汤的熟水味。可见，使用砂质茶壶能够同时满足实用与审美的双重需求。再如文震亨对一款书灯格外欣赏："有青绿铜荷一片檠，架花朵于上，古人取金莲之意，今用以为灯，最雅。"① 这款书灯的亮点在于其有如荷叶、荷花的造型，不仅设计别致，能够给人以视觉上的美感，而且还有"金莲"的寓意，能够满足文人的情感诉求，同时该造型本身就是书灯整体功能结构的有机组成部分，由此审美也便很自然地融入了实用之中，实现了实用与审美的相互融合。

再次，文震亨在用物中强调对物的审美开发和规划，从而使物的审美潜质得到了淋漓尽致的发挥。如对于水上交通，相较于大船，文震亨更愿意选择小船，并指明了其优越性所在：

> 用之祖远饯近，以畅离情；用之登山临水，以宣幽思；用之访雪载月，以写高韵；或芳辰缀赏，或艳女采莲，或子夜清声，或中流歌舞，皆人生适意之一端也。②

这里文震亨不仅将小船用于水上航行，更精心设计和开发出了"祖远饯近""登山临水""访雪载月""芳辰缀赏""艳女采莲""子夜清声""中流歌舞"等与小船紧密联系的文人日常生活审美活动，将小船纳入了文人的生活美学中。换句话说，小船为上述文人日常生活审美活动的开展提供了物质平台。文人在小船上或"以畅离情"、或"以宣幽思"、或"以写高韵"等，获致"人生适意"，展现出了高

① （明）文震亨著，陈植校注：《长物志校注》，第271页。
② （明）文震亨著，陈植校注：《长物志校注》，第339页。

雅的日常生活审美趣味和对安闲自由生活的追求，而小船也就不再只是水上交通工具，而成了文人抒发情志、寄寓感怀和舒展身心的载体，其审美潜质得到了充分的开掘。在此小船不单是水上航行之船，更是文人的精神之船。进一步说，文震亨让小船承担上述诸种日常生活审美活动，也意在将小船物尽其用。这种用，是作为用物最高层次的审美之用，小船作为物的价值也在这种审美之用中得到了尽可能的彰显。

值得一提的是，文震亨在用物中并非刻意讲求审美，而是追求实用与审美之间的平衡。如他指出“地屏天花板虽俗，然卧室取干燥，用之亦可”①，认为在卧室里装地板和天花板虽在审美上显得俗气，但从实用上考虑，它们能够保持卧室内的干燥，因此也可以装。可见，在对用物中实用与审美关系的把握上，文震亨能够根据实际情况灵活处理，体现出一种辩证的态度。

再看晚明文人的置物。这里涉及两个问题：一是安置何物，二是如何安置。

对于何物能置入自己的日常生活，晚明文人是很讲究的。陈继儒说：“好香用以熏德，好纸用以垂世，好笔用以生花，好墨用以焕彩，好茶用以涤烦，好酒用以消忧。”② “香”“纸”“笔”“墨”“茶”“酒”要能够置入文人的日常生活，不仅要“好”（即品质精良），能满足文人的物质需要，更在于它们有“熏德”“垂世”“生花”“焕彩”“涤烦”“消忧”之效，即能满足文人的精神需要。也就是说，晚明文人会尽可能地将那些兼具物质性和精神性的物品置于自己的日常生活中。陈继儒又说：“书屋前，列曲槛栽花，凿方池浸月，引活水养鱼；小窗下，焚清香读书，设净几鼓琴，卷疏帘看鹤，登高楼饮酒。”③ 这里陈继儒不仅选择将“曲槛”“花”“方池”“活水”“鱼”

---

① （明）文震亨著，陈植校注：《长物志校注》，第354页。

② （明）陈继儒撰，陈桥生评注：《小窗幽记》，第94页。

③ （明）陈继儒撰，陈桥生评注：《小窗幽记》，第112页。

等置入书房的外部环境，而且在书房内部布置了“香”“书”“净几”“琴”“帘”等陈设，从而使书房内、外部环境相互映衬，共同营造出清雅脱俗的生活氛围。值得一提的是，陈继儒在此独具匠心地既在书屋前“凿方池”以便“浸月”和“养鱼”，又在屋内开窗以便“看鹤”，都显得兴趣盎然。这里“方池”的设置饶有兴味：“方池”的“浸月”表明了晚明文人独特的观月方式，即不是常规地仰望月亮，而是观赏池中月亮的倒影，别有一番情趣。同时，“方池”虽在地上，却能通达天上的月亮，可以说小小的“方池”连通了广阔的天地，有一种以小见大的意味。此外，池水中月亮的倒影再加上游动的鱼儿，一幅生动的月鱼图便映入眼帘，定能给人以充沛的美感体验。不难看出，上述诸物能被陈继儒纳入日常生活中，不仅在于它们能够装点生活环境，更重要的是它们能够展现文人独特的审美趣尚和生活品位，特别是其中的“花”“月”“鱼”“琴”“鹤”等物常常成为文人情思的寄托。可以说，晚明文人在基本物质需要得到满足的基础上，更注重物的精神属性，因此他们在日常生活中精心安置能够清心悦意的雅致之物，使其更好地服务于自己审美生活的建构。

对于如何安置生活之物，晚明文人十分讲求“宜”（即适宜、恰当和得体）。这具体表现在两个方面。

一是就生活之物与其相应的人和场合的搭配来说的。陈继儒说：“瓶花置案头，亦各有相宜者：梅芬傲雪，偏绕吟魂；杏蕊娇春，最怜妆镜；梨花带雨，青闺断肠；荷气临风，红颜露齿；海棠桃李，争艳绮席；牡丹芍药，乍迎歌扇；芳桂一枝，足开笑语；幽兰盈把，堪赠仳离。以此引类连情，境趣多合。”① 将梅花、杏花、梨花、海棠、桃李分别置于诗人的桌上、妇人的梳妆台上、少女的居室中、宴席上；将荷花、牡丹、芍药分别与美人、歌舞相配；将桂花、兰花分别用于

① （明）陈继儒：《岩栖幽事》，载［日］合山究编选，陈熙中、张明高注释《明清文人清言集》，上海科学技术文献出版社2018年版，第45页。

欢笑、赠别的场合。这样的搭配实际上是晚明文人在不同花的感性形态与不同人和场合的特性之间进行了相似性的拟想，使不同的花与不同的人和场合相互契合与融通，达到了“引类连情，境趣多合”的审美之效。在这里，花因与人的相配而展现出新的生命形态，而人则因与花的相衬平添了几分情韵，花与人联结成了一个生命整体，物质与精神达到了和谐统一。

二是就生活之物的摆放来说的。在晚明文人看来，生活之物不可随意摆放，而要做到疏密有致。吴从先说：“文房供具，借以快目适玩。铺叠如市，颇损雅趣。其妆点之法，要如袁石公瓶花，罗罗清疏，方能得致。”[①] 书房中“供具”的摆放如果过于密集，就会显得杂乱无章，难以使人神清气爽，因此其摆放应如袁宏道的瓶花一般疏密得宜，才能给人以赏心悦目的审美体验。

可以说，无论是生活之物的搭配之“宜”，还是生活之物的摆放之“宜”，晚明文人在生活之物的安置中始终从审美的角度出发，与其说他们是在筹划安排生活之物如何安置，不如说他们是在筹划安排日常生活审美经验如何生成，从而为日常生活的物质之维向精神之维的迈进提供了可能。

晚明文人还善于将感物、品物、用物和置物的审美方式结合起来运用于同一生活之物上，体现出对该生活之物的综合性审美观照和把握。如对于香，高濂说：

> 余以今之所尚香品评之：妙高香、生香、檀香、降真香，京线香，香之幽闲者也。兰香、速香、沉香，香之恬雅者也。越邻香、甜香、万春香、黑龙挂香，香之温润者也。黄香饼、芙蓉香、龙涎饼、内香饼，香之佳丽者也。玉华香、龙楼香，撒馥兰香，香之蕴藉者也。棋楠香、唵叭香、波律香，香之高尚者也。幽闲

---

① （明）吴从先撰，郭征帆评注：《小窗自纪》，第141页。

者，物外高隐，坐语道德，焚之可以清心悦性。恬雅者，四更残月，兴味萧骚，焚之可以畅怀舒情。温润者，晴窗拓帖，挥麈闲吟，篝灯夜读，焚以远辟睡魔，谓古伴月可也。佳丽者，红袖在侧，密语谈私，执手拥炉，焚以薰心热意，谓古助情可也。蕴藉者，坐雨闭关，午睡初足，就案学书，啜茗味淡，一炉初爇，香霭馥馥撩人，更宜醉筵醒客。高尚者，皓月清宵，冰弦戛指，长啸空楼，苍山极目，未残炉爇，香雾隐隐绕帘，又可祛邪辟秽。黄暖阁、黑暖阁、官香、纱帽香，俱宜爇之佛炉。聚仙香、百花香、苍术香、河南黑芸香，俱可焚于卧榻。客曰："诸香同一焚也，何事多歧？"余曰："幽趣各有分别，薰燎岂容概施？香僻甄藻，岂君所知？悟入香妙，嗅辨妍媸。曰余同心，当自得之。"一笑而解。①

从感物上说，这里高濂将香分为"幽闲者""恬雅者""温润者""佳丽者""蕴藉者""高尚者"等六种类型，这就赋予了香以人的性情和品格，把香拟人化了或者说把香审美化了。从品物上说，高濂能够将香分为上述六种类型，正是基于他对香认真细致的品味、品辨和品鉴。这种品味、品辨和品鉴既在这六种类型的香之间进行，也在这六种类型的香与其他香之间进行。换句话说，这六种类型的香应该是高濂所认可和推崇的上乘之香，因此这里也暗含着高濂对香的品级区辨。此外，高濂虽未使用带"品"字的术语，但他所说的"幽闲""恬雅""温润""佳丽""蕴藉""高尚"等即是对香的审美品评。可以说，高濂对香是边感边品、边品边感，在此感物和品物是相互交融、相互贯通的，由此香也便成为文人的审美对象。从用物上说，高濂在使用香的过程中不仅仅将香视为能够散发香气的实用之物，更注重开掘香的审美价值，将香作为激发文人审美经验的触媒，强调不同类型

① （明）高濂著，王大淳、李继明、戴文娟、赵加强整理：《遵生八笺》，第497页。

的香能够带给文人相应不同的审美感受和体验。针对客人的提问，高濂强调“幽趣各有分别”，可见他是从审美的角度区分了香的不同用场。换句话说，高濂的用香是在审美地用香。从置物上说，高濂不仅指明了哪些香适宜置于“佛炉”中、哪些香适宜置于“卧榻”边，更重要的是将不同类型的香置于与其相配的特定情境中，从而使文人获得最适宜的审美经验。可见，这里的用物和置物又是密切相关的。如果高濂没有在用香时强调香的审美性，也没有在置香时将其置于与其特质相合的情境中，文人在焚香中审美经验的生成就不易自然而然、水到渠成。进一步看，高濂的感香、品香是用香、置香的前提和基础，如果没有赋予香不同的生命情态，香也就无法引发和调动文人丰富的审美情致；而用香、置香则是对感香、品香的审美深化和拓展，使香的审美价值得以充分发挥，因此这里的感香、品香、用香和置香又是相互联结的。同时，从物与情的关系来看，这里高濂的感香和品香其实是寓情于香，而用香和置香则侧重于情由香生。无论是寓情于香，还是情由香生，都使文人与作为生活之物的香之间结成了审美关系，使焚香真正成为文人日常生活中的审美活动，也使文人在焚香中获得真切的日常生活审美经验。

晚明文人将物质与精神相互关联，追求物质与精神的双重满足。他们通过感物、品物、赏物、玩物、用物和置物，一方面对物质进行精神点染，使物质向精神提升；另一方面又为精神找寻物质载体，使精神寄托于物质，由此物质因有了精神性赋予而彰显出文人特有的审美趣味、文化修养、生活方式和身份地位，而精神则因有了物质的承载而不再抽象虚幻，实现了物质与精神的相互渗透和融合。不难看出，晚明文人既依于、基于物又不滞、不止于物，他们其实是借助物质达至精神，物质成了精神的符码与表征。因此，与其说晚明文人在悉心营构一个物质世界，不如说他们是在醉心建构一方属于自己的精神世界。在晚明文人的日常生活中，物质与精神得到了协调。

第三节　以身心修养通达审美境界

晚明文人日常生活审美的实现有赖于两个方面的交互作用：一方面是作为审美对象的日常生活中的诸事诸物对于文人的感发和激荡；另一方面是作为审美主体的文人自身对日常生活中诸事诸物的感知和体验。此外，晚明文人还开辟出日常生活审美的另一途径即依靠身心修养。以身心修养通达审美境界，这是晚明文人生活美学的又一内涵特质。

需要特别说明的是，我们在此探讨的晚明文人的这种以通达审美境界为目标的身心修养不凭借外物而完全取决于文人自身积极主动的内在心理调节和精神把控，因此它不同于通常意义上文人在书画、品茶、弹琴、焚香、下棋、花艺、养鹤、读书等依赖外物的活动中所进行的身心修养。晚明文人正是通过这种不依赖外物的身心修养，达到内心的平和安宁与舒适惬意，从而获得精神的自由与愉悦。这具体表现为两个方面——一是自省，二是自我心境的调适，其中又以自我心境的调适为重点。

先看晚明文人的自省。晚明文人将自省落实于日常生活中。洪应明说："从五更枕席上参勘心体，气未动，情未萌，才见本来面目；向三时饮食中谙练世味，浓不欣，淡不厌，方为切实工夫。"① 他又说："夜深人静，独坐观心，始知妄穷而真独露，每于此中得大机趣；既觉真现而妄难逃，又于此中得大惭忸。"② 可见，晚明文人的自省主要是对自我内心世界的检视、观照和反思，其目的是要消除心中的种种鄙俗的私欲杂念，保持内心世界的平静空明，从而找回一个本然的自我。

---

① （明）洪应明撰，杨春俏译注：《菜根谭》，第 21 页。
② （明）洪应明撰，杨春俏译注：《菜根谭》，第 115 页。

晚明文人还形象生动地描述了自省的心理效应以及在此基础上生成的审美经验。如陈继儒所说的“攻取之情化，鱼鸟亦来相亲”①，吴从先所说的“鄙吝一销，白云亦可赠客；渣滓尽化，明月自来照人”②，洪应明所说的“消却心中鄙吝，眼前时有月到风来”③ 和“心地上无风涛，随在皆青山绿树；性天中有化育，触处都鱼跃鸢飞”④，等等。这里内心中“攻取之情”“鄙吝”“渣滓”的扫除和“心地上无风涛”“性天中有化育”的达成均为自省的心理效应，而“鱼鸟亦来相亲”“白云亦可赠客”“明月自来照人”“眼前时有月到风来”“随在皆青山绿树”“触处都鱼跃鸢飞”则是对由自省的心理效应进一步升华而成的自由自在的审美经验的诗意化描述。可见，在晚明文人这里，自省亦能获得审美经验。换句话说，自省亦是晚明文人的一种日常生活审美方式。

值得注意的是，这里的“鱼”“鸟”“白云”“月”“风”“青山”“绿树”和“鸢”等并非引发晚明文人审美经验的触媒，在此审美经验不依赖外物而纯粹由自省生成；“鱼鸟亦来相亲”“白云亦可赠客”“明月自来照人”“随在皆青山绿树”“触处都鱼跃鸢飞”也并非晚明文人眼前的实景，而是由脑海中的想象而形成的心景，而这种心景的形成正基于由自省而拥有的空明清静的本心。颇耐寻味的是，晚明文人的自省虽为完全个人化的内心活动而不旁涉外物，但由自省所获得的如“鱼鸟亦来相亲”“白云亦可赠客”“明月自来照人”“眼前时有月到风来”“随在皆青山绿树”“触处都鱼跃鸢飞”一般的审美经验则呈现出一种主客浑融一体、人与万物共在的审美境界，打破了主客体之间的对立和分隔，可见由自省所获得的审美境界是天人合一的。同时，这种由内省所形成的心景又是个性化的，不同的人可以有不同的

① （明）陈继儒撰，陈桥生评注：《小窗幽记》，第 34 页。
② （明）吴从先撰，郭征帆评注：《小窗自纪》，第 6 页。
③ （明）洪应明撰，杨春俏译注：《菜根谭》，第 11 页。
④ （明）洪应明撰，杨春俏译注：《菜根谭》，第 239 页。

心景，也就可以有对其不同的诗意化描述。

再看晚明文人自我心境的调适。晚明文人充分认识到外在环境与自我心境的关系。陈继儒说："折胶铄石，虽累变于岁时；热恼清凉，原只在于心境。所以佛国都无寒暑，仙都长似三春。"[①] 在陈继儒看来，外在环境不可改变，但人的心境可以通过调适而改变。同时，晚明文人还认为调适心境比改变外在环境更重要。陈继儒指出"择池纳凉，不若先除热恼"[②]，屠隆也指出"至人除心不除境，境在而心常寂然；凡人除境不除心，境去而心犹牵绊"[③]。

晚明文人多在处境困厄之时对自我心境进行调适。屠隆认为"家坐无聊，不念食力担夫，红尘赤日；汝官不达，尚有高才秀士，白首青襟"[④]，陈继儒认为"无事以当贵，早寝以当富，安步以当车，晚食以当肉；此巧于处贫矣"[⑤]，洪应明认为"事稍拂逆，便思不如我的人，则怨尤自消"[⑥]，等等。不难看出，晚明文人自我心境的调适其实是一种自我宽慰、自我放松和自我解脱，其主要依靠的是转变看待问题的心态和角度，学会知足常乐，从而尽快从烦恼和忧愁的困扰中走出来，获得内心的平衡与和谐。在晚明文人看来，不仅处境困厄之时需要心境的调适，正所谓"苦心中常得悦心之趣"[⑦] 亦即不改其乐，而且人生如意之时也需要心境的调适，正所谓"得意时便生失意之悲"[⑧] 亦安不忘忧，从而能够调控好自己的内心，形成健全豁达的心志，游刃有余、从容不迫地面对人生中的困厄与喜乐，达至"是非场里，出入逍遥；逆顺境中，纵横自在。竹密何妨水过，山高不碍云飞"[⑨] 的审

① （明）陈继儒撰，陈桥生评注：《小窗幽记》，第109页。
② （明）陈继儒撰，陈桥生评注：《小窗幽记》，第99页。
③ （明）屠隆撰，王飞评注：《娑罗馆清言·续娑罗馆清言》，第153页。
④ （明）屠隆撰，王飞评注：《娑罗馆清言·续娑罗馆清言》，第73页。
⑤ （明）陈继儒撰，陈桥生评注：《小窗幽记》，第129页。
⑥ （明）洪应明撰，杨春俏译注：《菜根谭》，第217页。
⑦ （明）洪应明撰，杨春俏译注：《菜根谭》，第149页。
⑧ （明）洪应明撰，杨春俏译注：《菜根谭》，第149页。
⑨ （明）屠隆撰，王飞评注：《娑罗馆清言·续娑罗馆清言》，第76页。

美人生之境。

晚明文人还以疾病和死亡来进行自我心境的调适。屠隆说："常想病时，则尘心渐灭；常防死日，则道念自生。"[①] 洪应明说："色欲火炽，而一念及病时，便兴似寒灰；名利饴甘，而一想到死地，便味如咀蜡。故人常忧死虑病，亦可消幻业而长道心。"[②] 陈继儒说："人在病中，百念灰冷，虽有富贵，欲享不可，反羡贫贱而健者。是故人能于无事时常作病想。一切名利之心，自然扫去。"[③] 不难看出，在此晚明文人的"常想病时""常防死日""常忧死虑病""于无事时常作病想"等正是要去除私欲和追名逐利之心，毕竟私欲和追名逐利之心是审美的障碍。如果一个人总怀揣着私欲和追名逐利之心，他是不可能进入审美状态的，对此晚明文人有着清醒的认识。

在对自我心境的调适中，晚明文人十分强调"自足"即自我精神上的满足。高濂在《遵生八笺》中就专设了《高子自足论》。他认为人应学会"自足"，并论及了如何在日常生活中达到"自足"：

> 知足者，虽富贵不艳于当时，芳声必振于千古；否则不辱于生前，必灾祸于没世。故足之于人，足则无日而不自足，不足则无时而能足也。……人能受一命荣，窃升斗禄，便当谓足于功名；敝裘短褐，粝食菜羹，便当谓足于衣食；竹篱茅舍，荜窦蓬窗，便当谓足于安居；藤杖芒鞋，蹇驴短棹，便当谓足于骑乘；有山可樵，有水可渔，便当谓足于庄田；残卷盈床，图书四壁，便当谓足于珍宝；门无剥啄，心有余闲，便当谓足于荣华；布衾六尺，高枕三竿，便当谓足于安享；看花酌酒，对月高歌，便当谓足于欢娱；诗书充腹，词赋盈编，便当谓足于丰赡。是谓之知足常足，

---

① （明）屠隆撰，王飞评注：《娑罗馆清言·续娑罗馆清言》，第161页。

② （明）洪应明撰，杨春俏译注：《菜根谭》，第225页。

③ （明）陈继儒撰，陈桥生评注：《小窗幽记》，第157页。

无意于求足未足者也。[①]

可见，一个人能否达到“自足”取决于他如何看待自己的生活，或者说取决于他如何进行自我身心的修养。一个人只有通过身心修养的工夫，拥有了“知足常足，无意于求足未足”的良好生活心态，才能真正达到“自足”。同时，高濂还指出如果人在不同情形下都能懂得“自足”，就能从中获益：

> 能自足于穷通者，是得浮云富贵之夷犹；能自足于取舍者，是得江风山月之受用；能自足于眼界者，是得天空海阔之襟怀；能自足于贫困者，是得箪瓢陋巷之恬淡；能自足于辞受者，是得茹芝采蕨之清高；能自足于燕闲者，是得衡门泌水之静逸；能自足于行藏者，是得归云倦鸟之舒徐；能自足于唱酬者，是得一咏一觞之旷达；能自足于居处者，是得五柳三径之幽闲；能自足于嬉游者，是得浴沂舞雩之潇洒。若此数者，随在皆安，无日不足，人我无竞，身世两忘，自有无穷妙处，打破多少尘劳。[②]

不难看出，能得“自足”便能得精神的欢愉、惬意和超拔，并获得“随在皆安，无日不足，人我无竞，身世两忘，自有无穷妙处，打破多少尘劳”的理想生活状态，这亦是一种日常生活中的审美境界。

可以说，晚明文人身心修养的两个方面，无论是自省还是调适心境，其实质都是一种精神、心理层面的自我调节、自我安顿、自我快慰、自我涵养乃至自我解放和自我更新，从而使文人能够挣脱心灵的束缚，获得精神的愉悦，进入审美的佳境。对于晚明文人来说，日常生活审美的实现可以不再依凭传统意义上的由审美主客体交互而生成

---

① （明）高濂著，王大淳、李继明、戴文娟、赵加强整理：《遵生八笺》，第194—195页。
② （明）高濂著，王大淳、李继明、戴文娟、赵加强整理：《遵生八笺》，第195页。

的审美关系，而只关涉主体由身心修养而获致的悠然、恬淡、自足、无碍和超脱的内心世界。在此，身心修养之于日常生活审美的重要性得以凸显。其实，身心修养的重要性不仅体现在上述不依赖外物而实现的日常生活审美之中，也同样体现在那些需要依赖外物来实现的日常生活审美之中。在晚明文人看来，如果身心修养的工夫不足，那么书画、礼仪、下棋、山居、作诗、饮酒等原本生活中的雅事也会变得俗气不堪，反而成为实现日常生活审美的障碍。陈继儒说："挥洒以怡情，与其应酬，何如兀坐；书礼以达情，与其工巧，何若直陈；棋局以适情，与其竞胜，何若促膝；笑谈以诒情，与其谑浪，何若狂歌。"① 洪应明说："山林是胜地，一营恋便成市朝；书画是雅事，一贪痴便成商贾。"② 屠隆说："若诗而嫉妒争名，岂云适性；若酒而猖狂骂座，安取怡情。"③ 可见，只有注重身心修养，才能使人摆脱功利之心，去除俗念俗欲，养成文明得体的言行举止，从而有助于日常生活中的审美发生。

① （明）陈继儒撰，陈桥生评注：《小窗幽记》，第27页。

② （明）洪应明撰，杨春俏译注：《菜根谭》，第232页。

③ （明）屠隆撰，王飞评注：《娑罗馆清言·续娑罗馆清言》，第43页。

第五章　晚明文人生活美学的当代理论再生产

当前生活美学的理论建构亟待增强，而生活美学的理论建构首先要明确其理论问题域，对此以往学者尚未给予足够的重视和进行充分的探讨。这里我们从晚明文人的生活美学中提炼和阐发生活美学的四个具有普遍性的核心理论问题，即日常生活中的审美对象、日常生活中的审美经验、生活与艺术的关系以及生活美学与其他美学（艺术美学、环境美学、身体美学）的关系，从而初步建立起生活美学的理论问题域，使作为本土资源的晚明文人的生活美学能够参与到当今生活美学的理论建构中，进而深化对生活美学基本理论问题的理解和认识，推动生活美学的建设和发展。这正是对晚明文人的生活美学进行当代理论再生产的价值所在。生活美学不单属于中国或西方，它需要全球美学界的相互对话与协力建构，需要积极整合与充分利用古今中外的相关资源。

第一节　日常生活中的审美对象

说到审美对象，我们往往首先想到的是艺术，而黑格尔对美学所作的"'艺术哲学'，或许更确切一点，'美的艺术的哲学'"[①] 的学科

① ［德］黑格尔：《美学（第一卷）》，朱光潜译，商务印书馆1996年版，第3—4页。

定位更是凸显了艺术之于审美的绝对中心地位。现象学美学家杜夫海纳也是从艺术作品出发来对审美对象进行界定，但他所谓“审美对象即使不仅仅是，至少首先是审美经验所把握的艺术作品”①，则既以“首先是”强调了艺术作品作为审美对象的优先性，又以“不仅仅”为在艺术作品之外仍有可能存在的审美对象留有余地。斋藤百合子也认为审美对象具有其丰富性。她说：“对审美对象多样性的忽视导致了美学研究范围的窄化，这可从两个方面来看。第一，这种忽视代表了一种相当狭隘的而对于现代西方美学理论而言又是独特的观点，即预设了一种体制化的艺术界和某些文化与经济情况的存在。第二，通过暗示只有那些与艺术有关的问题才值得理论分析而不恰当地限制了其他与美学有关的问题的探讨。”② 可见，我们对于审美对象的研究不能仅仅局限于艺术领域，而晚明文人的生活美学正告诉我们在日常生活中也存在着大量具有审美价值的对象。以下我们从晚明文人的生活美学出发，探讨日常生活审美对象的主要类型及与生活美学体系架构的关联。

一　日常生活审美对象的主要类型

如果我们说日常生活中的审美对象是日常生活，这就显得过于笼统和宽泛了，等于没有回答问题。换句话说，日常生活中的审美对象应该得到具体化和明晰化。从晚明文人的生活美学中，我们可以提炼、概括和归纳出日常生活中的审美对象包括三种主要类型，即生活之物、生活环境和生活之事，以下分别对它们进行探讨。

（一）生活之物

以《长物志》为例来看，文震亨在该书中共论及了 260 余种生活

① ［法］米·杜夫海纳：《审美经验现象学》，韩树站译，文化艺术出版社 1996 年版，第 27 页。

② Yuriko Saito, “Everyday Aesthetics”, *Philosophy and Literature*, Vol. 25, No. 1, 2001.

之物，体现出对日常生活的细致与周到。它们既包括水石花木、清供字画、家具器玩、香茗蔬果、衣饰等易于移动之物，也包括门、阶、窗、栏杆等不易移动的建筑物件。这些生活之物有的达到了实用与审美、功能与装饰的统一，有的则褪去了使用功能而纯粹体现为审美把玩价值。有的是人造之物，如各式家具，有的则是在自然物基础上的人工改造，如瓶花和盆景。这些生活之物都能够满足文震亨消闲遣兴、怡情养性和表达生活趣味的需要，特别是其中的文房用具、书画、石、琴、茶具等都具有浓厚的文人色彩。

这些生活之物被文震亨称为“长物”。“长物”典出《世说新语·德行》：“王恭从会稽还，王大看之。见其坐六尺簟，因语恭：‘卿东来，故应有此物，可以一领及我。’恭无言。大去后，即举所坐者送之。既无余席，便坐荐上。后大闻之，甚惊，曰：‘吾本谓卿多，故求耳。’对曰：‘丈人不悉恭，恭作人无长物。’”[①] 在文震亨这里，“长物”可谓一语双关：对于文人以外的阶层来说，是本义上的“长物”，即多余之物或身外之物，属于“寒不可衣、饥不可食”[②] 的非生活必需品，也不具有生产性；但对于文人来说，“长物”则不可或缺，它们与文人特有的生活密切相关，如短榻与习静坐禅、谈玄挥麈，方桌与展玩书画，等等，它们体现着文人优雅生活的细节与品质，是重要的文人文化符号。

这样看来，文震亨将种种生活之物称为“长物”其实是一种欲扬先抑的自谦。但他为什么要欲扬先抑呢？这似乎又隐约可见文震亨还是有些顾虑的：即使是在当时文人日常生活审美书写已蔚然成风的情形下，作为一名出身正统士大夫家族的后裔，如此热切地关注和经营生活之物，是否会遭致非议？或者说当时文震亨也许已经预想到后人

---

① （南朝宋）刘义庆著，毛德富、段书伟主编：《文白对照全译世说新语（修订本）》，中州古籍出版社1994年版，第17页。

② （明）沈春泽：《长物志　序》，载（明）文震亨著，陈植校注《长物志校注》，江苏科学技术出版社1984年版，第10页。

对他的《长物志》可能有负面的评价。而当他称生活之物为“长物”时，或许就能够少几分自责。由此也可以说，“长物”的命名实为文震亨一种自辩的修辞策略。

在《长物志》中，并非所有的生活之物都能成为审美对象。生活之物要成为审美对象是有条件的。其一，生活之物需要具备一定的形式特征，即在色彩、线条、形状、结构、比例、秩序等外观要素上能够以和谐、对称、有序、明快、精巧等特性给人以美感。如“结为马远之‘欹斜诘屈’，郭熙之‘露顶张拳’，刘松年之‘偃亚层叠’，盛子照之‘拖拽轩翥’等状”[①] 的天目松盆景能够给人如画的美感，因此可以成为审美对象。其二，生活之物要能够感发和激荡主体，或引发主体特定的情感、想象与联想，如洁白如玉的玉簪花引发了文氏“一望成雪”的想象与联想，也饱含着他对玉簪花的喜爱之情；或使其感性形式结构与主体的情感结构和生命意识形成同构，如文震亨偏爱回环的式样，要求用作卧室的楼阁和庭园中水石的设置均须回环等，正在于回环的式样能与主体情感的波澜与生命的律动相互映衬。

一般而言，文震亨称为“雅”的生活之物都能成为审美对象，而一旦被他视为俗物的则与审美无缘。这一方面与物的装饰有关。在文震亨眼中，那些矫揉造作的雕饰艳俗之物以及带有“卍”字图案的物件都不能成为审美对象。另一方面则与物物之间的搭配有关。文震亨肯定了石门槛与木板门的搭配、梅花与怪石的搭配、梅花与苔藓的搭配、书架与几凳的搭配等。可以说，在晚明文人的生活美学中，搭配确实是一门极为重要的学问和艺术，适宜的搭配能够增添生活之物的审美价值。

（二）生活环境

在晚明文人的生活美学中，文人的生活环境就是一个私家园林，它是文人安置和调养身心的寓所。以文震亨为例来看，他的生活环境

---

① （明）文震亨著，陈植校注：《长物志校注》，第96—97页。

可以分为室内环境与室外环境两部分。室内环境即各种具有不同功能的居室，如小室、卧室、敞室、佛室、佛堂、茶寮、琴室、浴室等，室外环境则是庭园。

在文震亨这里，无论是室内环境还是室外环境，其审美效果都是通过种种生活之物之间相互搭配组合而形成的。因此，生活环境很好地体现出了物与物之间的关系。就室内环境来说，如小室正是由书几、小几、小榻、小佛橱、笔砚、香盒、熏炉、奇石、鎏金小佛等生活之物综合配置而成，卧室则由卧榻、熏笼、衣架、盥匜、箱奁、书灯、小几、小方杌、小橱、花木、灵璧石、英石等生活之物组构起来。而室外环境则由水石、花木、建筑物、动物等构成。这里重要的不仅是物的种类，即它们要符合生活环境的整体风格与功能特点，更重要的是陈设之法，由此形成物与物之间的配置关系。只有在物与物之间和谐统一的搭配中创造出整体的意境，形成有韵味的特定氛围、气息和情调，使主体产生精神上的愉悦，才能使生活环境成为审美对象。由此生活环境也就不仅仅是物理意义上的存在，而是转化成生活情境，能够促成主体对环境的感知和体验，具有了审美价值，正如在第二章中论及的晚明文人所创设的自然的、如画的、专属文人的和可作景点的等四种生活情境。

虽然生活环境作为物理空间是相对固定的，有其边界，但组构它的各类生活之物都是可以灵活移动和更替的，这也使生活环境呈现出可变化的丰富性。同时，生活之物作为组构整体环境的一分子，有的本身也具有独立的审美价值，因此审美对象可以是双重的，即生活环境和置于其中的生活之物都能成为审美对象。单独的生活之物是审美对象，由众多独立生活之物所构成的生活环境也是审美对象，由此带给主体双重的审美经验。主体可以先从整体上感受和体验生活环境，再逐件感受和体验生活环境中的诸多生活之物，也可以先从对生活环境中的生活之物进行感受和体验入手，而后生成对该生活环境的整体感受和体验。此外，有些单件的生活之物原本未必具有审美价值，但当它被置于整体的生活环境，成为生活环境的有机组成部分时，其审美价值便得以彰显。

在日常生活中，人们会身处熟悉的生活环境，也会身处陌生的生活环境。通常认为，审美与陌生性有关，最典型的例子就是艺术，艺术常带给人们非平常的特殊感和陌生感，因此艺术也格外强调创新。再如博物馆、剧场、画廊、艺术中心、艺术园区等，也都是要创造出有别于我们熟悉的日常生活环境的另一情境，甚至包括绘画的画框和剧场舞台的幕布也意在与周围环境分离开来。晚明文人所创构的四种生活情境也正是试图将熟悉的生活环境陌生化，使其具有审美的效果。当身处陌生的环境之时，人的注意力往往会保持高度的集中，会对这一陌生的环境投以特别的关注，人的感官也会相应变得敏锐和细腻。同时，人们也能以一个局外人的眼光来看待这一环境，不受成见与惯性思维的束缚。这些都使陌生的环境更有助于人们进入审美的状态。但是，芬兰赫尔辛基大学的美学教授阿托·哈帕拉则提出了不同的观点。他指出我们总是身处于特定的环境中，并由此切入对生活美学的探讨。他认为熟悉的环境“是我们生存的一部分，并构成了我们存在的方式”①，“日常事物虽缺乏令人惊奇的元素或对陌生的新鲜感，但它们能够通过一种令人舒适的稳定性，通过在家一样的感觉以及通过在一个‘安全’情境中的正常作息而获得的满足来带给我们愉悦”②，进而他将以往的美学都称为“陌生性美学”（the aesthetics of the strange），并提出“熟悉性美学”（the aesthetics of the familiar）。在他看来，生活美学就是一种“熟悉性美学”，由此表达了他对生活美学的理解和认识：第一，正是以往对“陌生性美学”（艺术美学就是一种典型的

① Arto Haapala, “On the Aesthetics of the Everyday: Familiarity, Strangeness, and the Meaning of Place”, in Andrew Light and Jonathan M. Smith (eds.), *The Aesthetics of Everyday Life*, New York: Columbia University Press, 2005, p. 50.

② Arto Haapala, “On the Aesthetics of the Everyday: Familiarity, Strangeness, and the Meaning of Place”, in Andrew Light and Jonathan M. Smith (eds.), *The Aesthetics of Everyday Life*, p. 50.

"陌生性美学"）的过度重视而导致了对生活美学的忽视；第二，生活美学强调日常性（也即熟悉性）本身就可以引发审美，生活美学"不涉及超日常性和对日常性的中断，而是在于给人一种如在家一般的自在感和可控制感"①。对此托马斯·莱迪指出："阿托·哈帕拉正确地暗示了家居美学是生活美学的中心。与令人愉悦的审美经验相联系的舒适感、归属感和'像在家一样的'这些在家中的基本经验可以理想化地持续到邻居家和其他令我们感觉愉快的地方。"②

应该说，阿托·哈帕拉提出的审美不仅与日常生活的"陌生性"有关，也与日常生活的"熟悉性"有关的观点确实引领了生活美学乃至整个美学思考的新方向，而晚明文人的生活美学则可以为这种"熟悉性"与审美的关系提供另一个维度的阐释，即虽然晚明文人创设各种生活情境意在将熟悉的日常生活陌生化，但也正是在自己家中这一熟悉的环境中他们才能自由地对其展开规划、设计和布置，从而为日常生活中的审美发生创造了条件和提供了可能。也就是说，"陌生性"不是固定的，它始终是相对"熟悉性"而言的，始终与熟悉的生活发生着潜在的对话，也只有这样的"陌生性"对日常生活审美才是有意义的，因为只有在原本熟悉环境中的陌生化，才能收到既在生活的意料之外，又在生活的情理之中的审美效果。因此，晚明文人的生活美学不仅进一步补充了阿托·哈帕拉关于日常生活审美与"熟悉性"关系的论述，而且揭示了在日常生活审美中"熟悉性"与"陌生性"是辩证统一的。

生活环境是一个十分宽泛的概念，可将其分为乡村环境与城市环境，这与人们所处的具体地点和位置有关；也可将其分为自然环境与社会环境，因为人本身就是大自然与社会的一分子，人的生活既要面对

---

① Arto Haapala, "On the Aesthetics of the Everyday: Familiarity, Strangeness, and the Meaning of Place", in Andrew Light and Jonathan M. Smith (eds.), *The Aesthetics of Everyday Life*, p. 52.

② Thomas Leddy, *The Extraordinary in the Ordinary: The Aesthetics of Everyday Life*, Peterborough: Broadview Press, 2012, p. 112.

各种自然元素，又离不开与其他社会成员的交往互动。在晚明文人的生活美学中，从表层看，生活环境被具体化了，它特指文人个人的家居环境；但从深层次看，晚明文人在家居环境中引入了各种自然元素，创构出自然的生活情境，正所谓“人居于室内，却心系室外的自然，在崇尚自然的中国古人心目中，与天地四时交融，构筑与自然息息相通的宜居空间，成为一种挥之不去的情结”①，同时他们也不避友人，将其精心设计的家居环境作为一种社会性的展示与生活新风尚的样板，因此可以说，晚明文人个人的家居环境也是向着自然环境和社会环境开放的。

（三）生活之事

在晚明文人的生活美学中，生活之事主要包括家居环境的布置、栽植花木、饲养禽鱼、品鉴书画古玩、插花、饮茶清谈、焚香、抚琴、旅游、挂画等。生活之事成为审美对象，主要有两种情况：一是将生活之事作为审美观赏的对象，二是将生活之事作为审美回味的对象。

在艺术领域中，我们可以在画室观赏一位画家的作画，在电影拍摄现场观赏演员的表演，等等。而在日常生活领域里，我们同样能够成为这样的观赏者。有时候一些生活之事虽非自己亲力亲为，但观赏他人做事的过程同样能带给我们审美的愉悦。当晚明文人观赏其他文人从事上述生活之事时也能够从中获得审美的享受，从而使生活之事成为审美观赏的对象。

生活之事成为审美对象的另一种情况是晚明文人对自我或他人所从事的生活之事进行审美回味。这种回味即对生活之事的再回顾、再感受和再体验，有助于强化和深化之前所获得的日常生活审美经验。同时，这种回味既可以凭借记忆也可以借助文字书写。晚明文人撰写了大量日常生活审美的著述，其实也就是将生活之事作为了审美回味的对象。

作为审美对象的生活之事有其特点。第一，生活之事可以包括人

① 朱力：《中国明代住宅室内设计思想研究》，中国建筑工业出版社 2008 年版，第 63 页。

和人的行为行动两个方面。因此以生活之事为审美对象，其实又是以人及其行为行动为审美对象。第二，作为审美观赏对象的生活之事是现在进行时，即正在发生着的，给人以动态生成的现场感；作为审美回味对象的生活之事是过去时，即已经发生过的，给人以回忆和重温的可能性。第三，生活之事强调过程性。审美主体既可以观赏或回味某件生活之事从发生到展开再到结束的完整过程，也可以只观赏或回味某件生活之事进行过程中的某个或某几个片段。如对于插花，我们既可以观赏或回味插花的全过程，也可以仅观赏或回味插花者对花材的处理，或花瓶的摆放等片段。

在晚明文人的生活美学中，生活之物、生活环境和生活之事并不是孤立的，生活环境由生活之物组构而成；生活之事是在处理生活之物，而它又必然发生在一定的生活环境中。在这三者中，生活之物占据支配性地位，没有生活之物，生活环境和生活之事便无从谈起。同时，无论是生活之物、生活环境和生活之事，都与晚明文人的日常生活与个体存在息息相关，它们不仅要与晚明文人的气质性情、审美趣味和生活方式相契合，而且要能激发起他们的审美兴致，陶养其志趣，这也是日常生活中的审美对象不同于以往艺术审美对象的突出特点。当然，上述三类日常生活中的审美对象从严格意义上来说还只能是潜在的审美对象，它们必须在审美主体的感知和体验下才能被激活并转化为真正的审美对象。在这个意义上也可以说，日常生活中的审美对象并非固定不变的。

随着时代的变迁，当今我们所面对的生活之物、生活环境和生活之事显然要比晚明文人丰富、广阔和庞杂得多，但我们依然可以按照从晚明文人的生活美学中总结出的生活之物、生活环境和生活之事的类型框架来探讨当今日常生活中的审美对象。我们可以结合今人的生活在这一框架下进行补充和拓展。如作为今天人们审美对象的生活环境，除了家居环境外，还有花园、公园、广场、街道、城市景观步道、购物中心、休闲健身场所和文创园区等。需要指出的是，日常生活中的审美对象看似无限广阔，但也绝非无所不包，只有那些真正能够打动人心，引起人们审美愉悦的生活之物、生活环境和生活之事才会成为日常生活中的审美对象。

二　日常生活审美对象与生活美学的体系架构

日常生活中的审美对象也关涉着生活美学的体系架构。以《长物志》为例，全书共十二卷，包括《室庐》《花木》《水石》《禽鱼》《书画》《几榻》《器具》《衣饰》《舟车》《位置》《蔬果》《香茗》，这十二卷既可以说是日常生活审美对象的十二个大类，也可以说是文震亨建构起的一个庞大严整的生活美学体系架构，涉及了日常生活的众多面向，给人“仰观宇宙之大，俯察品类之盛”（王羲之《兰亭集序》）的博观之感。同时，文震亨在每一大类下又分出若干小类，如水石类下分广池、小池、瀑布、凿井、天泉、地泉、流水、丹泉、品石、灵璧石、英石、太湖石、尧峰石、昆山石、土玛瑙、大理石等，衣饰类下分道服、禅衣、被、褥、绒单、帐、冠、巾、笠、履等，位置类下分坐几、坐具、椅榻屏架、悬画、置瓶、小室、卧室、亭榭、敞室、佛室等。文震亨也正是通过这样富有层次、分门别类的细致编排，使其生活美学的体系架构能够清晰分明地展现出来。

就居住环境来说，文震亨的生活美学体系架构还可以分为居室外部和居室内部。《室庐》《花木》《水石》《禽鱼》《舟车》《蔬果》主要涉及居室外部，《书画》《几榻》《器具》《衣饰》《位置》《香茗》主要涉及居室内部。如果从更微观的文本呈现来看，这套体系架构中的每一卷又都采用了基本相同的写作格式，即每卷中先有一段总括性的导论，而后再分若干独立的条目分别论说。每个条目的论说虽寥寥数语、点到即止，但大都简明扼要、切中要害，有如词典的条目，使《长物志》更像一本有关晚明文人日常生活审美的便携式指南或手册。

文震亨的生活美学体系架构体现出他对日常生活的理解、把握和诠释，以及他是如何体察、分类、组织和表征日常生活中的诸物诸事的。因此，在这套生活美学的体系架构中，文震亨并非在简单地罗列生活事物，而是有所选择。既然是选择，就意味着有取有舍，有凸显也有遮蔽。尽管已涉及260余种生活之物，但《长物志》也不可能包举日常生活中的一切。文震亨选择的标准包括两个方面：第一，所探讨的是文人的日常生活，因此文人以外其他社会阶层的生活之物则不在关涉范围；第二，只有具有潜在审美价值的生活之物才能被纳入其生活美学的体系架构，而评判某件生活之物是否具有潜在审美价值的尺度即在于它是否“雅”。虽然《长物志》中也出现了种种俗物俗事，但它们正是作为“雅”的对立面出现而受到批判的，从而在雅俗的两相比照中凸显“雅”的地位与意义。

《长物志》中的生活美学体系架构也形成了一个有关日常生活的知识系统。日常生活并非传统知识的范畴，因此《长物志》中的生活美学体系架构其实又是试图将作为知识的日常生活合理化与合法化，这也从一个侧面说明晚明文人对日常生活知识化的认可，日常生活已成为晚明文人文化极为重要的组成部分。这里的知识主要可以分为两类：一类知识是有关生活的小常识和小智慧，如文震亨指出砚台更适宜放在灯下而不是案几左侧，摆有瓶花的房间不宜关窗焚香，温泉水因富含硫磺而不能作为饮用水，等等；另一类知识则与审美品位相关，如家居式样选择和位置陈设的知识、书画鉴藏的知识等。从这个意义上可以说，《长物志》是将知识性与审美性熔于一炉的。同时，文震亨对于生活环境和生活之事的种种设计和规划虽是个人审美趣味的体现，但一旦《长物志》进入市场流通领域，它们也会转化为供人参考学习的、公开传播的知识，而且成为一种商品化的知识，具有消费属性。此外，《长物志》字典词条式的文本呈现方式也在一定程度上使其带有知识检索与查备的功能。

《长物志》中各类潜在的审美对象原先是处于各自特定的日常生活环境中的，文震亨将它们从原有的存在环境中抽离出来，并按照一定的逻辑汇集起来，形成生活美学的体系架构，从而使这些日常生活中的潜在审美对象由在特定时空中的实体性存在转变为了共时性的文本存在，这也说明日常生活并非就是庞杂无序的，而是需要并且可以进行定义和建构的。

除文震亨的《长物志》外，高濂的《遵生八笺》、屠隆的《考槃馀事》等晚明文人的生活美学著作也都依类分编，形成各自的体系架构，这是晚明文人生活美学的一大特色。同时，从他们对于生活美学的体系架构中也可见其各自的侧重点，也即各自的特色和亮点所在。高濂的《遵生八笺》分为八笺，即《清修妙论笺》《四时调摄笺》《起居安乐笺》《延年却病笺》《饮馔服食笺》《燕闲清赏笺》《灵秘丹药笺》《尘外遐举笺》，形成了一个围绕养生的生活美学体系架构。屠隆的《考槃馀事》则有《书笺》《帖笺》《画笺》《纸笺》《墨笺》《笔笺》《砚笺》《琴笺》《香笺》《茶笺》《盆玩笺》《鱼鹤笺》《山斋笺》《起居器服笺》《文房器具笺》《游具笺》等十六个大类，可谓丰富完备，每一大类下再分列若干条目。从屠隆的生活美学体系架构中不难看出，相比于文震亨对居住的重视和高濂对养生的强调，欣赏品鉴书画文玩在屠隆的生活美学中占有十分重要的位置。

如果说晚明文人搭建的生活美学体系架构是古典形态的，那么今天的学者搭建的生活美学体系架构则为现代形态，但他们同样都是从审美对象的视角出发的，即将具有潜在审美价值的事物纳入生活美学的体系架构中，这也体现出对于中国传统日常生活审美脉络的延续。对于生活美学的体系架构，有学者将其分为劳动、环境（自然环境和社会环境）、行为、装饰（室内装饰和人体装饰）①；有学者将其分为山水、园林、人体、工艺、建筑、技术、服饰、烹调、精神文明②；

---

① 参见吴世常《生活美学研究的几个问题》，《上海师范大学学报》（哲学社会科学版）1987年第2期。

② 参见傅其三《生活美学》，知识出版社1993年版。

有学者将其分为人体之美（表现为体形与容貌、服饰与美容的个体形式之美和表现为生存能力、道德自律意识的精神层面的个体之美）、群体人类生活之美（个体间良好的人际关系、人情之美、伦理之善）[①]；有学者将其分为人体（形体美、容貌美、装饰美、心灵美、语言美、行为美、风度美）、服装、饮食（菜、酒、茶）、建筑、旅游、环境（自然环境、城市环境、乡村环境）[②]；有学者将其分为身体之美、服饰之美、居室之美和环境之美[③]；有学者将其分为日常生活之美和观念生活之美两大部分，其中日常生活之美包括服饰、饮食、建筑、交通，观念生活之美包括信念、爱情、亲情与友情、幸福、人类的艺术生活、礼仪、快乐[④]；有学者将其分为人的美（身体、服饰、风神）、世俗生活中的美（饮食、民俗风情）和休闲[⑤]。不难看出，上述不少学者都将环境和身体纳入了生活美学的体系架构中，可见生活美学与环境美学、身体美学有着密切的关系。

应该说，晚明文人为今人提供了以日常生活中具体的审美对象而非抽象的生活概念来建构生活美学体系的基本思路，因此也可以说《长物志》《遵生八笺》《考槃馀事》等是今人生活美学体系架构的雏形。随着当代人审美实践的多元展开，目前生活美学的体系架构显然比文震亨、高濂和屠隆所建构的更为丰富，特别是对人体自身和精神生活本身（如人情、人伦等）的高度重视和关注，以及对生活美学社会面向的开拓等都是值得肯定的。尽管上述这些生活美学的体系架构林林总总、包罗万象，但它们都以人为本，着眼于人的生存与发展，意在提高人们的生活审美能力和生活质量。上述多样化的生活美学体系架构一方面说明它是一个具有开放性和包容性的动态系统，而绝非

---

① 参见薛富兴《生活美学——一种立足于大众文化立场的现实主义思考》，《文艺研究》2003年第3期。

② 参见成远镜、朱晶编著《生活美学》，湖南大学出版社2007年版。

③ 参见张法主编《美学概论》，北京师范大学出版社2009年版。

④ 参见张铁《生活美学十五讲》，北京师范大学出版社2011年版。

⑤ 参见邢建昌主编《美学》，河北人民出版社2012年版。

稳固唯一，它需要紧跟人们日新月异的生活步伐来不断丰富和完善自身；另一方面也可见日常生活中的审美对象是丰富多元的，日常生活的审美领域十分广阔，这也在一定程度上召唤着我们从日常生活中获致更大量、更新鲜和更持久的审美经验。由于日常生活是每个人每日都必须过的，因此相比艺术审美，日常生活审美更直接，也更具有在场性和切己性。

第二节　日常生活中的审美经验

以往学界对审美经验的探讨多集中于艺术领域，诚然“直接来自艺术作品的审美经验肯定是最纯粹的，或许也是历史上最早的审美经验”①，“审美经验的特性在艺术中又表现得最为集中、最为突出”②，但从晚明文人的日常生活审美实践来看，审美经验的发生已不局限于艺术领域，日常生活中的审美经验也应得到充分的重视和关注。以下我们通过晚明文人的生活美学探讨日常生活审美经验的方式和特点。

一　日常生活审美经验的方式

除艺术外，人们在日常生活中也能够获得审美经验，这是日常生活审美得以发生的关键，也是生活美学得以存在的前提。那么，如何在日常生活中获得审美经验呢？这就涉及对日常生活审美经验方式的探讨，即解决在日常生活中日常经验如何向审美经验生成和转化的问题。晚明文人的生活美学提供了三种日常生活审美经验的方式。

（一）静观式

晚明文人首先采取了一种静观的审美经验方式，即排除主观成见

① ［法］米·杜夫海纳：《审美经验现象学》，韩树站译，文化艺术出版社1996年版，第7页。
② 彭立勋：《审美经验论》，长江文艺出版社1989年版，第20—21页。

和物质欲求，以非功利、非实用的态度凝神观照日常生活中的事物，保持内心的安宁、清静、空明和澄澈，从而不受外界干扰和影响，专心致志于外物本身所能带给人精神愉悦的那些属性。如晚明文人要对外观上如画的生活之物产生画面感离不开静观；又如高濂对西湖四季的风景进行细致的欣赏、品味和描绘也离不开静观；再如文震亨认为观赏古代书法“当澄心定虑”[①] 即应摒弃现实干扰和各种杂念，以沉静空寂之心面对书法作品，这也是在强调静观。从审美心态上说，晚明文人的静观又类似老子的“涤除玄鉴”“致虚极，守静笃”，庄子的“心斋”“坐忘”，宗炳的“澄怀味象”，苏轼“静故了群动，空故纳万境”，等等。

关于静观的审美经验方式，可以从美学的起点来看。我们知道，传统美学的起点是审美经验与日常生活经验的分离，即要抛去日常生活经验中的功利性和实用性，摒除主观欲念，与日常生活拉开距离，由此便产生了静观的审美经验方式。传统美学又认为只有在艺术中才能获得最典型的审美经验，因此静观其实又是一种契合艺术的审美经验方式。在西方美学史上，康德将审美静观作为一种审美经验方式明确下来。他说：“鉴赏判断则只是静观的，也就是这样一种判断，它对于一个对象的存有是不关心的，而只是把对象的性状和愉快及不愉快的情感相对照。”[②] 应该说，这里康德所指出的静观的核心要义，即一种不关心对象存有而只聚焦其性状的超功利、超实用的审美方式，确实是使人进入审美状态的一条路径，静观也成了区分审美与非审美的根本标界。但是近年来，康德的“静观”及其相关的“无功利”“距离”等传统美学概念遭到了阿诺德·伯林特、卡蒂亚·曼多奇等的严厉批判[③]。

---

① （明）文震亨著，陈植校注：《长物志校注》，第136页。

② ［德］康德：《判断力批判》，邓晓芒译，杨祖陶校，人民出版社2002年版，第44页。

③ 参见［美］阿诺德·柏林特《美学再思考——激进的美学与艺术学论文》，肖双荣译，陈望衡校，武汉大学出版社2010年版；Katya Mandoki，*Everyday Aesthetics*：*Prosaics*，*the Play of Culture and Social Identities*，Part Ⅰ The Labyrinths of Aesthetics，Aldershot and Burlington：Ashgate，2007.

那么在日常生活审美中，我们是否还需要静观呢？从晚明文人的生活美学来看，我们的日常生活审美仍然需要静观，这也显示出了其与西方生活美学的差异。这里需要指出的有两点。第一，晚明文人常将书画等艺术品用于装饰生活环境，使其进入日常生活中，从而使作为艺术欣赏方式的静观同样适用于日常生活领域。第二，康德的静观更关注的是对象的表象即纯形式的方面，这也造成了对象的孤立化和主客体的分离。也就是说，主体只是游走于对象外部而没有真正拥抱对象。而在晚明文人的生活美学中，文人不仅关注生活之物的外在形象，同时又超越其外在形象而用心感悟其内在的生气和神采，把握对象的生命意蕴，从而臻于物我交融的审美佳境。康德的静观有两点要义，一是不关涉功利，二是直观对象之表象。晚明文人在日常生活审美中坚持了第一点同时又丰富了第二点，即他们基于对象的外观又不滞、不碍于其外观，而是将自我的直觉、情感、想象、联想和理解等投射于对象，达成了物我的交感互动。

（二）全身心介入式

对于日常生活审美来说，静观虽是获取审美经验的重要方式，但绝非唯一的方式。探讨日常生活审美，也不一定必须从康德所谓非功利、非实用谈起，或许何谓功利、何谓实用本身就是值得界定的。同时，传统的静观方式所强调的主体与对象的分离、只是面对对象而无法使人参与其中等在对生活环境的审美中往往就会遇到困难，因此日常生活需要新的审美经验方式。从晚明文人的生活美学来看，这就是全身心介入的审美经验方式，它指的是在日常生活中通过全部感官的开放、统摄和肢体动作的参与、协同来实现超越性的精神追求，这是一个由身到心的过程，并以身心合一，即感官愉悦与精神愉悦的协调统一为旨归。相比于侧重视觉感官的静观的审美经验方式，全身心介入的审美经验方式实现了审美中多种感知和体验的综合，使审美经验方式不再拘泥于康德式的成规，同时也更能满足日常生活中的审美需要。

全身心介入的审美经验方式被典型地运用于文震亨所创构的桂花林和竹林这两个可作景点的生活情境中①。从文震亨在桂花林中的日常生活审美经验可见，这里并非局限于视觉这一种感官，视觉也不具有绝对的优先地位，而是视觉、听觉、嗅觉和味觉等全身诸多感官的平等调用和相互配合，从而达到对日常生活情境全方位和动态的综合感知与体验。相较于桂花林中的日常生活审美经验侧重于身体感官的开放与统摄，竹林中的日常生活审美经验则更多地强调了身体动作的联合，如“斜渡”“陟级而登”“坐卧”“科头散发”② 等，正是这一系列身体动作使竹林中的日常生活审美经验具有了一种连贯性和完整性。其中的“坐卧”作为全身心审美介入的一种具体表现，在《长物志》中多次出现，如对于梅花，文震亨主张“另种数亩，花时坐卧其中，令神骨俱清.”③；对于菊花，文震亨要求“至花发时，置几榻间，坐卧把玩，乃为得花之性情”④；等等。可以说，“坐卧”强调了对生活环境要设身处地、身临其境地去感受和体验，才能获得精神的愉悦与享受。

晚明文人善于调度和利用身体，积极发挥身体在日常生活审美实践中的重要作用。一方面，晚明文人注重对于身体感官的锤炼，使之敏锐化和精细化，并将某一身体感官极尽其用。陈继儒说：“窗宜竹雨声，亭宜松风声，几宜洗砚声，榻宜翻书声，月宜琴声，雪宜茶声，春宜筝声，秋宜笛声，夜宜砧声。”⑤ 这里陈继儒不仅充分捕捉和感受日常生活中的各种声音，使听觉的运用最大化，而且强调在特定的场景和时节聆听相应的声音，使听觉的运用有效化，从而丰富了日常生活中的听觉审美经验。特别是“几宜洗砚声”和“榻宜翻书声”值得

① 关于这两种可作景点的生活情境的创构，参见本书第二章第一节。
② （明）文震亨著，陈植校注：《长物志校注》，第 73 页。
③ （明）文震亨著，陈植校注：《长物志校注》，第 50 页。
④ （明）文震亨著，陈植校注：《长物志校注》，第 78 页。
⑤ （明）陈继儒撰，陈桥生评注：《小窗幽记》，第 190 页。

关注。我们在洗砚和读书时一般运用的是视觉，较少留心和注意洗砚、翻书的声音，而这里运用了听觉，这就增添了洗砚和读书中的审美因素。高濂则善于将某一身体感官运用到极致。如他以“幽闲者”“恬雅者”“温润者”“佳丽者”“蕴藉者”“高尚者”[①]将香分出六类，并认为每类香都有各自独特的审美之效，这可以说是将嗅觉运用到了极致。又如他在《乘舟风雨听芦》中写道：“秋来风雨怜人，独芦中声最凄黯。余自河桥望芦，过处一碧无际，归枕故丘，每怀拍拍。武林唯独山王江泾百脚村多芦。时乎风雨连朝，能独乘舟卧听，秋声远近，瑟瑟离离，芦苇萧森，苍苍蔌蔌，或雁落哑哑，或鹭飞濯濯，风逢逢而雨沥沥，耳洒洒而心于于，寄兴幽深，放怀闲逸。”[②]这里高濂不仅摄取了风雨中的芦苇声、雁声、鹭声、风声、雨声等同一场景中的各种声音，而且用“远近”“瑟瑟离离”“萧森”“苍苍蔌蔌”“哑哑”“濯濯”“逢逢”“沥沥”等词细腻形象地描述了不同声音带给他的不同审美感受和体验，将听觉运用到了极致。因此，如果说高濂是一位品辨和欣赏自然之声的高手也并不为过。除听觉外，高濂在此还有视觉、触觉等的运用和“卧”等身体动作的配合，从而获得了完整充沛的日常生活审美经验。另一方面，晚明文人注重对于身体感官的新开发和新利用。如面对雨，我们会说观雨、听雨，吴从先则是“豆花棚下嗅雨，清矣茗香”[③]。在此吴从先提出“嗅雨”，这就打破了对雨进行审美的常规，同时他又由“嗅雨”联想到“茗香”，将“嗅雨”与闻茶香结合起来，拓展了对雨的嗅觉审美经验。

不难看出，身体作为晚明文人与日常生活周遭环境沟通的媒介，是审美知觉的主体，它保证了日常生活审美活动得以顺利发生与展开。同时，对身体功能的显扬并不意味着精神维度的缺席。这里的身体并

① （明）高濂著，王大淳、李继明、戴文娟、赵加强整理：《遵生八笺》，第497页。
② （明）高濂著，王大淳、李继明、戴文娟、赵加强整理：《遵生八笺》，第157页。
③ （明）吴从先著，吴言生译注：《小窗自纪》，上海古籍出版社2016年版，第67页。

非单纯感官的享乐与欲望的满足，而是促成精神性超越的渠道。如文震亨在桂花林中显然并非单纯为了赏、听、闻和食桂花，而是通过这些活动抛却现实生活的烦恼，以求心灵的自由与精神的解放。又如高濂乘舟卧听风雨中芦苇丛中的各种声音，在于"耳洒洒而心于于，寄兴幽深，放怀闲逸。舟中之人谓非第一出尘阿罗汉耶？避嚣炎而甘寥寂者，当如是降伏其心"①，即以此静心、安心和修心，远离尘世的嘈杂而过一种超尘脱俗的清静生活。因此，晚明文人的日常生活审美实践既非脱离身体的纯粹心灵活动，也非仅停滞于身体而不能升华至心灵层面的纯粹身体活动，身心兼适才是其理想的状态。

晚明文人的生活美学体现出的这种全身心介入的审美经验方式具有重要意义。

第一，全身心介入的审美经验方式实现了人与生活环境的有机融合，突破了主客二元分立的思维模式。在全身心的介入下，文震亨与桂花林和竹林保持着零距离的亲密接触，他直接置身和包容于桂花林和竹林中，沉浸和陶醉于桂花林和竹林所营构的审美佳境中，而非将其独立、与其分离，甚至可以说文震亨在全身心的介入下已与桂花林和竹林融为一体了，成了它们的一部分。这就强调了审美主体的一种真实、真切的在场状态，其实质是要投入而非疏离日常生活环境。在这里，人与生活环境相互敞开、相互拥抱——人是生活环境中的人，生活环境又是人所审美经验过的，从而打破并超越了主客体的二元对立，表明了人与其生活环境是相互关联、不可分离的共存关系。

第二，全身心介入的审美经验方式打破了传统美学对于身体的偏见，还身体在审美中以应有的合法性地位。这可以从以下两个方面来看。一是晚明文人的生活美学要求人们在日常生活审美中亲身参与、身体力行，表明日常生活审美并非仅是心理的现象，而是离不开身体

① （明）高濂著，王大淳、李继明、戴文娟、赵加强整理：《遵生八笺》，第157页。

的直接、全面的参与，这就使日常生活的审美主体不再是以往那种不顾及身体的抽象的精神主体，而是灵与肉、身与心相结合的活生生的存在，同时也使审美主体在日常生活的审美实践中能够积极主动地去感知与体验。二是指明了日常生活审美需要多种身体感官的联合与身体动作的协同，因此不能局限于传统的静观方式。如在把玩器物中需要联合视觉和触觉，在插花中需要联合视觉、触觉和嗅觉，在饮茶中需要联合视觉、触觉、嗅觉和味觉，等等，而身体感官的联合又伴随着身体动作的配合，可见日常生活审美是一种参与式、互动式的审美感知与体验，它需要整个人能够充分“动”起来，这就不是静观所能达到的。也就是说，日常生活审美因强调身体感受的完整性和身体的运动性，从而使审美主体所获得的审美经验相比于单纯的静观往往更有深广度，也更为强烈。

值得一提的是，晚明文人还将全身心介入与静观结合起来。如陈继儒说：

> 焚香看书，人事都尽。隔帘花落，松梢月上。钟声忽度，推窗仰视，河汉流云，大胜昼时。非有洗心涤虑，得意爻象之表者，不可独契此语。①

在陈继儒看来，要能够感受和体验到“河汉流云，大胜昼时”的审美佳境，一方面离不开“洗心涤虑”的静观，即拥有一种“人事都尽”或者说超功利、超实用和超私欲的审美态度；另一方面也需借助全身心的介入，即由“焚香看书”“隔帘花落”“松梢月上”“钟声忽度”“推窗仰视”等所体现出的身体感官的调度和身体动作的参与。可见，静观与全身心介入在日常生活审美实践中并非相互对立，而是可以共存互补，并协力推动日常生活审美经验的生成。

---

① （明）陈继儒撰，陈桥生评注：《小窗幽记》，第285页。

全身心介入的方式在今天的日常生活审美中也能够得到普遍且有效的运用。如我们早晨漫步于美丽的校园时，呼吸着新鲜的空气，聆听着鸟儿的欢叫，脚踩平坦整洁的路面，眼前是蓝天白云和生机盎然的花草树木，微风拂过面庞，周身沐浴在阳光中，从中感受到精神的愉悦和惬意，这就是一种全身心介入的日常生活审美经验方式。

（三）认知式

传统的静观方式排斥认知，但在晚明文人的生活美学中则需要认知的参与，从而更好地生成日常生活审美经验。作为日常生活审美经验方式的认知主要包括三个方面。

一是指一个民族传承和积淀下来的传统观念（如宇宙观、时空观、家国观等）与思维方式。如晚明文人能够对生活之物进行拟人化的感受和体验，就与中国人对宇宙的独特认知密切相关。在中国人看来，“宇宙在本质上是一个气的宇宙。气不是一个实体而是一个虚体。气的宇宙所产生的事物，其最本质的方面也是气，如果说西方的物质论使之把一切物，甚至有生命的物，都要最后归于物质性的原子、分子而去理解的话，那么中国的气论则把一切物都从生命方面去理解”①。秉持着这样的宇宙观，晚明文人将生活之物视为了有生命之物，赋予其灵气和性情，实现了物我的相融相依。

二是指人们对某一具体事物的文化性建构。这突出地表现在与这一事物有关的神话传说、象征寓意和文学作品上，其实这种文化性建构也就形成了一种笼罩于该事物的浓郁的文化氛围，从而有助于激发和丰富美感。如高濂在《满家巷赏桂花》中写道：“桂花最盛处，惟两山龙井为多，而地名满家巷者，其林若墉若栉……秋时策蹇入山看花，从数里外便触清馥。入径，珠英琼树，香满空山，快赏幽深，恍入灵鹫金粟世界。……归携数枝，作斋头伴寝，心清神逸，虽梦中之我，尚在花境。旧闻仙桂生自月中，果否？若问托根广寒，必凭云梯，

① 张法：《中国美学史上的体系性著作研究》，北京大学出版社2008年版，第5页。

天路可折，何为常被平地窃去？疑哉！”[①] 这里高濂提到“仙桂”即联系到有关桂花树的神话传说，颇有意趣，使赏桂花的审美经验得到了丰富和拓展。又如高濂的《孤山月下看梅花》：

> 孤山旧址，逋老种梅三百六十，已废；继种者，今又寥寥尽矣。孙中贵公补植原数，春初玉树参差，冰花错落，琼台倚望，恍坐玄圃罗浮。若非黄昏月下，携尊吟赏，则暗香浮动，疏影横斜之趣，何能真见实际！[②]

高濂在赏梅中既联系到有关梅的人物逸事，即林逋种梅，其实也暗含着对林逋隐士风范的遥想和追慕，又联系到传说故事，“琼台倚望，恍坐玄圃罗浮”，还联系到文学作品[③]，认为赏梅要在“黄昏月下”且“携尊吟赏”，才能感受和体验到“疏影横斜水清浅，暗香浮动月黄昏”的佳境。上述这些都使赏梅富于浓厚的文化意蕴，延展了赏梅的审美经验。

三是指相关学科的知识。在晚明文人的生活美学中主要指的是艺术史知识。前述晚明文人创构了如画的生活情境，而如画的生活情境要能够生成，离不开审美主体的绘画知识储备与积累，如面对天目松盆景时，主体要能获得如画的美感，至少他要事先欣赏过马远、郭熙、刘松年、盛子昭等画家画作中的天目松形象，并在此基础上调动起联想。可见，在日常生活审美中如果不具备相关的艺术史知识，反而有碍于审美的发生，造成审美上的困难。

从认知的上述三个方面来看，日常生活审美还离不开教育。以

---

① （明）高濂著，王大淳、李继明、戴文娟、赵加强整理：《遵生八笺》，第155页。

② （明）高濂著，王大淳、李继明、戴文娟、赵加强整理：《遵生八笺》，第88—89页。

③ 高濂善于在日常生活审美中联系文学作品，如他的《三塔基看春草》：“湖中三塔寺基，去湖面浅尺。春时草长平湖，茸茸翠色，浮动波心，浴鹭狎鸥，飞舞惟适。望中深惬素心，兀对更快青眼。因思古诗‘草长平湖白鹭飞’之句，其幽赏自得不浅。”［（明）高濂著，王大淳、李继明、戴文娟、赵加强整理：《遵生八笺》，第90页。］

“如画”来说，与文震亨同时代的精英文人们，因为接受过同样的教育，也观赏过许多同样的画作，所以他们能够在绘画知识和生活之物之间作出大致相同的联想，从而保证在二者之间建立起恰切的联系，如画之感也就并非宽泛。换句话说，并非所有生活之物都能引发如画之感，也并非所有人都能获得如画之感，如画感的生成有赖于由受教育所获得的画学认知和修养。

需要指出的是，日常生活审美中的认知方式是服务和依存于审美的，它和谐无间地内化和消融于日常生活审美经验中，而非刻意凸显；日常生活审美也并不担负认知的任务，而是认知方式有助于日常生活审美经验的生成，有助于实现日常生活审美感知维度的增加、层次的丰富和密度的增强，从而使日常生活的审美经验成为一个充盈饱满的复合体。

我们通过晚明文人的生活美学来探讨日常生活的审美经验方式也意在反思以往以艺术为中心的审美经验方式，并对审美经验方式进行补充、完善和丰富，使之更切合人们的审美实际。从晚明文人的生活美学来看，日常生活审美经验方式并不单一，它也并非如传统审美方式那样与身体和认知绝缘。我们在此提炼出的静观、全身心介入和认知这三种方式中，静观强调的是日常审美态度的纯粹性和注意力的集中性，认知则作为日常审美的有益补充与辅助，而居于主导地位的则是全身心介入的方式，它更能凸显日常生活审美的过程性和鲜活性，更有助于获得深层次的解放感和自由感。同时，不同的日常生活审美经验方式也对应着不同的日常生活审美对象，当然这种对应只是相对而言的，如静观的方式更适合于生活之物，全身心介入的方式更适合于生活环境和生活之事，认知的方式则渗透和交织于对生活之物、生活环境和生活之事的审美中而非独立地起作用。当然，日常生活审美经验的方式也会随着人们日常生活审美实践的丰富而得以不断扩充。

二　日常生活审美经验的特征

日常生活审美经验既非理论的预设，也非先验的存在，其突出的特征就在于它是“日常”与“非日常”的统一。在康德美学中，审美经验是一种与生活分离的且无利害性的纯粹的愉快经验，但对于日常生活审美经验来说，它一方面作为一种审美经验，要保持对“日常”的特殊性与超越性。晚明文人的生活美学正是文人因“日常”的不完美、不完善而建构起的有别于“日常”的“非日常”世界。另一方面，日常生活审美经验作为一种源自“日常”的审美经验，又要保持与“日常”的关联而不能脱离日常生活成为独立的王国。在晚明文人的生活美学中，无论是生活情境的审美创构，还是生活之物的审美观照，以及生活细节的审美经营，都立足于日常生活中的诸物诸事。可以说，日常生活审美经验在“日常”与“非日常”之间保持了适度的张力。在这里，“日常”是“非日常”的本源、起点、基础和参照，而“非日常”则是“日常”有益的补充、丰富、改善和提升；日常生活审美经验就是既要在“日常”中实现“非日常”，又要在“非日常”中反观“日常”。由此看来，日常生活审美经验中的“日常”与“非日常”是共在的。从一定意义上说，没有“日常”，就没有“非日常”；没有“非日常”，也就没有“日常”，二者正是在互照中才彰显出意义和价值。

被称为“生活美学之父”[①]和“生活美学创始人之一”[②]的美国哲学家约翰·杜威（John Dewey）力图恢复日常经验与审美经验之间的内在连续性，反对将二者割裂开来的努力，其实也是在建立“日常”与“非日常”的关联。杜威认为，日常经验常常是零碎的、松弛

① Thomas Leddy, *The Extraordinary in the Ordinary*: *The Aesthetics of Everyday Life*, Peterborough: Broadview Press, 2012, p. 44.

② Thomas Leddy, *The Extraordinary in the Ordinary*: *The Aesthetics of Everyday Life*, p. 77.

散漫的和不完整的，但当日常经验达成完整、圆满和持续的状态时，它就成了“一个经验”：“一件作品以一种令人满意的方式完成；一个问题得到了解决；一个游戏玩结束了；一个情况，不管是吃一餐饭、玩一盘棋、进行一番谈话、写一本书，或者参加一场选战，都会是圆满发展，其结果是一个高潮，而不是一个中断。这一个经验是一个整体，其中带着它自身的个性化的性质以及自我满足。”① 而审美经验正是这“一个经验”的清晰化、强化和集中化。杜威指出：“审美既非通过无益的奢华，也非通过超验的想象而从外部侵入到经验中，而是属于每一个正常的完整经验特征的清晰而强烈的发展。”② 他又说：“使一个经验成为审美经验的独特之处在于，将抵制与紧张，将本身是倾向于分离的刺激，转化为一个朝向包容一切而又臻于完善的结局的运动。”③ 可见“一个经验”与审美经验只是程度上而非本质上的差别。在杜威看来，虽然并非所有的日常经验都具有审美属性，但它们都具有成为审美经验的可能，这就强调了日常经验是审美经验的生成本原，从而为审美经验祛魅。

根据杜威的观点，晚明文人的日常生活审美经验便可被视为对一个完满日常经验的清晰化、强化和集中化。而如果按晚明文人的生活美学对生活品位与格调的注重来看，也可以说晚明文人的日常生活审美经验是在将一个完满的日常经验清晰化、强化和集中化的基础上，又将其高雅化、精致化、情趣化和细腻化的结果，从而实现由“日常”走向“非日常”。在杜威看来，日常经验的完满状态是其成为审美经验的关键所在，但何谓“完满”？又如何达至“完满”？杜威语焉不详。而从晚明文人的生活美学来看，例如插花、饮茶都属于日常经验，但晚明文人通过对其细节的审美经营，使这些日常经验呈现出一

① ［美］约翰·杜威：《艺术即经验》，高建平译，商务印书馆2010年版，第41页。
② ［美］约翰·杜威：《艺术即经验》，高建平译，第54页。
③ ［美］约翰·杜威：《艺术即经验》，高建平译，第65页。

种完满的状态。再如全身心介入的日常生活审美经验方式更是获得完满经验的重要途径。可以说，杜威的观点为我们把握晚明文人日常生活审美经验中的“日常”与“非日常”的关系特征提供了新的阐释视角，而晚明文人日常生活审美经验则将杜威的哲学思辨具体化了。

以往以艺术为中心的审美经验关注的是“非日常”，而日常生活审美经验则特别强调“日常”以及由“日常”向“非日常”的转化生成，即在“日常”中超越“日常”，或者说“日常”的“非日常”化，从而体现出“日常”与“非日常”之间的连续性。从晚明文人的生活美学来看，晚明文人重视和珍惜日常经验，善于发掘日常经验中的审美因子，对日常经验进行审美的改造和提升，将其转化为日常生活审美经验。结合杜威的观点与晚明文人的日常生活审美实践，我们得到了一个重要启示：不能再简单把日常经验视为枯燥、乏味、平淡、沉闷的同义词，而是要充分认识到其中蕴含着审美的属性，因为它具有向审美经验，即由“日常”向“非日常”转化生成的潜力。

同时，当日常经验转化为日常生活审美经验时，其实又是对日常经验的一种活跃，使其生动活泼起来。在这一点上，我们可以对杜威的理论有所补充。杜威的连续性是单向的，即从“日常”到“非日常”，而忽略了由“非日常”到“日常”，由此他也就不能指出在“日常”与“非日常”之间进行相互转化和双向切换的可能性，而这也正是日常生活审美经验中“日常”与“非日常”相统一的重要表征。

从“日常”与“非日常”之间的相互转化来看，“日常”能够转化为“非日常”，而“非日常”也能够转化为“日常”。当晚明文人对其所建构的“非日常”十分熟悉，产生审美疲劳时，也即“非日常”转化为“日常”时，他们就要重新创构“非日常”。因此，没有绝对的“日常”与“非日常”，二者之间没有不可逾越的鸿沟。由此，日常生活审美经验也就总是伴随着两个动态交替的过程——“日常”的“非日常”化和“非日常”的“日常”化。而这两个过程的循环往复，又推动着日常生活审美经验的演进与延续。在此意义上，日常生活审美经验是具有形成性和构成性的，充满了创造的可能性，因此它又是未完成的，是指向未来的。

从“日常”与“非日常”之间的双向切换来看，晚明文人不可能总处于审美的状态之中。一方面，晚明文人要进入其所营构的日常生活审美世界中；另一方面，尽管晚明文人一心向往闲隐的生活但事实上又不能完全摆脱纷繁的俗事俗务。可以说，晚明文人在其所建构的生活美学中正是自如地游走于“日常”与“非日常”之间，这也符合日常生活审美的实际。从这个意义上说，劳作的“日常”与休闲的“非日常”、压抑的“日常”与解放的“非日常”、拘束的“日常”与舒展的“非日常”、凡俗的“日常”与高雅的“非日常”、粗糙的“日常”与精致的“非日常”统一了起来。由此可见，“日常”与“非日常”构成了生活的一体两翼，这也正是生活的本真所在。

因此，“非日常”并非独立于生活之外，而是就在生活之中。只不过“非日常”的这种“在”不是表现为“日常”的显在，而是一种隐在，这恰恰是由于“非日常”是一个被“日常”遮蔽的世界，而生活美学就是要以审美的途径对“非日常”进行去蔽，使之敞亮。而对“非日常”的去蔽其实也是对整个生活的去蔽，还生活以活泼泼的本来面目，从而让人重新感受到生活的生机盎然，重燃对美好诗意生活的向往与追求。由此我们可以进一步说，变革生活的力量不在别处，就在生活本身。生活就蕴含着解放与建构自身的潜能。

第三节　生活与艺术关系的再思考

生活与艺术的关系是一个老问题，但由于理论视域和阐释视角的不同，这又是一个可以常谈常新的问题。对于生活美学来说，生活与艺术的关系是一个无法回避的基本理论问题。从晚明文人的生活美学来看，艺术有其更为多元和开放的理解，生活与艺术的关系也要复杂得多。可以说，晚明文人的生活美学为我们把握生活与艺术的关系提供了新的思考路径，进而也回应了何为艺术、艺术何为、艺术与生活的边界以及“艺术终结”等理论问题。

一　生活美学中艺术的定义及其与生活的边界

晚明文人生活美学中的艺术是多义的，是一个复数的概念，它不仅指我们通常所理解的艺术品实体，而且有其丰富的内涵。在此，艺术成为一种介入生活的方式，成为完善和改造生活的力量，服务于晚明文人审美生活的创构。可以说，在晚明文人的生活美学中，艺术的含义得以拓展，这就不仅充分挖掘了艺术的可能性，强化了艺术与生活的相互融合，也使我们能够重新理解和认识艺术与生活的边界问题。具体说来，晚明文人生活美学中的艺术可以从以下四个方面进行定义。

首先，晚明文人生活美学中的艺术指的是艺术品。这是一类能够装饰和美化生活环境的艺术品。如晚明文人要求将唐诗佳句作为春联刻写在门两旁的木板上，在居室内悬挂书画作品，陈设各类古董文玩，等等，这就将各种艺术品置于生活中，使它们成为营造艺术化生活氛围的要素，进而实现艺术的生活化。

其次，晚明文人生活美学中的艺术指的是以一种艺术的态度来对待生活。这种艺术化的态度，一是指超功利的闲适态度。晚明文人在其所建构的生活美学中不是以现实功利的态度去看待日常生活中的一切，不是把日常生活中的诸事诸物当成可实际占有和利用的资源，而是以一种无利害感之心去面对日常生活，从而使日常生活中一些本来很普通、很常见的事物变得富有情味和灵性，上升为能给人以美感的审美对象。此外，晚明文人以闲隐为理想的生活状态其实就是他们以艺术化的态度来面对生活，渴求艺术化生存的表现。二是指精细的态度。这突出体现在晚明文人对生活细节的讲求上。正如艺术家对作品一笔一画的精雕细刻，晚明文人对待生活也不放过每一个细节。可以说，无论是上述哪一种艺术化的态度，都有助于打破日常生活周而复始的机械惯性和自动性，有助于解放个性和激发对于生活的创造力。

再次，晚明文人生活美学中的艺术指的是一种艺术的手法。一方面，晚明文人将艺术创作的手法运用于日常生活中。例如，晚明文人对如画生活情境的创构就借鉴了绘画的创作技法，再如晚明文人在园居环境的设计中强调空间不能过窄而要留有空余，以及要求居室墙面为白色的非装饰化的简洁风格，都是对国画“留白”创作手法的一种运用。另一方面，晚明文人将艺术欣赏的手法运用于日常生活中，这尤其体现在他们对生活之物认真细致地品鉴、品评之中。在这种品鉴、品评的过程中，生活之物其实也就被当成了艺术作品，同时艺术欣赏的相关语汇也被投注于生活之物上。可以说，晚明文人是将自己在艺术创作与欣赏中培养和积累起来的审美能力进行了迁移和转化，使之运用于日常生活中。也可以说，正是因为晚明文人能够从事艺术创造和欣赏，具有极高的艺术修养，因此他们能够对日常生活中的审美潜质保持高度的敏锐，并且对日常生活中的审美资源进行充分的开掘。可见，艺术审美经验有助于生成日常生活审美经验。

有时，艺术审美经验会形成对生活的反观。王尔德说：“也许伦敦有了好几世纪的雾。我敢说是有的。但是没有人看见雾，因此我们不知道任何关于雾的事情。雾没有存在，直到艺术发明了雾。”[①] 在此我们不去评论王尔德唯美主义的是非功过，仅就他的这番话而言，实际上暗示了艺术可以作为生活的一种依照。结合我们每个人的生活来看，对于日常生活中一些微不足道的生活细节和生活场景，我们往往熟视无睹或者说没有给予特别的注意，但当我们从表现这些生活细节和生活场景的艺术作品中获得了审美愉悦时，就会开始用一种非常专注的目光来重新看待这些我们曾经忽视的生活细节和生活场景，进而也会重新看待我们周遭的生活世界。在这里，艺术如同为我们佩戴了

---

① ［英］王尔德：《谎言的衰朽（对话录）》，杨恒达译，载赵澧、徐京安主编《唯美主义》，中国人民大学出版社 1988 年版，第 133 页。

一副新眼镜，改变了我们对生活的麻木，使我们看到了生活的美。如果说王尔德在此强调的是通过艺术来重新感知生活，那么晚明文人则更进一步，以其审美实践强调了通过艺术来重新塑造生活。

最后，晚明文人生活美学中的艺术指的是一种艺术的境界。晚明文人以艺术的态度观照生活，以艺术创作和欣赏的手法改造生活，最终是为了追求一种艺术的境界，即自由、超脱、高远、本真、诗意的境界。因此，这种艺术的境界实际上与晚明文人的心灵与精神的境界又是相通的。晚明文人追求日常生活的艺术境界，一方面意在为日常生活注入精神求索的底蕴，另一方面也在于成就一种富有情韵与格调的人生。同时，艺术境界作为一种境界，既是浑融为一的，又是永无止境的，这就意味着晚明文人所追求的生活是可以不断超越现状而臻于新境界的生活。

上述对艺术四个方面的定义虽是从晚明文人的生活美学中提炼、概括和归纳出来的，但具有普适性，可作为生活美学中艺术的题中应有之义。同时，正是通过上述四个方面，在晚明文人的生活美学中，艺术真正融入了日常生活。在这里，艺术不仅仅是作为物理性的实体存在，更是上升成为一种自觉的生活意识与生活方式，一种规划、设计和布置生活的尝试和努力，一种建构与形塑生活的力量，艺术的意义与效能在日常生活中得到充分的释放，由此整个日常生活也就犹如一件被晚明文人精心加工和打磨过的艺术作品。在晚明文人的生活美学中，晚明文人不仅是作为画家、书法家、文学家和琴乐家等的艺术家，更是生活的艺术家，他们赋予了其生活以艺术的地位。

在现代美学和艺术史上，先锋派艺术家对生活与艺术的关系进行了探索。1917 年，马塞尔·杜尚（Marcel Duchamp）在一件购得的瓷质男小便器上签字，并将其命名为《泉》提交给了在纽约举办的一个大型艺术展览会。1964 年，波普艺术家安迪·沃霍尔（Andy Warhol）的《布里洛盒子》是继杜尚的《泉》之后又一个将现成品（ready-made）作为艺术品的范例。按照阿瑟·丹托（Arthur C. Danto）的说法，它们能成为艺术品是“艺术界”（an artworld）即“一种艺术理论的氛围，一种艺术史的知识”[①] 所决定的。此外，历史先锋派也将废报纸、瓶盖、碎布等日常生活中的废旧物组合粘贴到作品中。上述种种艺术实验使不少人认为生活与艺术已出现融合，并且二者的边界也已逐渐模糊甚至趋于消失。其实，这些艺术实验旨在打破艺术的自律性，取消艺术凌驾于生活的高高在上的地位，它虽可引发我们对于艺术的反思，如艺术可以不再局限于审美这单一的维度而用于表达某种抽象的理念等，但是，第一，就其与生活的关系来看，无论是杜尚的男小便器还是沃霍尔的布里洛盒子，都是以在博物馆里展出为目的，它们并未脱离特定的体制化的艺术空间，并未以改造和提升人们的生活品质为目标，自然也就不可能影响人们的日常生活，也不可能成为人们日常生活的一部分。因此，如杜尚的《泉》和沃霍尔的《布里洛盒子》的这类艺术实验体现出的只是艺术与生活的一种浅表化的融合而非直接触及人们生活的深层次的融合，也就不足以成为处理生活与艺术关系的理想模式。第二，因为杜尚和沃霍尔都拥有艺术家的身份，如果是普通人按照他们的做法分别将男小便器和布里洛盒子进行展出，则不会被视为艺术品，也不会引起艺术界的关注，这也说明艺术的边界依然存在。第三，当人们面对这些先锋艺术品时还是要与其保持一定的距离，并采取静观的方式。而在晚明文人的生活美学中，艺术与生活达成了深度的融合，艺术真正走进、介入并影响了文人的日常生活，而这种艺术化的生活不仅需要静观，也需要全身心介入。

更重要的是，我们通常是在美术馆、电影院、音乐厅等艺术体制化的地方来理解艺术，艺术是被孤立和封闭起来的，而晚明文人的生活美学使我们能直接从生活出发来理解艺术，生活中处处皆可有艺术的品位与情调。也正因为如此，艺术显得与我们每个人的生活都息息

---

① Arthur C. Danto, “The Artworld”, in Carolyn Korsmeyer (ed.), *Aesthetics: The Big Questions*, Oxford: Blackwell, 1998, p. 40.

相关，艺术的落脚点也正是生活。艺术可以如水中盐、花中蜜一般渗透于生活中，例如当我们也如晚明文人那样创设出如画的生活情境，并置身其中而感到身心愉悦时，绘画的创作技法早已无迹可循。同时，当艺术融于生活之后，又能进一步激发我们对艺术的热爱与追求。由此，我们不再“为艺术而艺术”，而是将“为生活而艺术”与“为艺术而生活”统一起来，生活与艺术相互促进，相辅相成。艺术离不开生活，生活也离不开艺术。

由此我们再来思考艺术与生活的边界问题。虽然“历史地看，艺术边界问题是一个现代性问题，它是艺术的现代性分化所导致的必然产物”①，但是晚明文人的生活美学能够为我们思考这一问题提供一些新的思路与启发。从晚明文人的生活美学来看艺术与生活的边界问题，我们可以得出以下结论。一方面，生活与艺术显然是有区别的，生活不等同于艺术，艺术也不等同于生活。因此，艺术与生活的边界依然存在，并没有消失。但另一方面，如果艺术能够如在晚明文人的生活美学中那样，作为一类能够装点生活环境的艺术品，作为一种对待生活艺术的态度，作为一种艺术创作和欣赏的手法以及作为一种艺术的境界自然、自洽地融入生活，那么似也就没必要在生活与艺术之间严格划出清晰、明确的界线。对于晚明文人来说，琴、棋、诗、书、画等艺术本就是日常生活不可或缺的组成部分，生活中无处不琴乐，无处不诗意，无处不画境，这与今天持艺术与生活二分论的我们有很大的不同。也正因为如此，我们需要摒弃二分论思维而尝试融合性思维，借鉴晚明文人的生活美学来融合艺术与生活以提升生活的品质。

应该说，艺术与生活的边界本来就是在不断调适中的，因此这也是一个建设性的过程。同时，艺术与生活的边界问题并不仅仅是艺术和生活各自本身的问题，而只有让艺术回归和还原生活，让生活接纳和请进艺术，使生活与艺术互照、互识和互见，这一问题的丰富性才

① 周宪：《“剪不断理还乱”的艺术边界》，《学术月刊》2012 年第 11 期。

能得以展呈。由此，重要的不是艺术与生活有没有边界以及边界在哪里，而是艺术如何更好地服务于生活和生活如何更多地借助艺术以获得提升，从而促成艺术与生活之间更有效地互动交融以为创造美好生活贡献力量，这才是更值得我们去探究的问题。

二 生活美学与“艺术终结”

关于“艺术终结”，主要有黑格尔和阿瑟·丹托两个版本。在黑格尔那里，“艺术终结”说的是艺术将被宗教和哲学取代，这是他对自己理论体系中“绝对精神”发展阶段的推导与演绎的结果。在丹托那里，“艺术终结”一方面说的是哲学对艺术的剥夺和压制，另一方面说的是古典线性艺术叙事模式的终结，其实这也就标志着艺术形态、艺术观念和艺术话语方式的变革，其中包含了丹托面对新兴艺术的一种阐释的焦虑和对现代性的危机意识。

不难看出，黑格尔和丹托都是站在哲理思辨的层面，在历史（艺术史）的视域下，并从各自所处的特定艺术发展情形出发来谈论“艺术终结”的。但是，艺术并非仅仅是一个哲学问题。理论是灰色的，而生活之树常青。理论的批判与反思不能取代生活的实践。我们不仅要对艺术进行哲学化的理解和阐释，更要将艺术置于广阔的生活世界中来探寻和开掘。我们认为，反思“艺术终结”的立足点和支点有必要在黑格尔和丹托以外的情境中找寻，而晚明文人的生活美学有助于重新审视和阐发“艺术终结”问题。

如上所述，在晚明文人的生活美学中，艺术以艺术品、艺术态度、艺术手法和艺术境界的方式存在于生活中，特别是晚明文人创构如画的生活情境和以如画之眼赏物，其实还是以艺术为标准、尺度和参照的。可见，在晚明文人的生活美学中，艺术非但没有“终结”，反而其作用得以凸显，其功能得以强化，其地位得以提升，艺术的可能性并未被耗尽。因此，“艺术终结”虽然极具理论的诱惑力，但它并非一个具有普适性的判断。

我们常说艺术与生活融合，但究竟如何融合往往并不明确。晚明文人的生活美学正可作为艺术与生活融合的一个典范。这种融合，指的是艺术可以作为一种介入生活的态度、手法和境界，作为生活审美的标准、尺度和参照，作为对待生活的那份可贵的热情与创造力渗透于生活之中，而这些对于我们今天的生活同样是有效和适用的。因此，艺术之于生活的重要性并未丧失。换句话说，即使艺术自身的重要性被削弱，那么一旦它与生活联姻，其重要性又得以激活和彰显。

这里我们不妨再来看丹托。正如米歇尔·A. 普林斯普（Michael A. Principe）所说："丹托关于艺术史终结的命题，包含艺术终将从其被哲学的放逐中解放出来的观点，是对生活美学的极大暗示，因为看起来这种解放将使艺术在一定程度上成为世界的重要的或相关的部分。"① 然而，"对于丹托来说，虽然日常生活可以卓有成效地进入艺术界，但反之则不成立"②。也就是说，尽管丹托注意到了日常生活对艺术界的进入，但他忽视了艺术对日常生活世界的进入。而正是这一点，使丹托的"艺术终结"论虽隐约可见生活美学的发展方向，但他最终偏离了其向生活美学的演进轨迹，而陷入了无目标的多元主义。丹托认为"多元主义时代已降临在我们身上。你做什么都不再重要，这就是所谓的多元主义。当一个方向与另一个方向一样好时，也就不再有必要使用方向的概念"③，从而与生活美学擦肩而过。与丹托不同，晚明文人则充分意识到了艺术介入生活的可能性和可行性，因此他们成功地建构起了具有多重艺术蕴涵的生活美学，同时也就指明了

---

① Michael A. Principe, "Danto and Baruchello: From Art to the Aesthetics of the Everyday", in Andrew Light and Jonathan M. Smith (eds.), *The Aesthetics of Everyday Life*, New York: Columbia University Press, 2005, p. 56.

② Michael A. Principe, "Danto and Baruchello: From Art to the Aesthetics of the Everyday", in Andrew Light and Jonathan M. Smith (eds.), *The Aesthetics of Everyday Life*, p. 65.

③ Arthur C. Danto, *The Philosophical Disenfranchisement of Art*, New York: Columbia University Press, 1986, pp. 114–115.

生活才是艺术的目标之所在，从而开辟了一条与丹托不同的把握艺术与生活关系的合理路径。

因此，黑格尔和丹托的哲学意义上的“艺术终结”之后，艺术又将何去何从呢？显然艺术不会消亡，它依然存在，并将以新的存在方式回归生活并融入生活，艺术的潜能应在生活中展开，艺术的价值应在生活中闪现，艺术的地位应交由生活来检视和确证，而非像丹托所言“似乎一切都可以成为艺术品，只要能够援引某个理论对它作为艺术的地位予以解释即可”[①] 这样的纸上谈兵。应该说，艺术不会终结于生活，艺术的生命力将在鲜活的生活中得以延续。因此，“艺术终结”并未终结艺术，而恰恰是艺术在生活中的新生与开启。这是晚明文人的生活美学所展现出的艺术与生活的关系带给我们的重要启示，也是艺术的正途所在。当艺术真正内化于生活之时也就是它真正扎根于我们每个人的心灵与精神之时。当我们不再纠结于艺术是否终结、艺术何时终结、艺术何以终结等问题，而是着眼于艺术与生活的可能性以及对“艺术”进行更为开放的理解和认识时，我们也就走出和超越了“艺术终结”。

第四节　生活美学与其他美学的关系

晚明文人的生活美学包含着艺术、环境和身体三大维度，体现出生活美学与艺术美学、环境美学和身体美学的关联，从而引发我们思考和探讨生活美学与艺术美学、环境美学和身体美学的关系。第一，艺术美学、环境美学和身体美学构成了生活美学兴起的理论背景。第二，相比于艺术美学、环境美学和身体美学，生活美学的理论建构还处于起步阶段。我们认为，当前生活美学的理论建构有必要借助艺术

① ［美］阿瑟·C. 丹托：《中文版序言》，《艺术的终结之后：当代艺术与历史的界限》，王春辰译，江苏人民出版社 2007 年版，第 5 页。

美学、环境美学和身体美学。这种借助，既有对上述三种美学相关理论资源的直接借鉴和吸纳，也有对它们的合理改进和补充，使之更好地满足生活美学理论建构的需要。第三，生活美学与艺术美学、环境美学和身体美学在一些重要问题上具有通力合作的空间。可以说，思考和探讨生活美学与艺术美学、环境美学和身体美学的关系有助于加强生活美学与这三种美学之间的对话、融通、整合和协作，从而不但使生活美学能够以兼收并蓄和多元开放的立场得以发展和完善，而且使生活美学、艺术美学、环境美学和身体美学能够共同推动当下美学的转型和大众审美生活的创构。

一　生活美学与艺术美学

通常认为，生活美学是对长期占据主导地位的艺术美学的反叛。但事实上，生活美学并没有简单地否定艺术美学，更无意消解艺术美学。生活美学与艺术美学之间存在着密切的关系。

从生活美学的兴起来看，正是由于艺术美学对于丰富多彩的日常生活审美活动和审美现象不具有充分有效的阐释力，才为生活美学的出场提供了契机和可能。同时，学者们对生活美学的探讨往往也以艺术美学为出发点。如日裔美籍学者斋藤百合子虽极力反对将分析艺术审美的模式和方法运用到分析日常生活审美中，但她并未排斥艺术美学的存在，其探讨生活美学恰恰是从艺术美学，更具体地说是从比较艺术（art）与非艺术（non-art）在特征上的差异开始的。在斋藤百合子看来，正是由于我们以往主要关注艺术的特征并将其作为审美的典范，才导致了对与艺术审美同等重要且更为丰富复杂的日常生活审美的极大忽视，由此她强调了建构生活美学的必要性和重要性。在斋藤百合子这里，艺术美学是作为生活美学立论的参照系出现的。也可以说，艺术美学在此成了生活美学的逻辑起点。

遗憾的是，关于如何借助艺术美学来建构生活美学，斋藤百合子并未进行探讨，这就为我们的探索留下了广阔的空间。我们在上一节讨论艺术与生活的关系时已经涉及该问题，这里再从以下两个方面入手。

第一，将静观纳入生活美学，并对其进行重新理解和认识。艺术美学最看重的审美方式就是静观。近年来虽有部分西方美学家激烈地反对静观，认为它已不能适应当今审美的需要，但实际上，静观在日常生活审美中仍能发挥其效力。静观所要求的排除现实功利性、实用性欲求的干扰和束缚而以空明澄静之心全神贯注于对象的审美属性，依然有助于日常生活审美经验的生成。因此，生活美学不应排斥静观。不过，我们也需要对艺术美学中的静观有所修正和补充，使之更能贴合日常生活审美的实际。

一方面，不能将静观纯粹化。艺术美学中的静观所强调的超功利、超实用使其疏离于现实而变得纯粹，这其实是对理想审美状态的一种预设。但在如今以体验性消费为突出表征的日常生活审美活动中，审美的非功利性、非实用性与功利性、实用性是相互渗透的。因此，我们在日常生活审美活动中不能片面地注重审美的非功利性、非实用性而忽视了其与功利性、实用性之间的相互关联。

另一方面，不能将静观绝对化。以往的艺术美学将静观作为唯一的审美方式，但显然日常生活审美的方式是多样化的，静观只是其中的一种方式。因此，我们应根据日常生活的审美需求和审美对象采取合适的审美方式，有些情形适用静观，有些情形则不适用。

第二，从艺术门类的角度加强生活美学与艺术美学的关联。晚明文人创构如画的生活情境和以如画之眼观赏生活之物等，都鲜明地体现出了生活美学与艺术美学中的绘画美学的关联。再如晚明文人在日常生活的品物活动中广泛使用的“雅”“俗”以及带“品”字的术语也来自对绘画、书法、音乐、舞蹈、文学等艺术门类的品评，这也典型地体现出生活美学与艺术美学的关联。这样看来，晚明文人正是通过艺术美学实现了对日常生活的审美创造和审美欣赏，使艺术得以真正进入生活，而生活也在艺术的指引下焕发新貌。同时，“如画”“雅”“俗”以及带“品”字的术语等也就成了联结日常生活审美与艺术审美的中介和桥梁，也可以说它们成了生活美学和艺术美学共有的美学范畴，这就在一定程度上预示了走向一种普遍性美学的可能性。

不难看出，晚明文人在如何利用艺术美学建构生活美学上为我们作出了示范。在晚明文人这里，艺术美学对于生活美学的指导作用也得到了展现。但是，这种指导作用展现得最为充分和显著的还是绘画美学，因此形成了晚明文人日常生活审美的如画性追求，如画①也作为一种文人阶层特有的日常生活审美趣味用于与其他阶层进行身份上的区隔。那么除绘画美学之外，如何充分发挥书法、音乐、舞蹈等其他艺术门类对于生活美学的指导作用，使它们服务于生活美学的建构乃至生成“如画”这样兼跨日常生活审美和艺术审美的美学范畴，进而推动生活美学与艺术美学的共同发展就成了需要我们认真思考的问题。

艺术美学与一些生活之事结合后能产生新的艺术，可称为泛艺术或广义艺术，当然也可称为生活的艺术。如烹饪艺术、服饰艺术、人际交往艺术、礼仪艺术、养生艺术、整理收纳艺术、摄影艺术、插花艺术以及茶艺等，它们既是艺术的又是生活的，扩大了艺术的门类。其中有些本身就是艺术，如服饰艺术、摄影艺术、插花艺术等；另一些则原先不被视为艺术，如烹饪艺术、人际交往艺术等，它们要成为艺术，有一个从非艺术到艺术的转化和提升的过程。由此上述这些泛艺术或广义艺术或生活的艺术可以分为两类，一类是直接与艺术美学相关，如服饰艺术、摄影艺术、插花艺术等，它们本就与绘画艺术联系紧密，可视为绘画艺术在日常生活领域的拓展和延伸；另一类则是

---

① 需要指出的是，环境美学家批判和反对以“如画”的方式欣赏自然，但从晚明文人的生活美学来看，生活美学应该接纳和认可“如画”。可以说，“如画”是一个兼涉艺术审美、环境审美和生活审美的美学范畴，也是一个中西方美学共有的美学范畴，值得进一步深入研究。

赋予那些原本实用性较强而距离艺术较远的生活之事以艺术性，或是开掘其潜藏的艺术性，使之接近艺术，如烹饪艺术、人际交往艺术、养生艺术等。上述这两类泛艺术或广义艺术或生活的艺术不可偏废，它们对于提高大众的审美素养和生活品质都具有重要意义，因此都应纳入生活美学的研究范围。除上述列举的泛艺术或广义艺术或生活的艺术外，如果我们能把生活中的诸多事项，包括日常工作、家务劳动等都努力上升到艺术的层面，那么我们的生活幸福感和满足感必将大大增强。当然，我们也要警惕对这里所说的泛艺术或广义艺术或生活的艺术的滥用和误用，只有真正将生活之事艺术化了，才能被称为泛艺术或广义艺术或生活的艺术。从这个角度看，如何真正实现生活的艺术化应成为生活美学与艺术美学协力探讨和解决的重要问题。

二　生活美学与环境美学

生活美学与环境美学的关系首先表现在环境美学可被视为生活美学的理论先导。第一，在对待以艺术为中心的传统美学上，20 世纪 60 年代兴起的环境美学率先打破了艺术独占美学的格局，将美学的研究领域拓展至环境。随后出现的生活美学则承继了环境美学开拓美学疆域的努力，通过关注日常生活中的审美活动和审美现象进一步将美学从单一封闭的艺术研究中解放出来。可见，环境美学和生活美学都不满以艺术为中心的传统美学对美学研究领域的窄化以及由此造成的美学理论与审美实际的脱节，而都主张以开放和包容的态度来重构美学。第二，在哲学理念上，环境美学与生活美学都注重连续性。环境美学家阿诺德·伯林特从杜威那里借用了连续性这一概念，主张“更多地认识到联系而不是差别，连续而不是分离”[①]，并将连续性作为其环境

① ［美］阿诺德·伯林特：《生活在景观中——走向一种环境美学》，陈盼译，湖南科学技术出版社 2006 年版，第 5 页。

美学研究的基础。无独有偶，生活美学家托马斯·莱迪也同样受到杜威连续性思想的影响，强调审美经验与日常生活经验之间的连续性。

关于如何借助环境美学来建构生活美学，我们认为可以从以下两个方面入手。

第一，借鉴环境美学家对日常生活审美方式的探讨。由于环境美学与生活美学的密切关联，环境美学家也探讨了日常生活审美方式，这典型地体现在艾伦·卡尔松身上。卡尔松认为，传统意义上审美的超功利性与日常生活体验的世俗性和平凡性之间有着天然的对立，由此形成了生活美学的困境。为解决该困境，卡尔松着重考察了六种日常生活的审美方式，并将其分为两类：一类从审美客体出发，包括传统形式主义法、审美化法和“家庭壁炉”法；另一类则从审美主体出发，包括借助现象学概念的超功利主义法、介入法和认知法。卡尔松认为前五种方法都存在着局限和不足：传统形式主义法、审美化法、借助现象学概念的超功利主义法和介入法或忽视、或无法维持对日常生活平凡性的审美；而“家庭壁炉”法虽捕捉到了平凡性，但有脱离审美之嫌，因此他主张通过认知法来走出生活美学的困境。在卡尔松看来，对日常生活的恰当审美需要具备相应的知识，即了解“日常事物的性质、运转方式和它们在人类生活中的地位”[①]，从而能够激发、保持和丰富对于日常生活的审美体验。卡尔松还提出了“功能之美”的概念，将其界定为“根据我们的功能知识所发现的对象所具有之审美特性”[②]，并认为该概念“将为我们理解日常生活美学提供一种更有力、更有说服力的理论框架”[③]。在卡尔松看来，对日常事物功能正确、科学的认知有助于对其进行审美：“我们对于日常生活对象，诸

---

① ［加］艾伦·卡尔森：《日常生活美学的困境与出路》，王泽国译，刘悦笛校，《哲学动态》2013年第4期。

② ［加］格林·帕森斯、艾伦·卡尔松：《功能之美——以善立美：环境美学新视野》，薛富兴译，河南大学出版社2015年版，第143页。

③ ［加］格林·帕森斯、艾伦·卡尔松：《功能之美——以善立美：环境美学新视野》，薛富兴译，第126页。

如汽车、建筑起重机、椅子恰当功能的理解，允许我们感知某种审美特性，比如优雅，或貌适特性在那些对象身上是否出现。”[①] 不难看出，卡尔松在此不仅抓住了日常生活的审美方式即如何对日常生活进行审美这一生活美学的核心理论问题，而且实际上是将他环境美学的两大理论支点——“认知”和“功能之美”运用到了对该问题的探讨中，并分析了二者对于日常生活审美的有效性和可行性，这就既丰富了生活美学的理论资源，又加深了生活美学与环境美学之间的亲缘关系。

然而，面对卡尔松贡献的理论资源，托马斯·莱迪并不完全认同其对于生活美学的适用性。莱迪认为，相较于对自然环境的审美，基于科学的认知法与日常生活审美的相关性要小得多。同时，莱迪还指出认知法“忽视了审美经验中想象的重要性以及任何反科学或反常识即不‘正确’的感知”[②]。对于“功能之美”，莱迪虽指出它在生活美学中是重要的，但同时质疑将其作为生活美学的主要特性，其理由有三：一是“功能之美”会忽视不具有实用价值的事物；二是“功能之美”主要关注日常之物而易忽略日常事件和日常经验；三是“功能可以在审美中发挥作用，但它自身并不能决定审美的价值”[③]。

我们认为，卡尔松提出的“认知”和“功能之美”都可以作为日常生活审美方式，服务于生活美学的理论建构。但是，在不同的日常生活审美实践中，“认知”和“功能之美”的内涵也会不同。比如“认知”，我们从晚明文人的生活美学中提炼、概括出的“认知”与卡尔松这里所说的“认知”就有所不同。这就意味着卡尔松提出的“认知”和“功能之美”的内涵还需要在具体的日常生活审美实践中得以不断补充和丰富，在必要时可对其进行适当的改造和完善，使之更能

① ［加］格林·帕森斯、艾伦·卡尔松：《功能之美——以善立美：环境美学新视野》，薛富兴译，第 142 页。

② Thomas Leddy, *The Extraordinary in the Ordinary*: *The Aesthetics of Everyday Life*, p. 122.

③ Thomas Leddy, *The Extraordinary in the Ordinary*: *The Aesthetics of Everyday Life*, p. 101.

适应日常生活审美活动中出现的各种情况。至于莱迪对卡尔松观点提出的异议也具有一定的道理。莱迪的异议并非要完全否定卡尔松的观点，更不是要以生活美学取代环境美学，而其实是提出了修正和完善卡尔松观点的可能路径，从而使生活美学的理论建构更为细致周全，也更能符合日常生活审美的需要。

第二，明确将居住环境和工作环境都纳入生活美学的研究对象。我们知道，人的生活有赖于环境，并在环境中展开，不可能脱离环境而独立存在；而环境则是人生活于其间的环境而不是外在于人的客观对象，人与环境是相互依存和相互成就的整体。因此，生活美学的理论建构显然要高度重视人的生活环境，这就需要明确人的生活环境的含义。从晚明文人的生活美学来看，人的生活环境指的就是文人的家居生活环境，文人对生活情境的审美创构就是对其家居环境的审美改造和提升。陈望衡则指出“广义的‘居’不只是‘住’，也包括工作”①，即涉及居住环境和工作环境两个方面。所以，生活美学中人的生活环境应包括居住环境和工作环境，它们都是生活美学的研究对象。同时，生活美学还应促使人们善于从审美的角度重新思考、调节和改进自身与生活环境的关系，学会将审美作为评价生活环境的重要标尺，注重对生活环境的审美创构，从而使生活环境在满足人们物质所需的基础上能够更好地满足其精神追求，实现物质性与精神性的统一，并最终实现提高生活质量和优化生存状态的目标。

值得一提的是，陈望衡还指明了环境美学的生活内涵。他认为，“环境美学的主题是以‘居住’为基础的生活，有宜居、利居和乐居三个层次。由于环境的主题是生活，因此‘在生活中审美’是环境审美的主要方式”②，可见不同于卡尔松的“认知”和“功能之美”，陈望衡将人与环境的审美关系落实在了人的生活，更具体地说是人的居

---

① 陈望衡：《我们的家园：环境美学谈》，江苏人民出版社2014年版，第53页。

② 陈望衡：《环境美学是什么?》，《郑州大学学报》（哲学社会科学版）2014年第1期。

住生活。可以说，如何实现“宜居、利居和乐居”能够成为生活美学和环境美学共同关注和展开相互对话的重要问题，从而进一步强化生活美学与环境美学之间的互融互通与互渗互补。

三　生活美学与身体美学

理查德·舒斯特曼（Richard Shusterman）建立身体美学的出发点和落脚点都在于生活，显示出了其与生活美学在根基和旨归上的一致性，从而使生活美学和身体美学在一定程度上可以相互印证和支撑。从出发点说，身体美学在于“使哲学能够更成功地恢复它最初作为一种生活艺术的角色”①，从而使哲学不再是纯粹的理论思辨，而走向大众的日常生活。舒斯特曼的《实用主义美学》一书的副标题“生活之美，艺术之思”即鲜明地体现了他对于生活艺术的倡导。从落脚点说，身体美学在于改善和提升人的生活品质。舒斯特曼在接受国内学者访谈时曾明确指出：“如果你说身体美学仅仅与挣钱、追求权势或者寻求快感相关，而不考虑生活质量，那也许会产生贬低或者庸俗化的危险。但是如果你把身体美学的目的理解为提高人们生活的质量，我想，你不必担心庸俗化的问题。相反，那些不关心改善生活品质的哲学才是真正庸俗化的哲学。”② 舒斯特曼的上述主张和立场与生活美学可谓如出一辙。正因为以生活为起点和归宿，舒斯特曼反对将审美经验孤立于单一的美的艺术领域，而重视审美与日常生活的关联，注重开掘日常生活中的审美经验，并强调身体在其中发挥的重要作用。

关于如何借助身体美学来建构生活美学，我们认为可以从以下三个方面入手。

---

① ［美］理查德·舒斯特曼：《实用主义美学——生活之美，艺术之思》，彭锋译，商务印书馆2002年版，第353页。

② 徐黎、亓校盛、席格：《艺术界定与身体美学——对理查德·舒斯特曼教授的访谈》，《美与时代》（下）2014年第10期。

第一，借用舒斯特曼对于身体的界定，注重身体感知、经验和意识在日常生活审美中的作用。随着生活水平的提高、科学技术的发展和大众消费文化时代的来临，人们比以往更加注重自己的身体，身体审美无疑已成为当今日常生活审美最直接和集中的体现，并且日益商业化乃至产业化。从形形色色的服饰装扮、形象设计到五花八门的美容美体、减肥瘦身，身体越来越服从于审美的加工和改造，其可塑性不断增强。当然，生活美学中的“身体”绝非仅仅停留于上述肉体意义上的身体的外部美化，而可以借用舒斯特曼对于身体的界定，即这里的身体既包括身体感官的感知和体验，又包括关涉身体的意识性、精神性的活动，从而使身体能够成为兼具主客体性的“感性审美欣赏与创造性自我塑造的核心场所”[①]。舒斯特曼以“somaesthetics”而非“body aesthetics”指称身体美学，正意在突破身心二元对立的传统，将身体视为身与心、灵与肉合一的生命有机体。今天人们从事健身、健美、武术、瑜伽和搏击操等活动，不单是为了形体、姿态的美观，更是要通过这些活动一方面从繁杂的日常工作学习中解脱出来，求得暂时的放松、休闲和自由；另一方面也锻炼意志品格，提升精神面貌，培养良好的生活习惯和自控力，增强对于生活的信心与热情等。这其实是一个由身到心、由肉体到精神、由外在到内在的过程，最终达到身心兼适的审美状态，并通过身体的全方位改造实现对自我的完善。

第二，注重身体机能的培育和训练。生活美学家也注重身体在日常生活审美活动中的作用。例如，斋藤百合子指出日本茶道的进行离不开身体的全程参与，包括“穿越茶园，洗手洗嘴，步入茶室，端举茶碗，啧啧地喝茶和吃一块点心”[②] 等。但是，斋藤百合子在此关注的仅是身体的感知和活动本身，而舒斯特曼还强调对身体各种机能的

---

① ［美］理查德·舒斯特曼：《身体意识与身体美学》，程相占译，商务印书馆 2011 年版，第 33 页。

② Yuriko Saito，“Everyday Aesthetics”，*Philosophy and Literature*，Vol. 25，No. 1，2001.

规范化培育和训练，从而锐化身体感知和增进身体意识，进而提高审美能力。因此，生活美学也应将身体机能的培育和训练纳入其题中应有之义，增强身体的把控力和协调性，从而使人们在日常生活审美活动中能够更好地利用身体。

第三，借鉴身体美学在统一理论与实践、伦理与审美、个体与社会等方面的努力。

一是追求理论与实践的统一。舒斯特曼反对空谈理论而忽视实践，他将实践作为身体美学的三大维度之一，即“它不是制造理论或文本的事情，甚至不是提供身体关怀的实用主义方法的文本，而完全是通过针对身体自我完善的有智力地规范的身体操作，对这种关怀的实际实践……不是与说有关，而是与做有关”[①]。当然，舒斯特曼也不忽视理论，他主张“身体美学必须是思想者和实践者共同体协力完成的工作”[②]。舒斯特曼既是大学学者又是专业的身体训练师，这样的双重身份使他能够很好地将理论与实践紧密结合起来。生活美学研究者也应该身体力行，将审美作为一种生活方式来践履，以实践推动理论研究，以理论研究指导实践，从而使二者都能够得以深化和发展。

二是追求伦理与审美的统一。康德将伦理与审美相互分离，舒斯特曼则力求在生活中将二者统一起来。他提出了“伦理生活的审美化”，即“在决定我们对怎样引导或塑造我们的生活和怎样评估什么是善的生活的选择上，审美的考虑是或应该是至关紧要的、也许最终是最重要的。它通过将审美确立为美好生活的正确伦理理想、首选模式和估价标准，使维特根斯坦伦理学和美学是一回事这个含糊的格言充实起来”[③]。也就是说，舒斯特曼将审美作为评判伦理生活的重要标准，其要义在于不从普适性的伦理规范和既定的义务出发，而诉诸对

---

① ［美］理查德·舒斯特曼：《实用主义美学——生活之美，艺术之思》，彭锋译，第365页。
② ［美］理查德·舒斯特曼：《实用主义美学——生活之美，艺术之思》，彭锋译，第370页。
③ ［美］理查德·舒斯特曼：《实用主义美学——生活之美，艺术之思》，彭锋译，第316页。

最具吸引力和最能打动人心之事物的发现和感知，从而有别于完全建基于单一道德层面的传统伦理观。舒斯特曼在此并非要摒弃道德本身，而是要通过为传统的伦理考量增添审美这一崭新的维度来摒弃道德决定论。联系到生活美学，我们也应以审美丰富伦理生活的面向，以审美引领我们过上美善合一的幸福生活。

三是追求个体与社会的统一。舒斯特曼进一步反思了如何将伦理生活审美化。他批评了罗蒂那种强调个人创造奇异性和独立性而过于私人化的审美生活，认为其无法由个体推广和延伸至公众，也就无法完成社会改良的任务。对此，舒斯特曼着眼于身体美学，他指出“对身体的审美修养可以为按照优雅与和谐的方向来培养一个人的整个品性提供一种媒介，而且通过个人与公众领域的交往以及激发他人以同样的优雅与和谐的行为，这种富有魅力的榜样可以有助于使更大的公众领域变得和谐”①，“身体不仅由社会塑造，而且还贡献于社会”②。可见，舒斯特曼的身体美学是由个人指向社会，以谋求个人与社会的充分融合与共同完善。换言之，舒氏的身体美学绝非仅关乎私人领域，而是有其社会功用。生活美学也应要求个体以自己的审美生活去影响和带动周围的人，不仅使自己过得更好，也使他人过得更好，从而最终促进社会的和谐发展，实现个人提升与社会改造的双重目标。同时我们还应认识到，个体的审美生活总是处于一定的社会语境中，要受到各种社会因素的影响和制约，不可能是全然脱离社会生活而仅凭个人意愿创造的产物。因此，个人的审美生活与社会生活之间多元复杂的互动关系也应交由生活美学来探讨。

如何进一步增强身体意识，提高身体感知的灵敏度和丰富性，使身体更协调地融入日常生活中，并更充分地发挥身体在生成日常生活

---

① ［美］理查德·舒斯特曼：《生活即审美：审美经验和生活艺术》，彭锋等译，北京大学出版社2007年版，第XX页。

② ［美］理查德·舒斯特曼：《实用主义美学——生活之美，艺术之思》，彭锋译，第345页。

审美经验以及提升日常生活审美经验深广度上的作用，等等，应成为生活美学和身体美学共同聚焦的重要问题，由此生活美学和身体美学也便能携手推进美学对日常生活的介入和大众审美生活的实现。

我们探讨生活美学与艺术美学、环境美学和身体美学的关系，强调借助这三种美学来建构生活美学，一方面意在将艺术、环境和身体都纳入生活美学的问题域，从而避免把生活美学视为独立自足的封闭领域而将其置于更广大的美学整体中进行考察，体现出一种走向整合的生活美学建构方式，这就为生活美学的发展扩大了视野、增添了后劲；另一方面也意在挖掘和激活艺术美学、环境美学和身体美学内蕴的回归日常生活的元素，实现艺术审美、环境审美和身体审美的日常生活化，从而不仅有助于为大众开展丰富多彩的日常生活审美实践和在日常生活中获得更为强烈完整的审美经验指明方向，而且还有助于引导美学不再仅仅关注纯粹抽象思辨的理论世界，而把目光转向如何通过审美提升人们的生活品质和生存状态，以及如何将其落实于具体的行动中。

第六章　晚明文人生活美学的当代实践再生产

审美化生存是人类本质力量的体现，因此成为人类孜孜不倦的追求。晚明文人生活美学的精神内涵，使其与当代人的审美化生存之间形成了丰富的衔接点和对话关系，能够为当代人实现审美化生存提供重要的借鉴和启示，从而完成其自身的当代实践再生产。这具体表现在三个方面：第一，晚明文人的生活美学能够对当代“日常生活审美化”的一些弊端进行纠偏补弊，成为当代“日常生活审美化”的另一选择，从而为当代人真正实现审美化生存提供正确的指引；第二，晚明文人的生活美学与当代文化创意产业的融合能够实现二者的双赢，从而更好地服务于当代人审美化生存的实现；第三，晚明文人的生活美学具有生活美育之效，有助于当代人提高自身的日常生活审美能力，学会以审美地生活走向审美化生存。

第一节　晚明文人的生活美学与当代“日常生活审美化”

当代“日常生活审美化”的出场绝非偶然，它是由消费社会的兴起、大众文化的发展以及电子传媒等高科技的发达等多种因素合力作用所导致的社会现实。“日常生活审美化”虽由以迈克·费瑟斯通（Mike Featherstone）和沃尔夫冈·韦尔施（Wolfgang Welsch）等西方学者提出并进行解读，但它在全球化语境下已不是西方独有的社会现实，在中国社会也不同程度地出现。张晶指出：“‘日常生活审美化’作为一个引起充分关注的美学命题，有着明显的西方的思想背景，但在中国的当代文化与审美活动中也是能够普遍性地说明问题的。”① 王德胜、李雷也指出：“‘日常生活审美化’不是西方理论话语的简单移植，它与当代中国社会文化转型现实以及审美泛化境况内在契合，构成当代美学研究的整体现实语境。”② 可以说，“日常生活审美化”在当今中西方社会共同存在，已成为一个不容忽视的全球性问题。这里我们所要重点指出的是：“日常生活审美化”的实质是消费主义背景下的大众物质文化景观，它充斥着大量非审美的成分，遮蔽了审美的本来面目，其弊端是明显的，因此并非当代人理想的审美化生存状态。而晚明文人的生活美学恰能对当代“日常生活审美化”的一些弊端作出回应和进行纠偏补弊的疗救，所以我们试将晚明文人的生活美学作为当代“日常生活审美化”的另一可行性选择，进而表明：一方面，我们需要对当代“日常生活审美化”进行引导和规范；另一方面，日常生活审美化可以有多种实现路径，并非只有一副面孔。

一　晚明文人生活美学与当代“日常生活审美化”的差异性

英国社会学家迈克·费瑟斯通在他 1991 年出版的《消费文化与后现代主义》一书中明确提出了“日常生活审美化”（the aestheticization of everyday life）。该书书名也就表明“日常生活审美化”与消费文化和后现代主义密切相关，它们正是孕育“日常生活审美化”的重要土壤。在费瑟斯通看来，“日常生活审美化”包括以下三层含义：一是指“那些艺术的亚文化，即在第一次世界大战和本世纪二十年代出现

① 张晶：《艺术美学论》，中国文联出版社 2012 年版，第 373 页。

② 王德胜、李雷：《“日常生活审美化”在中国》，《文艺理论研究》2012 年第 1 期。

的达达主义、历史先锋派及超现实主义运动”[①]；二是指“将生活转化为艺术作品的谋划”[②]；三是指“充斥于当代社会日常生活之经纬的迅捷的符号与影像之流”[③]。而这三层含义又都与消费文化密切相关。换句话说，费瑟斯通也正是从消费文化的视角来对“日常生活审美化”的三层含义进行阐释的。就第一层含义而言，费氏指出：“达达主义、超现实主义及先锋派的许多策略与艺术技巧，已为消费文化中的广告与大众媒体所吸收。”[④] 就第二层含义而言，要实现“将生活转化为艺术作品的谋划”主要还是要依靠消费。费氏说：“新的消费文化的英雄们，在他们设计好并汇合到一起构成生活方式的商品、服装、实践、体验、表情及身体姿态的独特聚合体中，把生活方式变成了一种生活的谋划，变成了对自己个性的展示及对生活样式的感知。”[⑤] 就第三层含义而言，费氏认为这是“消费文化发展的中心”[⑥]。这里的“符号与影像之流”显然包括商品的符号化和形象化，从而成为商家促销和赢利的重要手段。可以说，没有消费社会，就没有“日常生活审美化”。“日常生活审美化”成了消费社会的重要表征及其组织运作的基本原则。

相对于“日常生活审美化”所产生的后现代消费文化语境，晚明还是一个处于前现代语境下的传统农业社会，虽然晚明商品经济的高度发展、资本主义萌芽的出现以及商品物资的极大丰富等，使其已经具备了消费社会的某些特征[⑦]，但其在消费上的发达程度和普及范围

---

① ［英］迈克·费瑟斯通：《消费文化与后现代主义》，刘精明译，译林出版社 2000 年版，第 95—96 页。

② ［英］迈克·费瑟斯通：《消费文化与后现代主义》，刘精明译，第 96 页。

③ ［英］迈克·费瑟斯通：《消费文化与后现代主义》，刘精明译，第 98 页。

④ ［英］迈克·费瑟斯通：《消费文化与后现代主义》，刘精明译，第 96 页。

⑤ ［英］迈克·费瑟斯通：《消费文化与后现代主义》，刘精明译，第 125—126 页。

⑥ ［英］迈克·费瑟斯通：《消费文化与后现代主义》，刘精明译，第 99 页。

⑦ 关于晚明消费社会和消费文化的研究，可见巫仁恕的《品味奢华：晚明的消费社会与士大夫》（台北：联经出版事业股份有限公司 2007 年版）、《奢侈的女人：明清时期江南妇女的消费文化》（商务印书馆 2016 年版）和《优游坊厢：明清江南城市的休闲消费与空间变迁》（转下页）

远远不及当下，这也就导致了当代“日常生活审美化”和晚明文人的生活美学虽都涉及日常生活领域，但二者所关涉的是不同主体不同的日常生活。当代“日常生活审美化”关涉的是既包括拥有较强消费能力的城市中产阶级的日常生活，也包括随着社会发展，将越来越被消费主义浪潮猝不及防地席卷而入的普通大众的日常生活①。而晚明文人的生活美学关涉的是能够更多受到消费文化影响的精英文人的私人生活，随之也就产生了二者的以下两点差异。

一是从影响范围上看，当代“日常生活审美化”牵动的是整个社会结构与价值观念的变迁；而晚明文人的生活美学虽也影响到除文人外的其他社会阶层，但相较于整个社会而言，还是发生于精英文人阶层内的行为，不具有社会普泛性。

二是从价值取向上看，当代“日常生活审美化”在一定程度上指向消解精英与大众、高雅与通俗之间的分界，它要解构原有审美传统中的等级秩序，这也是其作为当代消费社会的重要特征所决定的；而在晚明文人的生活美学中，文人对雅俗作了高低优劣之分，他们极力地尚雅反俗，使审美中的等级秩序依然存在。

在此，如果将费瑟斯通所论的“日常生活审美化”的三层含义逐一与晚明文人的生活美学作一番比照，则能显示出二者深层的差异。就费氏所论的“日常生活审美化”的第一层含义来看，这里与其说是日常生

（接上页）（中华书局2017年版），宋立中的《闲雅与浮华：明清江南日常生活与消费文化》（中国社会科学出版社2010年版）。

① 虽然目前“日常生活审美化”的主体是城市中产阶级，虽然普通大众的消费能力和消费程度相较于城市中产阶级是有限的，但在消费社会中他们也拥有消费的权利，也将或多或少地有所消费。正如陶东风所说：“日常生活的审美化与消费文化虽然是集中在中国城市的现象，但是正如在经济上城市对于乡村具有辐射力一样，在文化与思想观念上也是这样。我不能否定中国许多农村地区还较穷或很穷，但是由于电视这个最重要的大众传播手段的极大普及，城市的消费主义意识形态实际上已经强有力地影响到农村。追求名牌、追求夸饰性消费的心理在农村同样十分普遍。”（陶东风：《也谈日常生活的审美化与文艺学》，《中华读书报》2005年2月16日）周宪也指出：“尽管我们今天的日常生活审美化也许还只是一部分‘中产阶级’人士优先享受的生活惠泽，但随着这个阶层的壮大，会有更多的人加入到这个历史进程中来。有胜于无，多胜于少，这是一个朴素的道理。”（周宪：《文化表征与文化研究》，北京大学出版社2007年版，第315页）

活的审美化，不如说是艺术在表层的日常生活化。对此代迅敏锐地指出："费瑟斯通所讲的这层意思依然是艺术自身的变革，是艺术靠近生活，而不是日常生活本身。"[①] 而我们在上一章分析晚明文人生活美学中生活与艺术的关系时已经指出，这些艺术的亚文化只是表面地与生活结合，而远没有达到与生活的深度融合，因此代迅在这里用"靠近"一词也是十分准确和贴切的。晚明文人的生活美学可作为生活与艺术真正融合的典范，对此我们已在上一章论述，恕不赘言。就费氏所论的第二层含义来看，"将生活转化为艺术作品的谋划"的践行者是那些 19 世纪的纨绔子弟、花花公子、浪荡子等，他们将生活方式风格化，追求转瞬即逝的感受和即兴体验。这样的"日常生活审美化"在一定程度上表现出了放荡和颓废，缺乏精神层面的跃进。而晚明文人的生活美学高度注重文人在日常生活中的精神陶养。就费氏所论的第三层含义来看，"日常生活审美化"表现为一种视觉文化及其带给人的视觉上的享受与满足。在此视觉的感知被抬至最高的地位且居于主导，而听觉、触觉、嗅觉、味觉以及联觉的感知则被一定程度地剥夺，至少是被边缘化了。而晚明文人的生活美学则强调包括身体感官和身体动作在内的全方位的审美感知，有助于日常生活中审美经验的生成及其更充分的实现。

除费瑟斯通外，"日常生活审美化"的另一理论资源来自德国哲学家沃尔夫冈·韦尔施。在《重构美学》一书中，韦尔施区分了两种审美化，即浅表审美化和深层审美化。在他看来，浅表审美化指的是"审美因素对现实的与日俱增的润饰，以及审美因素对现实的包装"[②]。韦尔施认为，当代的"日常生活审美化"就是一种浅表审美化，它"只是从艺术当中抽取了最肤浅的成分，然后用一种粗滥

① 代迅：《西方理论与中国文本：费瑟斯通和李渔美学思想比较研究》，《西南大学学报》（社会科学版）2012 年第 6 期。

② ［德］沃尔夫冈·韦尔施：《重构美学》，陆扬、张岩冰译，上海译文出版社 2006 年版，第 8—9 页。

的形式把它表征出来。美的整体充其量变成了漂亮，崇高降格成了滑稽”[①]。由此看来，相比费瑟斯通，韦尔施对“日常生活审美化”表达了更为明确和强烈的质疑批判立场。所谓深层审美化即认识论的审美化，这是韦尔施的极富创见之处，指的是“知识和现实范畴的审美化，包括被现代性指导权威、被科学颁布的真理范畴”[②]。韦尔施说：“在过去的两百年间，真理、知识和现实越来越具有审美的外观。首先，美学的参与对于我们的知识和现实来说至为重要，这一点已是显而易见。此一趋势发端于康德的超验美学，延伸到今天自然科学的自我反思。其次，有关认知和现实的存在性质是审美的性质的观点，已愈益坚固地确立了自己的地位。”[③] 在他看来，认识论的审美化是最为深刻和根本的审美化，它作为“一种原则理性，它使审美化过程在现代的不可避免性变得易于理解”[④]。除“日常生活审美化”和认识论的审美化外，韦尔施还提出了另外两种审美化，即“技术和传媒对我们物质和社会现实的审美化”[⑤] 和“同样深入的我们生活实践态度和道德方向的审美化”[⑥]。不难看出，与费瑟斯通仅关注“日常生活审美化”不同，韦尔施由“日常生活审美化”走向了更广泛意义上的“审美化”。换句话说，韦尔施对“审美化”的理解和认识已不局限于“日常生活审美化”了，他甚至将“审美化”视为“一个全球性的首要策略”[⑦]。当然，韦尔施的“技术和传媒对我们物质和社会现实的审美化”与费瑟斯通“日常生活审美化”的第三层含义（即“充斥于当代社会日常生活之经纬的迅捷的符号与影像之流”）都指出了当今现实的非现实化。韦尔施在书中多次强调，我们所处的现实就是由传媒生产和建构而成的，由此也使审美具有了虚

① ［德］沃尔夫冈·韦尔施：《重构美学》，陆扬、张岩冰译，第 5 页。
② ［德］沃尔夫冈·韦尔施：《重构美学》，陆扬、张岩冰译，第 27 页。
③ ［德］沃尔夫冈·韦尔施：《重构美学》，陆扬、张岩冰译，第 32 页。
④ ［德］沃尔夫冈·韦尔施：《重构美学》，陆扬、张岩冰译，第 37 页。
⑤ ［德］沃尔夫冈·韦尔施：《重构美学》，陆扬、张岩冰译，第 33 页。
⑥ ［德］沃尔夫冈·韦尔施：《重构美学》，陆扬、张岩冰译，第 33 页。
⑦ ［德］沃尔夫冈·韦尔施：《重构美学》，陆扬、张岩冰译，第 92 页。

拟性和可塑性的中性含义。

值得注意的是，无论是费瑟斯通还是韦尔施，他们虽都对当今我们正在经历的“日常生活审美化”的现实多有批判，但他们都尚未提出十分切实可行且受到较少争议的解决方案。而晚明文人则基于其身体力行的日常生活审美实践，提出了建构日常生活审美之维的切实有效的方法和途径，做到了知行合一。

其实从广义上看，晚明文人的生活美学也是一种日常生活审美化，只是明显不同于当代以突飞猛进的消费文化为支撑的所谓“日常生活审美化”。如果我们将目光不局限于当代，而是放眼于整个人类的发展历程就会发现，日常生活审美化并不是今天才有和独有的现象。正如张天曦所说：“日常生活审美化，首先是一个现实感、当代性很强的话题。但是，从某种意义上说，这又并非一个全新的话题，乃是人类审美意识发展史早已存在的一种客观事实。”① 可以说，不同的国家和民族，不同的历史发展阶段都有不同的日常生活审美化，其追求的目标和实现的路径也各有差异。也就是说，日常生活审美化绝非单一和统一的，而是可以多元化的。

以上我们探讨了晚明文人的生活美学与当代“日常生活审美化”的差异性，但差异并不妨碍二者之间的对话：第一，我们在对二者互为“他者”的比照中能够更深刻和全面地把握二者；第二，从美学自身的建设和发展上说，对二者差异的揭示实际上也就揭示了一种从“日常生活审美化”到“生活美学”的可能性路径②，从而使“生活

① 张天曦：《日常生活审美化：当代审美新景观》，《山西师大学报》（社会科学版）2004年第1期。

② 这里需要指出两点，第一，从《文艺争鸣》2003年开始的“新世纪文艺理论的生活论话题”专栏所引发的关于“日常生活审美化”的讨论到2010年该刊开始的“新世纪中国文艺学美学范式的生活论转向”专栏所引发的关于“生活美学”的讨论，也正显示了美学话语从“日常生活审美化”到“生活美学”的发展路径。张未民指出2010年该刊“‘生活论转向’的题目，可以看成是‘日常生活审美化’讨论的继续，只不过，我们觉得，‘日常生活审美化’这个短语所表达的意涵还是稍嫌窄了一些，后现代语境的‘大众文化’的意味浓了一些，容易被‘望文生义’地质问‘谁的日常生活审美化?’仿佛我们的生活尤其是‘日常生活’都已‘审美化’了…… （转下页）

美学”作为一种美学话语得以确立，即在“日常生活审美化”之后，我们在美学话语上何去何从，理想的路径便是走向生活美学；第三，正是差异性的存在，才为晚明文人的生活美学发挥其对当代“日常生活审美化”的纠偏补弊功能，进而成为当代“日常生活审美化”的另一选择提供了可能。

二　晚明文人的生活美学作为当代“日常生活审美化”的另一选择

诚然，当代“日常生活审美化”有其积极性，最突出的就是将以往被忽视的“日常生活”提上了议事日程。正如张世英所说：“我国当前社会上所热衷的种种‘日常生活审美化’现象，可能是改革开放以前片面讲革命而压制生活的一种反作用，值得谅解。”[①] 王德胜、李雷也指出：“对于长期接受家国观念和集体主义意识形态训诫的中国人来说，‘日常生活审美化’的引入及其引发的巨大反响，不仅是对各种显在的日常生活审美化现实的理论应答，更是久被忽视（压抑）的‘日常生活’获得独立地位的一个强力信号。”[②] 其实，“日常生活审美化”不仅唤起了我们对“日常生活”的关注，更重要的是将究竟

（接上页）‘审美化’这个状态语，虽然重要也便没有必要那么重要，而最重要的恰恰是‘生活’这个主语。”（载张未民《想起一些与“生活”有关的短语和诗句》，《文艺争鸣》2010年第5期）我们认为，相较于“日常生活审美化”，“生活美学”更能直面日常生活与审美的关系以及日常生活中的美学问题，也更具有建构性。第二，刘悦笛从两个方面区分了“日常生活审美化”与生活美学。一是认为“日常生活审美化”仅是生活美学的背景。他说：“‘生活美学’尽管与生活美化是直接相关的，但是当代文化的‘日常审美化’与当代艺术的‘日常生活化’对生活美学而言仅仅是背景而已。”二是认为生活美学的论域比“日常生活美学”（直面当代“日常生活审美化”而产生的）更为广阔。他说：“作为哲学建构的‘生活美学’是包含‘日常生活美学’的，或者说，‘日常生活美学’只是‘生活美学’的有机构成部分或者当代文化形态而已。”（参见刘悦笛《从“实践美学”到“生活美学”——当代中国美学本体论的转向》，《哲学动态》2013年第1期）

① 张世英：《生活的艺术化与艺术的神圣性》，《文艺研究》2010年第11期。

② 王德胜、李雷：《“日常生活审美化”在中国》，《文艺理论研究》2012年第1期。

何谓审美以及如何在日常生活中审美的问题凸显了出来。然而，“日常生活审美化”造成了审美的异化与失范，对此我们应持审慎的态度，而晚明文人的生活美学能够为矫正当代“日常生活审美化”的弊端提供来自传统文化方面的智慧与影响力，指引人们走出“日常生活审美化”的重重迷雾，由此它也就可以作为当代“日常生活审美化”的另一选择。

当代“日常生活审美化”的弊端有三大表现。

第一，审美主体性的丧失。一方面，人们对于“日常生活审美化”实际上是一种被动的接受，仿佛是被一种无形的力量一下子抛入了一个充斥着物质消费、图像视觉和感官享乐的世界。在这个光怪陆离、令人眼花缭乱的世界中，人们盲目地追赶着所谓的流行和时尚，同样的时装款式、同样的发型、同样的家居装饰风格、同样的电子产品……审美变得日益模式化和同质化了，这也就在一定程度上扼杀了人们表达自我审美个性与审美趣味的自由和愿望，个人最为可贵的审美想象力、情感力和创造力遭到了压抑。人们也不需要作出必要的审美鉴别与判断，只需跟随和模仿他人，从而审美的自主性消失殆尽。如今当人们说某事物为“美”时，并不是出于自身对该事物真切的审美感受和体验，而是别人认为“美”的，自己也指称其为“美”，人云亦云，审美已被标签化和概念化了。可见，当代“日常生活审美化”不是提高而是降低了人们的审美能力。最严重的是，人们对此却毫无意识，心甘情愿地被“日常生活审美化”控制和收编。另一方面，正如韦尔施所说，我们正生活在一个全球审美化的时代，其突出特征便是审美的普遍化和过剩。然而，“处处皆美，则无处有美，持续的兴奋导致的是麻木不仁”①。也就是说，当“日常生活审美化”无孔不入、席卷四面八方时，带来的便是审美

① ［德］沃尔夫冈·韦尔施：《重构美学》，陆扬、张岩冰译，上海译文出版社2006年版，第140页。

的麻木、冷漠和疲劳，更深层的则是审美感知的钝化，即“以美的名义扼杀我们的审美敏感力”①。对此，韦尔施的解决之道是寄希望于艺术，主张以与现实不协调的艺术来抗拒、干预和中断已经过度审美化的现实。他认为艺术不应只是起美化装饰作用，而应“成为展示奇异、激忿和拙朴的权威”②、“挺身而出反对美艳的审美化，而不是去应和它。艺术的冲击不应像篇文章，面面俱到，而应像流星，划落天空”③、“给人以刺痛，令人难以捉摸，难以理喻，由此展示公共空间的一种断裂，使人恼怒”④、“准备提供烦恼、引起不快”⑤。不难看出，韦尔施给出的解决之道“与阿多诺极力推崇先锋艺术，以先锋艺术为资本主义既定秩序的颠覆手段，异曲同工。唯其一则注目于政治，一则注目于美感经验”⑥。应该说，韦尔施给出的解决之道在一定程度上有助于重构我们在日常生活中的感知经验，使我们日益钝化的审美感官变得稍微敏锐起来。但是，韦氏的解决之道既从审美走向了反审美，有过于激进之嫌，又不是从日常生活本身和审美主体自身入手，其对“日常生活审美化”的疗救效力是有限的，并不十分可取。

要从根本上解决“日常生活审美化”所造成的审美主体性丧失的问题，不能倚重于外部环境，而只能从主体自身着眼。晚明文人的生活美学正是从主体自身出发，高扬日常生活中的审美主体性，这又突出表现在对日常生活审美创造力的重视上。在晚明文人的生活美学中，无论是生活情境的审美创构，还是生活之物的审美观照，以及生活细节的审美经营，都体现出了对生活的审美创造力。在审美创造力的推动下，晚明文人大胆地表达充满个性化的日常生活审美趣味，同时不盲从时尚，反对流俗，坚持了自己的审美主见。可以说，正是晚明文

---

① 彭锋：《回归：当代美学的 11 个问题》，北京大学出版社 2009 年版，第 250 页。

② ［德］沃尔夫冈·韦尔施：《重构美学》，陆扬、张岩冰译，第 140 页。

③ ［德］沃尔夫冈·韦尔施：《重构美学》，陆扬、张岩冰译，第 140 页。

④ ［德］沃尔夫冈·韦尔施：《重构美学》，陆扬、张岩冰译，第 141 页。

⑤ ［德］沃尔夫冈·韦尔施：《重构美学》，陆扬、张岩冰译，第 141 页。

⑥ 陆扬：《日常生活审美化批判》，复旦大学出版社 2012 年版，第 190 页。

人生活美学中的这种活生生的审美创造力，一方面使日常生活中的诸物诸事能够日日新、月月异，始终能够激活人的审美感官，给人以鲜活的审美感受和体验，有效防止审美麻木和疲劳；另一方面也有力维护了人在日常生活中的审美主动性、自主性和能动性，实现了审美创造的自由与自由地审美创造，这也就在最大限度上实现了审美化生存，使人真正掌握了日常生活的审美主动权，成为日常生活的审美主体。

更可贵的是，晚明文人十分珍视日常生活审美创造的独创性与灵活性，并不教条刻板。如文震亨在《长物志》中说他所讲的水石布置只是略举概要，并非千篇一律："约略其名，匪一端矣。"① 他又说所列举的养鱼水缸"实以备清玩一种，若必按图而索，亦为板俗"②。再如高濂指出："幽人雅趣，虽野草闲花，无不采插几案，以供清玩。但取自家生意，原无一定成规，不必拘泥。"③ 在高濂看来，文人插花不必受花艺法则的束缚，而应"取自家生意"即在插花中充分展现自己的审美意趣和创造力，从而体现出"幽人雅趣"便是可行的，由此也就不必刻意讲求花材是否名贵珍奇，"野草闲花"同样能"以供清玩"。可见在如何将日常生活审美化的问题上，晚明文人的生活美学反对按图索骥、生搬硬套和一味模仿而鼓励创新，这就为文人日常生活审美创造力的发挥留下了空间。

进一步看，由当代"日常生活审美化"所造成的审美主体性的丧失，从根本上说又是个体生命精神的失落。而晚明文人的种种日常生活审美创造则涵纳了他们个体的生命意识与生命情怀，体现出对生活的尊重和一种生命创造精神。首先，晚明文人将日常生活世界与感性具体的生命世界紧密联系起来。如晚明文人在对生活情境的审美创构中，引自然入园居，一方面使个体活泼泼的生命与大化生机共感共鸣、

① （明）文震亨著，陈植校注：《长物志校注》，第102页。

② （明）文震亨著，陈植校注：《长物志校注》，第133页。

③ （明）高濂著，王大淳、李继明、戴文娟、赵加强整理：《遵生八笺》，第512页。

相互映照；另一方面也意在安顿身心、涵泳生命。又如晚明文人在家居的设计中对动物象生造型的运用，包含着对外物生命姿势与情态的感发和兴味。再如晚明文人在对生活之物的审美观照中，将自我的生命情意灌注于生活之物上，使它们展现出生命的色彩与光泽。在晚明文人眼中，整个生活世界都有一种活生生的生命精神的存在，自我与日常生活世界也共同构成了一个息息相关的生命有机体，这其实就是在日常生活中将“物态人情化、人情物态化”[①]。其次，晚明文人对日常生活的审美创造其实也就是对自我生命的提升与更新，因此日常生活之新也就意味着生命之新。再次，晚明文人在对日常生活的审美创造中远离了俗尘，也即净化和深化了自我生命，使其朝着超凡脱俗、高远旷达的境界迈进。可以说，在晚明文人的生活美学中，日常生活世界就是一个生命的世界，个体生生不息、蓬勃旺盛的生命力也正是在对日常生活无穷的审美创造中得以再发现、再体认和再确证的。

费瑟斯通认为“我们不应该将生活的审美当作是一个给定的东西”[②]，而在当今“日常生活审美化”中丧失审美主体性的人们持有的正是“给定”的思维，从而放弃了对日常生活的审美创造，他们的生活显得枯燥乏味，他们的生命也因此黯淡无光。晚明文人的生活美学则以包蕴生命意识和生命精神的日常生活审美创造力既使生活化静为动、点枯为生，洋溢着生趣、生意和生韵；又使生活并非一潭死水，而是呈现出生生相续、新新不停的特质，一脉生活之流得以绵延不绝。在此意义上可以说，晚明文人的生活美学也重新诠释了生活，发现了生活的意义，丰富了生活的内涵。

第二，精神内涵的弱化。一方面，当代“日常生活审美化”使人们过度追求感官的享乐和欲望的满足，这其实并非审美，而是仅仅停

① 朱志荣：《中国审美理论》，上海人民出版社 2019 年版，第 2 页。

② ［英］迈克·费瑟斯通：《消费文化与后现代主义》，刘精明译，译林出版社 2000 年版，第 103 页。

留在快感的层面上，缺乏精神提升和超越的维度。当代“日常生活审美化”的所谓“审美”是以制造转瞬即逝的惊奇、震惊和刺激等来取悦于人，只是开发感官感觉而舍弃了精神的厚度，甚至带有低俗性和麻醉性，造成了人们精神世界的平庸化和平面化，不能实现内在心灵的自由。另一方面，身处当代“日常生活审美化”中的人们每日奔波劳碌、步履匆匆，更多是以实用功利的态度面对日常生活而无暇对日常生活进行审美观照，那份精神的闲适安宁与自在自得便成为逝去的回忆。因此，当代“日常生活审美化”并没有拓展人们的精神空间，升华人们的精神境界，它不足以担负起改造生活和解放人的精神的重任，也就不能很好地解决当代人审美化生存的问题。

晚明文人的生活美学正以在日常生活中实现精神的超越为旨归。晚明文人追求日常生活的精神面向，他们在日常生活中开展的种种审美实践都是在对日常生活诗性诗意的开掘中营构自我的精神世界，从而摆脱浮躁和功利，超越世俗的现实世界，获得精神的愉悦和自由。

更重要的是，由于晚明文人的生活美学包蕴着一种具有生命意识和生命精神的日常生活审美创造力，当晚明文人置身于经过他们审美创造后的日常生活世界中时，便会感到自我本质力量的实现，从而获得精神上的满足与升华。而这种精神上的满足与升华又会成为晚明文人审美创造力的催化剂，激发他们对日常生活进行新的审美创造。

当代“日常生活审美化”所造成的精神内涵的缺失还在于物质需求压倒了精神需求，造成了物质生活与精神生活的不平衡。晚明文人的生活美学则做到了物质生活与精神生活的协调统一，这正是其智慧所在。一方面，晚明文人的生活美学立足于物质层面，广泛涉及动物、植物、器具、家具、香具、文具、食物等各类物；另一方面，晚明文人的生活美学又不拘囿于物质层面，而是要不断将人引向精神超越的层面。在晚明文人的生活美学中，日常生活世界不是简单意义上的物质实体，而是成了文人情感的载体和生命的投射，由此他们便从物质功利的羁绊和奴役中解放了出来，由有限的物质世界通达无限的精神世界，在物质生活与精神生活之间取得了平衡。

第三，奢侈消费的盛行。这里的奢侈消费包含两层含义，一是指无节制、过度的消费，二是指对奢侈品的迷醉与狂热式的消费，因此奢侈消费并非人们正常、合理和适度的理性消费。而无论是哪层含义的奢侈消费，都体现出消费主义是支配当代“日常生活审美化”的幕后操手。可以说，上述审美主体性的丧失和精神内涵的弱化在很大程度上也是由于人们沉溺于奢侈消费的泥淖中而不能自拔，人们对奢侈消费的热情远远大于对日常生活进行自主审美创构，进而在日常生活中获得精神超越的热情。从当代“日常生活审美化”的视角来看，奢侈消费一是产生了以贵重和奢华为美的畸形的审美趣味；二是导致人们在处理物我关系时仍从功利实用性出发，物我之间依旧处于主客对立的关系，并且心为物所役，物我之间也就不可能生成审美关系；三是使人们在对名表、名包、豪车、高级别墅等的追逐中，进一步滋长了急功近利的心态而离精神的悠闲恬淡越来越远；四是造成部分人的思想意识和生活观念发生了偏差，错误地认为幸福美好的生活即奢侈化的生活。因此，奢侈消费带给人的只能是物质欲望的宣泄与消费快感的释放，并没有使精神上的贫乏和困顿得到改观。

面对当代的奢侈消费，我们不妨来看看晚明文人的生活美学。晚明文人的生活美学倡导黜奢崇俭，反对奢华和铺张浪费，同时追求生活的精神含量，这些都有助于我们走出奢侈消费一晌贪欢后的再度空虚与迷茫，走出奢侈消费所带来的高度物化与异化，走出奢侈消费温情脉脉面纱下的对生活本真和生命原色的疏离与背叛。而唯有高远的精神追求才能粉碎消费主义所编织的虚幻、虚荣和虚浮之梦，才能在物欲横流的喧嚣与骚动中拥有领悟生活与生命之真谛的自信和自足。

可以说，上述当代“日常生活审美化”所带来的审美主体性的丧失、精神内涵的弱化和奢侈消费的盛行等弊端都是缺乏人文关怀的表现，而晚明文人的生活美学正是以人为本的。这里我们从晚明文人的生活美学中提出的对当代“日常生活审美化”进行救偏补弊的三个方面，即注重对日常生活的审美创造，提升日常生活的精神深度和弃奢尚俭，不仅是晚明文人生活美学的内核所在，也为当代人真正实现自我日常生活的审美化提供了正确的方向和路径。

第二节 晚明文人的生活美学与当代文化创意产业

晚明文人的生活美学如何更好地实现当代实践再生产，将其与当代文化创意产业相融合便不失为一种可行的思路。同时，当代文化创意产业对于国民经济发展的促进作用日益显著，其自身所具有的包容性、开放性和延伸性也为其与晚明文人生活美学的融合提供了可能。晚明文人生活美学与当代文化创意产业的融合可以说是一种跨界融合，它对于双方的发展都具有积极的促进作用。双方的融合在当前虽尚处探索的起步阶段，但依然有着广阔的前景。

一 晚明文人的生活美学与当代文化创意产业相融合的意义

晚明文人的生活美学与当代文化创意产业相融合具有重要意义。总的来说，双方的融合一方面有助于深入挖掘和推广晚明文人的生活美学，使之在当下被唤醒和激活；另一方面有助于提升文化创意产业的审美与文化内涵，使其更好地满足人们精神生活的需要。因此，晚明文人的生活美学与当代文化创意产业相融合能够形成双赢的局面。

当代文化创意产业对晚明文人生活美学的促进作用主要表现在以下两个方面。

一是当代文化创意产业有助于我们传承发展晚明文人的生活美学。晚明文人的生活美学其实是晚明文人精心建构的一种文人审美文化，它从日常生活审美的角度参与了中华美学精神的建构。与当代文化创意产业融合后，晚明文人的生活美学将不仅仅是一种古代的美学形态，更是一种在当下可被开发和利用的文化资源，其自身所具有的文化内涵将得以提炼和阐发，其文化样态将得以更新和丰富，其文化价值将得以凸显和延续。晚明文人的生活美学只有与当代文化创意产业相融合，才能以适应时代特点和需要的新面貌留存于当下，并成为当代人的一种审美文化记忆和情结。从这个意义上说，当代文化创意产业能够为传承发展晚明文人的生活美学贡献智慧和力量。

二是当代文化创意产业有助于推动晚明文人的生活美学真正融入当今人们的日常生活。晚明文人的生活美学距今遥远，它不可能直接与今天人们的日常生活发生关联。因此，晚明文人的生活美学只有通过当代文化创意产业的改造和转化，成为今天人们能够接受并喜爱的形式，才能真正走进人们的日常生活，发挥其对人们日常生活的影响力，服务于人们美好生活的创构。

晚明文人生活美学对当代文化创意产业也具有促进作用，主要表现为以下两个方面。

一是晚明文人的生活美学有助于赋予当代文化创意产业新的发展理念。晚明文人的生活美学对于生活审美的重视有助于使当代文化创意产业以提高人们生活的审美含量、实现人们的美好生活为发展理念，着眼于人们生活幸福感、品质感和满足感的提升，从而使当代文化创意产业能够真正立足人们的生活、围绕人们的生活和助益人们的生活。同时，晚明文人的生活美学强调对生活的设计、创意和创造，这同样可作为当代文化创意产业新的发展理念。当代文化创意产业应不断设计、创意和创造新的生活之物、生活环境、生活活动和生活服务等，从而不但满足人们对于美好生活的需要，也为文化创意产业自身的发展增添动能和后劲。

二是晚明文人的生活美学有助于形成文化产品的生活美学附加值。在晚明文人生活美学的启发下，当代文化产品的开发和生产将不仅关注产品的功能和外观，使其既实用又好看，更重要的是，要使文化产品能让人们在日常生活中获得更多的审美经验，能让人们感受和体验到一种艺术化的生活氛围和生活方式，并引导人们学会去过一种审美的生活，这就形成文化产品的生活美学附加值，有助于提高文化产品的整体附加值。具有生活美学附加值的文化产品也将更受到人们的欢迎，由此激发文化消费的需求和催生新的文化消费增长点。

不难看出，晚明文人的生活美学与当代文化创意产业相互支撑、相互带动和相互成就。晚明文人的生活美学只有与当代文化创意产业相融合，才能为其在当下的传承发展找到合适的平台和渠道，并彰显出其介入当代人日常生活的潜能；当代文化创意产业只有与晚明文人的生活美学相融合，才能更加密切与人们日常生活的关联，并在改善和提升人们日常生活的过程中获得更好更快的发展。

二　晚明文人的生活美学与当代文化创意产业相融合的路径

晚明文人的生活美学与当代文化创意产业相融合有其优势：一方面，晚明文人的生活美学为当代文化创意产业提供了丰富的内容素材，而内容恰恰是文化创意产业在开发和生产中的关键所在；另一方面，在当下数字化、网络化等高科技兴起的背景下，文化创意产业除了传统业态外，又不断有新业态涌现，这就拓展了晚明文人生活美学在当今的存在样态。以下我们提出晚明文人的生活美学与当代文化创意产业相融合的三条路径，从而推进晚明文人生活美学在当下的创造性转化和创新性发展。

第一，对晚明文人的生活美学进行产业化的创意和开发。这是晚明文人的生活美学与当代文化创意产业相融合的首要也是最重要的一条路径。这又包括以下两个方面。

一是将晚明文人的生活美学与文化创意产业的传统业态相融合。通过“晚明文人的生活美学＋”，形成“晚明文人的生活美学＋纸质传媒文化创意产业”“晚明文人的生活美学＋影视文化创意产业”“晚明文人的生活美学＋设计文化创意产业”等。目前初见成效的是晚明文人的生活美学与纸质传媒文化创意产业的融合，而与影视文化创意产业和设计文化创意产业的融合还有待开展。

就晚明文人的生活美学与纸质传媒文化创意产业的融合来说，一些晚明文人的生活美学著述已经以译注本的形式出版发行，使今天的人们也能阅读这些著述，从中领略晚明文人审美生活的风貌。如近年来中华书局推出了“中华生活经典”，其中收录了《长物志》《园冶》《瓶花谱》《瓶史》《茶疏》《茶说》《骨董十三说》等晚明文人的生活美学著述。江苏凤凰文艺出版社推出了“中华雅文化经典”，其中也收录了《长物志》《园冶》《瓶花谱》《瓶史》。这些今人的译注本在创意和策划上有其特点。其一，一般采用文言文原文＋注释＋译文＋点评的模式，便于今人阅读，有利于晚明文人生活美学的大众化和普及化。其二，配以大量精美的插图，做到了图文并茂。这些插图有的来自明清文人的绘画作品，有的来自由明代流传至今的实物，有的来自今人拍摄的现存明代园林，还有的来自今人的绘制，插图有的还使用了彩印，显得更加直观清晰、生动形象，使今天的读者能够在图文对照中更好地理解和接受晚明文人的生活美学。其三，一些译注本在开本上采用类似手册或指南的大小，便于随身携带和随手翻阅。如由海军、田君注释，山东画报出版社出版的《长物志图说》和由蒋晖校注，三秦出版社出版的《长物志》都在外观上给人以手册或指南之感。由于《长物志》本就被视为晚明文人风雅生活的手册或指南，今人以手册或指南的开本规格出版《长物志》译注本可以说是抓住了该书的要义。晚明文人的生活美学著述还有很多，今后都可以译注本的形式陆续出版，从而加强晚明文人的生活美学与纸质传媒文化创意产业的融合，推进晚明文人的生活美学走向大众、深入大众。此外，还应考虑到读者的不同年龄层。如对于少儿读者，可出版晚明文人生活美学的全彩图本，便于少儿读者的阅读和接受。

除与纸质传媒文化创意产业相融合外，晚明文人的生活美学还可与影视文化创意产业和设计文化创意产业相融合。就晚明文人的生活美学与影视文化创意产业的融合来说，可以制作有关晚明文人生活美学的电视专题片、电视纪录片、电视访谈节目、电视综艺节目和影视剧等，展现晚明文人闲适雅致的生活品位与格调，引导大众学会以审美的方式看待生活和创造生活，提高生活的品质。就晚明文人的生活美学与设计文化创意产业的融合来说，可以将晚明文人的生活美学凝练为特定的意象和符码后融入当今的家具设计、工艺装饰品设计、日用品设计、服饰设计和室内外环境设计中，使晚明文人的生活美学能够渗透进当代人的日常生活中。

二是将晚明文人的生活美学与文化创意产业的新兴业态相融合。通过“晚明文人的生活美学+”，形成“晚明文人的生活美学+数字出版”“晚明文人的生活美学+网络文学”“晚明文人的生活美学+网络游戏”“晚明文人的生活美学+网络动漫”“晚明文人的生活美学+网络自制节目”“晚明文人的生活美学+主题公园”等。

就晚明文人的生活美学与数字出版的融合来说，晚明文人的生活美学著述可以数字图书的形式呈现在读者面前。除了读书，也可以听书，如利用喜马拉雅FM、蜻蜓FM等将晚明文人的生活美学著述转变为有声书，更新大众对于晚明文人生活美学的接受方式。就晚明文人的生活美学与网络文学的融合来说，可以鼓励网络作家创作以晚明文人的生活美学为题材的网络文学作品，再以网络文学作品为基础生成相应的网络影视剧、网络游戏、网络动漫以及文化创意衍生品等，形成晚明文人生活美学的文化创意产业链，并对其不断加以延伸。就晚明文人的生活美学与网络自制节目的融合来说，可利用哔哩哔哩、抖音、腾讯视频、爱奇艺和优酷等网络平台自制与晚明文人生活美学有关的节目，如读书节目可介绍晚明文人的生活美学著述，家装节目可介绍晚明文人对家居环境的审美设计和布置，古物收藏和鉴赏节目可介绍晚明文人对古物的审美观照，花艺和茶艺节目可介绍晚明文人对于插花和饮茶细节的审美经营，等等，从而使晚明文人的生活美学得以尽可能全面的展现。就晚明文人的生活美学与主题公园的融合来说，可以晚明文人的生活美学著述和晚明文人有关日常生活审美的绘画作品为蓝本，建成供人游览的文化主题公园，还原晚明文人的生活美学场景。这种还原，既可以是实物实景的实体性还原，使文本中的晚明文人的生活美学转变为现实的存在，也可以是充分利用 VR、AR 等高新技术的虚拟化还原，从而增强游客的沉浸式、交互式体验，使他们仿佛亲临晚明文人的日常生活，并亲自与晚明文人一道从事日常生活的审美实践。无论是实体性还原还是虚拟化还原，都意在带给游客对于晚明文人日常生活审美世界的身临其境之感，使他们更好地跨时空感受和体验一代文人的闲情雅趣。

“晚明文人的生活美学 + 文化创意产业的传统业态”与“晚明文人的生活美学 + 文化创意产业的新兴业态”之间还可以交叉融合，这也是对晚明文人的生活美学进行产业化创意和开发的重要组成部分。如可将“晚明文人的生活美学 + 纸质传媒文化创意产业”与“晚明文人的生活美学 + 网络文学”交叉融合，由此以晚明文人生活美学为题材的网络文学作品便可通过纸质书的形式出版，满足喜爱阅读纸质书的读者的需求；又如可将“晚明文人的生活美学 + 影视文化创意产业”与“晚明文人的生活美学 + 主题公园”交叉融合，在主题公园内制作与晚明文人生活美学相关的电视节目等，提高主题公园的利用率和丰富电视观众的观看体验。

第二，开展以晚明文人的生活美学为主题的文化消费活动。一是可以开展以阅读晚明文人生活著述为主题的读书日、读书月，集中推广和出售晚明文人生活美学著述的译注本和彩绘本等。二是可以开展晚明文人生活美学的文创节，推出一批既能展现晚明文人日常生活审美趣味，又能满足当代人生活需求且不失时尚气息的优质文创产品，开拓与晚明文人生活美学相关的文化消费新领域。三是可以开展以晚明文人生活美学为主题的手作周，使人们能够在工艺美术师的指导下亲自动手参与制作晚明文人的生活日用品，或在此基础上增添自己的个性化创意和设计，从中更好地体认晚明文人的审美生活方式及其与当代人生活的融合。四是可以开展以晚明文人生活美学为主题的文化艺术周，以绘画、书法、音乐、舞蹈、文学、戏曲、影视等艺术形式表现和展示晚明文人的审美生活。可以说，开展以晚明文人的生活美学为主题的文化消费活动不仅有助于激发文化消费新需求，催生文化消费新热点，而且在一定程度上为晚明文人生活美学的产业化搭建了具体的实施平台，使晚明文人生活美学与当代文化创意产业的融合能够真正落地。

第三，以晚明文人的生活美学打造城市文化品牌。这里以苏州市为例进行探讨。历史上苏州是晚明文人生活美学的重镇，因此苏州完全可以充分发挥这一文化优势，将“晚明文人的生活美学”作为一张具有城市文化标识度和影响力的名片，以此打造城市文化品牌，提升城市的文化软实力和综合竞争力。具体说来，苏州可以打造“江南生活美学之都”的城市文化品牌，从而一方面彰显苏州的城市文化底蕴和基因，延续苏州的城市文脉和记忆；另一方面提升苏州城市形象的吸引力和感召力，以城市文化品牌的打造带动苏州经济社会各项事业的全面发展。苏州要想打造出“江南生活美学之都”的城市文化品牌，就必须最大化地挖掘、提炼、萃取和整合既有的晚明文人生活美学资源。如文震亨就是苏州人，他撰写的《长物志》突出反映了苏州文人对于当时文人日常生活审美范式的引领作用。如何充分发掘《长物志》在当下的审美文化效能，使其助力“江南生活美学之都”的城市文化品牌打造，苏州在这方面仍大有可为。我们建议可以先从一些细节处入手，如将某条街道或某个巷子命名为长物街或长物巷，或以《长物志》为蓝本设计街区景观，等等，从而唤起人们对《长物志》及其所代表的晚明文人生活美学的追忆和探寻，其实也就是将晚明文人的生活美学元素融入了城市的规划和建设之中。再如苏作、苏州园林都闻名遐迩，深挖它们的生活美学意蕴，也能服务于苏州“江南生活美学之都”的城市文化品牌打造。同时，苏州还应增强市民对于“江南生活美学之都”这一城市文化品牌的认同感和接受度，使他们自觉成为该城市文化品牌的倡导者、传播者和践行者。

除上述路径外，还可以设立与晚明文人生活美学有关的专题网站、线上线下博物馆/展览馆、生活美学体验馆/体验空间、家具店、古玩铺、民宿、创意书吧、花艺室、茶艺吧和陶艺居等。可以说，晚明文人的生活美学与当代文化创意产业的融合方兴未艾。需要指出的是，晚明文人的生活美学与当代文化创意产业在融合中不应拘泥于晚明文人生活美学的具体形式，而关键在于传承发展晚明文人生活美学的精神实质，即讲求品位和格调的生活态度、追求审美生活的生活理念和优雅精致、自然脱俗的生活方式，从而讲好晚明文人的生活美学故事，传播好晚明文人的生活美学精髓。

进一步看，晚明文人的生活美学之所以能够与当代文化创意产业相融合并有望拥有其可观的消费市场，也正在于晚明文人生活美学所展现出的那种自然、闲适、舒缓和宁静的生活正与当代人快节奏的繁忙生活形成对比和反差，因此与晚明文人生活美学相融合的文化创意产业便能满足人们对于理想生活状态和生活方式的构想，并带给人们有别于自己以往生活的体验和感受，使人们得以暂时超离自己原先的生活而获得精神的自由和愉悦。同时，与晚明文人生活美学相融合的文化创意产业还能激发起人们对于自我生活品质与生存状态的反思，使他们在与晚明名贤雅士的比照中思考自己应该过一种什么样的生活，拥有一种什么样的生活状态和生活品位。晚明文人建构生活美学是为了获得精神的自由和满足，而当代人通过与晚明文人生活美学相融合的文化创意产业同样是为了获得精神的自由和满足。从这个意义上说，晚明文人的生活美学及与其相融合的文化创意产业对于当代人也有着精神抚慰和栖养之效。

可以说，与晚明文人生活美学相融合的文化创意产业因具有审美的维度，所以人们在其中的消费就不仅仅是物质层面的消费，更是上升到了精神层面。换句话说，人们消费与晚明文人生活美学相关的文化产品更多地不是追求功利性和实用性的满足，而是要获得精神的超越和自由，实现物质消费与精神消费的良性互动与和谐统一。由此人们在与晚明文人生活美学相融合的文化创意产业中的消费便既不是铺张浪费的奢侈性、炫耀性消费，也不是盲目跟风的缺乏自主性的消费，而是以审美为旨归、追求诗性生活的消费，因此它不但不会陷入片面追求物欲满足和物质享受的消费主义，而且有助于人们审美化生存的实现。

总之，将晚明文人的生活美学与当代文化创意产业相融合不仅意在活化晚明文人的生活美学，使其成为大众可汲取和利用的文化资源，而且意在由晚明文人的生活美学生发和延伸开去，一方面为中国古代生活美学与当代文化创意产业的融合提供参考；另一方面则将生活美学的理念植入当代文化创意产业的发展中，以生活美学促进文化创意产业稳定、健康的发展，避免急功近利地片面追求经济效益的增长。生活美学有助于引导文化创意产业在发展中遵循以人为本的理念和重视审美的维度，关注大众的审美需求，以助力大众审美生活的创造为目标，不断提高文化产品的审美价值和产业整体的审美内涵，从而为产业的发展注入更多人文关怀。晚明文人的生活美学与当代文化创意产业的融合中获得了再造和重构，而当代文化创意产业也通过晚明文人的生活美学优化了发展理念、开拓了发展空间，二者相互启发、相互建构。晚明文人的生活美学与当代文化创意产业的融合是晚明文人的日常生活审美在当下的回音和余响，是一次传统与当代的相遇和对话，亦是审美、生活、消费和科技的同生共在。

第三节　晚明文人的生活美学与当代生活美育

从美育的角度看，晚明文人的生活美学具有生活美育价值。对于当代人来说，晚明文人生活美学的生活美育功能可以概括为三个“引导”：一是引导当代人培养日常生活的审美之心，二是引导当代人提升日常生活的审美之趣，三是引导当代人臻于日常生活的审美之境。换句话说，晚明文人的生活美学从生活美育的角度启示我们应从培养日常生活的审美之心、提升日常生活的审美之趣和臻于日常生活的审美之境等三方面入手来提高自我的日常生活审美能力，从而使审美与我们的生存始终同向同行。

一　引导当代人培养日常生活的审美之心

晚明文人生活美学的生活美育之效首先表现为引导当代人培养日常生活的审美之心。具体说来，引导当代人培养日常生活的审美之心就是要引导当代人拥有热爱生活之心、品鉴生活之心和创造生活之心。

第一，引导当代人拥有热爱生活之心。虽然黑暗腐朽的晚明政局使不少文人难以施展建功立业之志而无奈地退居日常生活，但这并没有减退反倒是增强了他们对于生活执着的热爱。也正因为有了这份对于生活的热爱，他们才为经营自己的生活倾注了极大的热情。对于我们来说，拥有一颗热爱生活之心，才能保持积极、乐观、向上的生活精神。无论生活是阳光明媚、一帆风顺，还是乌云密布、荆棘丛生，都能勇于直面，做到从容不迫、气定神闲，不再为个人一时的得失而斤斤计较、患得患失，表现出一种洒脱、超然和旷达，而这些正是日常生活中的审美发生所需要的心理状态。同时，拥有一颗热爱生活之心，才能真正介入生活，接纳、珍惜并感恩生活而不是厌弃它。热爱生活，终将为生活所眷顾；而厌弃生活，也终将被生活抛弃。

第二，引导当代人拥有品鉴生活之心。这就要求我们在日常生活中像晚明文人那样，充分开放和打通视觉、听觉、嗅觉、味觉和触觉等多样化的审美感官，对日常生活保持高度的敏感和注意力，像品鉴艺术品一样去品鉴日常生活，去感受和体验日常生活，对日常生活中的事物能够情有所动、心有所感，将日常生活情感化、心灵化。换句话说，也就要使日常生活能够直接诉诸我们的情感和心灵。这样，日常生活也就不是冰冷僵硬的，而是富有灵性与灵气、情趣与情调的，这也就在无形中提升了日常生活的精神含量。在对生活的品鉴中，原本微不足道的生活事物都可以被赋予诗意的价值，具有审美的意味。可以说，品鉴生活之心为我们重新看待和诠释生活提供了可能。

第三，引导当代人拥有创造生活之心。创造生活的核心是创意生活，即像晚明文人那样别出心裁地设计生活①、布置生活，使日常生活平而不淡、平而不凡，从中收获精神的愉悦，弥补现实生活的缺憾。我们今天虽然不可能像文震亨等晚明文人那样居住于宽敞开阔的私家园林中，但即使是在单元房中，我们一样可以通过独具匠心的设计和布置创构出属于自己的特定生活情境。重要的不在于生活情境规模的大小，而是这份对于生活的兴致、闲情和创造力，哪怕是一些简单的生活小设计、小布置，如将居室中空白的墙面布置为照片墙、在书桌上摆放心仪的盆栽、为沙发搭配图案灵动的抱枕、在阳台摆放自己种植的花卉等，都是对生活环境有意识的改造，都能令熟悉的生活环境焕发新意。赵汀阳认为："人类天性极其爱好创造，或者说，对于人类，创造最具魅力。创造性行为所开拓的生活是崭新的、有活力的、激动人心的，这在心理上有着强大刺激力，这就是人们天生感兴趣的经验。事实上，只有人才忍受不了无变化的惯性生活，也只有人才会因为无聊重复的生活而神经病。"② 因此，拥有创造生活之心，我们才能拒绝同质化而过一种属于自己的充满个性化的生活。可见，我们的日常生活不是现成的和凝固的，而是在审美创造中不断生成和丰富的。

许多人会有这样的疑问：如果生活条件不宽裕甚至窘迫，还能将生活审美化吗？答案是肯定的。因为财力固然重要，但仅仅拥有财力也是远远不够的，更重要的是有没有对于日常生活的审美之心，即有没有热

① 这里所说的设计生活针对的是个人在日常生活中的具体实践。李砚祖从人类自身发展的角度探讨了设计生活，为该问题提供了人类学的考察视角。他认为本能的为了存活的生活，也即人类原初的生活是没有设计的，设计是在有了文化或文明以后出现的，是为了生活得好些。他指出"真正的'人'的生活，也就是经过设计或者说有了设计的生活"，"人类的文明史实际上是一部设计史，一部设计的文明史"，"设计则成为人类生活艺术化的工具"。（参见李砚祖《设计：生活的艺术方式与可能》，《中国美术馆》2006 年第 7 期）

② 赵汀阳：《论可能生活（第 2 版）》，中国人民大学出版社 2010 年版，第 151 页。

爱生活之心、品鉴生活之心和创造生活之心，这是金钱买不来的。

“要过风雅生活，单靠后天致富或者出生于富豪之家是不够的，还应该有风雅生活的意识。”[①] 此句虽未指明何谓“风雅生活的意识”，但强调了除金钱财富之外生活意识的重要性，提出了生活意识的问题。我们这里所说的对日常生活的审美之心其实就是一种主张对日常生活进行审美的生活意识。有了对于日常生活的审美之心，即使布衣素食，也能在生活的园地里孜孜不倦、辛勤耕耘，把生活过得有声有色、有滋有味、有情有趣。如晚明文人归有光虽然早年家境贫寒，但是他也拥有对日常生活的审美之心。正是凭着对生活的热爱，归有光才有生活的雅兴意趣对原本破陋不堪的书斋“项脊轩”重新设计和修葺了一番，使之富有生机、焕然一新，从中也体现出他对生活的创造：“前辟四窗，垣墙周庭，以当南日；日影反照，室始洞然。又杂植兰桂竹木于庭，旧时栏楯，亦遂增胜。”[②] 同时，归有光又善于品鉴生活，他安居室内悠然自得，调动起视觉、听觉和触觉等审美感官，感受到生活的美好并陶醉其中：“借书满架，偃仰啸歌，冥然兀坐。万籁有声，而庭阶寂寂，小鸟时来啄食，人至不去。三五之夜，明月半墙，桂影斑驳。风移影动，珊珊可爱。”[③] 这小小的“项脊轩”带给归有光淡淡的喜悦快慰，但更多的则是浓重的凄迷感伤。作为归有光日常生活一部分的“项脊轩”，引发了他对已故亲人的深切怀念和对人亡物在、世事变迁的感慨。平凡的日常生活也因见证着人事的悲欢离合而显得不再寻常。

二　引导当代人提升日常生活的审美之趣

当今人们的日常生活审美趣味日益丰富多元，因此也就更需要对

---

① ［法］巴尔扎克：《风雅生活论》，许玉婷译，凤凰出版传媒集团、江苏人民出版社2008年版，第20页。

② （明）归有光著，周本淳校点：《震川先生集》，上海古籍出版社2007年版，第429页。

③ （明）归有光著，周本淳校点：《震川先生集》，第429—430页。

其加以提升，从而获得健康高雅、积极向上的日常生活审美之趣。晚明文人的生活美学有助于引导当代人提升日常生活的审美之趣，这具体表现为引导当代人形成讲求得体适宜、自然简朴和精致考究的日常生活审美之趣。

第一，引导当代人形成讲求得体适宜的日常生活审美之趣。在晚明文人的生活美学中，无论是庭园中建筑和花木水石的布设，还是家具、文玩等各类生活物用的设计与陈设，以及衣着打扮等，晚明文人都要求达到“宜”即得体适宜，这包括因气候时节之宜、地理位置之宜、材质物性之宜和人的身心需要之宜，从而实现宜时、宜地、宜物和宜人。我们在日常生活中也应做到得体适宜。以我们日常生活中的衣着打扮为例，一个人的衣着可以不光鲜亮丽，但一定要干净整洁，同时衣着既要与自己的容貌、品性、气质、举止谈吐等相称，又要与身处的场合、周围的环境等相契合。就衣着本身而言，要注重上下身衣着在颜色、款式和风格上的协调统一，而不能给人拼凑堆砌之感。只有真正做到得体适宜，才能收到既悦己又悦人的审美效果。同时，讲求得体适宜也意在强调宜己即适合自己，由此我们便不应盲目跟风追赶时尚，而是要考虑该时尚是否真正适合自己，从而不为物欲和虚荣心所左右。

第二，引导当代人形成讲求自然简朴的日常生活审美之趣。晚明文人的生活美学讲求自然简朴的日常生活审美之趣，而当今一些人喜欢追求华丽花哨和繁缛堆砌，其实是被物质束缚和异化的结果。人们越远离自然简朴，也就越远离生活与生命的本真。因此，我们倡导形成自然简朴的日常生活审美之趣，就是要返璞归真，为因物化而干涸的心田注入一剂久违的清泉。需要指出的是，自然简朴绝非等同于单调贫乏，而是以自然简朴显含蓄深远，给人以清新脱俗和舒适温馨之美感。相比华丽花哨和繁缛堆砌，它更能怡情悦性，更能彰显生活的浓情暖意，也就更富有审美的意味。

第三，引导当代人形成讲求精致考究的日常生活审美之趣。正如晚明文人在日常生活审美实践中所展示的，讲求精致考究的日常生活审美之趣落实于生活的细微之处，体现着文人对日常生活的细心和用心及其对日常生活所付出的心血和巧思。晚明文人对于家中的一花一木，一几一案，哪怕是一件小器物的陈设位置，都要细细推敲、精心打理。晚明文人讲求精致考究的日常生活审美之趣能使我们对生活有新的理解和认识，即生活如同一张白纸和一块大理石，等待着我们去精心地书写和雕琢。生活中的每一处都可以被打造成诗意的胜地，都孕育着审美发生的可能。由此，生活便不是一团粗糙的乱麻，而是一件精致的艺术品。同时，我们也不会为生活所累所役，而是成为驾驭自己生活的主人。

进一步看，上述得体适宜、自然简朴和精致考究既是三种日常生活的审美之趣，也是三种日常生活的审美风格。可见，正是特定的日常生活审美之趣使日常生活呈现出特定的风格。因此，我们要打造出高雅的日常生活审美风格，就要形成高雅的日常生活审美之趣。同时，日常生活的审美之趣也体现着个人的性情品格与精神追求，如自然简朴的日常生活审美之趣便体现出朴实恬淡而不显张扬的个性气质，这就进一步凸显了日常生活审美之趣的精神面向。

三　引导当代人臻于日常生活的审美之境

日常生活的审美之境是日常生活审美的制高点。换句话说，它是从整体上衡量日常生活审美的标准。日常生活的审美之境指的是人在日常生活的审美实践中升华所至的天人契合、心物交融的精神世界，它强调的是精神的高度。晚明文人的生活美学有助于引导当代人臻于日常生活的审美之境，这具体表现为引导当代人追求天人合一、美善相兼和指向超越性人生的日常生活审美之境。

第一，引导当代人追求天人合一的日常生活审美之境。日常生活审美之境的实现离不开天人合一审美理想的支撑与统摄。这就要求我们做到以下两点。一是应将自我的生活融入自然。在晚明文人的生活美学中，人及其日常生活不是独立于天地自然存在的，而是成了天地自然不可分割的一部分。晚明文人通过引自然入园居，消弭了日常生活与天地自然之间的界限，实现了人与自然的浑然合一、相交相契，也将人生活于天地自然怀抱之中的生活理念凸显了出来。今天生活于由钢筋水泥建造的城市空间中的我们似乎离自然越来越远，但从晚明文人的生活美学来看，日常生活与自然并非毫无关系，日常生活与自然也不是对立隔绝的。我们完全可以足不出户，通过在日常生活环境中栽植花木、陈设植物或水石盆景以及摆放金鱼缸等最直接的方法来拥抱自然、认同自然，并在与自然的相亲相近中激发审美情感，涤荡审美心胸，以心导物、移己就物，实现心物的交感互渗，从而获得精神的愉悦。更重要的是，从人类自身的发展历程来看，人原本就生活于自然中，与自然相依相偎、相伴相存，受到自然的养育与恩泽。只不过步入现代工业社会以来，忙碌的人们无暇顾及大自然，原本与我们朝夕相处的自然成了熟悉的陌生人。与此同时，人们那份难能可贵的自然的心态与心境也日益被物欲功利吞噬。因此，将自我的生活融入自然也是借此找回失去的真我，完成一次精神的还乡，获得如其所是、合乎本性的精神存在。二是应善待万事万物，即以博大的胸襟涵纳和包容宇宙天地间的万事万物，与它们和谐地共生并存。只有这样，才能正确处理好日常生活中的物与物、人与物以及人与人之间的关系，使它们都能够保持和谐的状态。在此基础上，也才能使我们的心灵自由无碍地出入和畅游于自然天地之间，与宇宙天地精神豁然贯通，臻于“天地与我并生，而万物与我为一”① 的天人合一的审美至境。

第二，引导当代人追求美善相兼的日常生活审美之境。日常生活审美是与人格的建构和精神的修为相联系的。张维昭指出：“在现实生活中尽识小人邪肠，尽睹朋党邪举的晚明士人，急需在审美境界中

① 方勇译注：《庄子》，中华书局2010年版，第31页。

涤洗尘胃，重温高士之幽德，韵士之天真。”[①] 由此我们便不难理解在晚明文人的生活美学中，文人常常标举“幽人”“旷士”“韵士”“贞夫”等，要求住宅要呈现出倪云林山居的风致等，以此来建构理想的人格。我们可以如晚明文人那样在日常生活中追慕名贤雅士的道德情操与人格操守，并将这种追慕落实和体现于对生活物用和环境的布设和品鉴之中以及日常的言行举止之中，从而为日常生活注入一股精神的力量。比如我们可以通过陈设雅致高洁且具有特定象征寓意的书画、器物等，营造出人文的气息与精神的氛围，并在对这些书画、器物的品鉴中体验贤达们的精神品格，从而一方面净化心灵、完善人格，另一方面也寄寓自我的情怀和意绪，使日常生活成为自我精神世界的表达，以此达到美善相兼即道德愉悦与审美愉悦相统一的审美佳境。从这个意义上说，日常生活的审美之境也关乎做人和养德，关乎个人自身的心性修养。

第三，引导当代人追求指向超越性人生的日常生活审美之境。在晚明文人的生活美学中，文人表达了自己的生活愿景，寄寓了自己的生命情怀，同时也建构了自我形象，这些都表明他们所建构的生活美学有其人生指向性，即从精神上成就充实丰沛而又具有超越性的人生，也即审美的人生。人的一生是短暂和有限的，这是不可改变的客观事实，而日常生活作为人生得以丰富展开的最为切身和切己又最为广阔的场域，我们可以通过在日常生活审美中所获得的心灵自由与精神通脱来超越短暂和有限的现实人生，使其达到永恒和无限。同时，要实现超越性的人生，首先就要超越日常生活的种种局限——超越日常生活的平面化和单向度，超越日常生活的重复机械和惯常刻板，超越日常生活的无味无趣和缺乏意蕴，超越日常生活的工具理性原则对人心的禁锢与钳制，等等，而这些超越也正是日常生活审美所致力的目标。

---

① 张维昭：《悖离与回归——晚明士人美学态度的现代观照》，凤凰出版社2009年版，第21页。

因此，超越性人生是日常生活审美之境的题中应有之义。可以说，日常生活审美能够切实地影响人生、美化人生和造福人生，同时激发人们通过改造日常生活实现对自我人生的更新、创造与升华。

我们常说要打造生活的品位与格调，那么什么是生活的品位与格调呢？有人将生活的品位与格调与金钱财富联系起来，有人认为生活的品位与格调就是时尚，还有人主张生活的品位与格调就是使自己的生活变得与众不同，等等。可见，人们对于生活的品位与格调尚未形成明确的认知，这就导致虽然人们都向往生活的品位与格调，但对于如何打造生活的品位与格调又感到盲目和茫然，不知从何入手。从晚明文人的生活美学来看，其所具有的生活美育效能正可以为我们从审美的角度阐释、理解和打造生活的品位与格调提供有益的启示：生活的品位与格调并非说不清、道不明，而是具体表现为日常生活的审美之心、审美之趣和审美之境，体现的是一个人对于日常生活的审美能力。也就是说，日常生活的审美之心、审美之趣和审美之境的三位一体构成了阐释和理解生活品位与格调的完整架构。这三个层面既有纵向的递进升华，又有横向的交叉融合。生活的品位与格调其实是主体内在的审美能力，并由此形成一种由内而外的自然展露，因此它不是与生俱来的，而是后天培育、陶养和训练的结果，是个人修养与素质的重要方面。当我们在主动培养自己的日常生活审美之心，不断提升自己的日常生活审美之趣和努力臻于日常生活审美之境时，其实就在打造生活的品位与格调，也就在过一种有品位和格调的生活。

进一步看，晚明文人的生活美学虽由晚明文人建构，但通过挖掘和发挥其所具有的生活美育之效，晚明文人的生活美学又不仅仅属于晚明文人，而是与我们当代人的生活品质和生存状态息息相关。通过晚明文人的生活美学，当代人不仅能够走进晚明文人所创构的日常生活审美世界，更是在接受一次生动形象的生活美育，从而一方面使自己充分认识到日常生活审美不仅是可能的，而且是必需的。日常生活虽然不等同于审美，但日常生活是可以成为审美的；另一方面则将审美作为自己的一种自主自觉的生活诉求、生活观念、生活习惯和生活方式，甚至一种来自自我生命的本源性冲动。J. 祖尼加曾这样描述日常生活中的审美诉求与冲动："以种种的方式，人们似乎永无止境地、无可挽回地为一种激情所感染，他们要将周围的世界变成给人以审美快感的环境。可以说，这个'周围世界'直接肇始于我们的身体，然后向外辐射到我们的居所、我们的邻居、我们的城市、我们的乡村乃至更远更远。"[①] 当我们拥有了对于日常生活的审美诉求与冲动，便能将审美作为自我生活的内在动力和理想样态，积极投身日常生活审美实践，不断开掘日常生活丰富的审美向度和创造日常生活无限的可能性。

① ［美］J. 祖尼加：《一种日常审美冲动：重新认识杜威》，李海译，《哲学译丛》1990年第4期。

余论　生活美学研究的未来走向

本书对于晚明文人生活美学的研究虽暂告一段落，但我们对于生活美学的追问与求解还正在路上。生活美学研究还有相当大的拓展空间和生长潜力，其未来走向可以表现为以下三个方面。

一　走向中国生活美学通史的书写，进而阐扬生活美学的中国智慧

生活美学的发展与生活美学本土资源的挖掘是相辅相成的。一方面，生活美学的提出为加深我们对于中国美学的理解和认识提供了新的路径，使被遮蔽的本土生活美学传统得以展呈。如刘悦笛正是通过对儒、道、禅三家生活美学的阐释，提出“中国古典美学自本生根地就是一种活生生的‘生活美学’”①，有助于我们从生活美学的角度重思中国美学的特质与内涵，并从该角度开辟中国美学研究的新方向和新领域。另一方面，本土资源的挖掘对于生活美学的建构也不可或缺，有助于推动正在兴起的生活美学的发展，并为中国学者在生活美学的国际化研究中勇于发出自己的声音奠定了基础。因此，我们需要全面

① 刘悦笛：《儒道生活美学——中国古典美学的原色与底色》，《文艺争鸣》2010 年第 13 期。

系统地发掘和整理生活美学的本土资源，并不断对其进行现代阐释。但是，目前对生活美学本土资源的挖掘主要集中于魏晋和明清时期，其他时期的生活美学资源尚未得到充分的重视，这就使中国生活美学的发展总貌和阶段特征等问题还未能得到有效解决。为了完整清晰地呈现中国人日常生活审美的全貌及其内在的阶段性和连续性，书写中国生活美学通史有必要提上议事日程。

一方面，在书写的思路上，应注重从整体上把握中国生活美学的发展历程，这就必然涉及分期问题。我们认为，不应简单套用通常按照朝代更迭的史学分期，而应尊重中国生活美学进程的本来面目及其自身的特征和规律来作分期，揭示其内在的演进脉络。另一方面，在书写的内容上，中国古代生活美学虽以文人士大夫阶层为主导，但也不能忽视其他阶层的生活美学。张法指出，中国美学“从社会结构方面看，可以分为朝廷美学、士人美学、民间美学和市民美学”[①]。因此，在中国生活美学通史的书写中除了要探讨文人士大夫阶层的生活美学外，还应关注朝廷生活美学、民间生活美学和市民生活美学以及它们与文人士大夫生活美学之间的相互关系。同时，史前的审美活动，如原始人以文身、佩戴饰物和使用发梳进行的自我美化以及对生活器物造型、色彩和纹饰的讲求等，都可纳入通史的书写内容。此外，生活美学并非中国人独有，世界上其他国家和民族也存在着各自的生活美学。因此，书写中国生活美学通史也应关注到不同时期中国人的生活美学与世界上其他国家和民族的生活美学之间的相互交流和影响，如17世纪中法两国生活美学的交流和互动就值得探讨。由此，中国生活美学通史的书写便能具有一种跨文化的全球视野，中国人的日常生活审美经验便是作为整体的人类日常生活审美经验的重要组成部分。

在书写中国生活美学通史的基础上，还应阐扬生活美学的中国智慧，即提炼、阐发和弘扬中国生活美学的民族特色和精髓，如中国人

---

① 张法：《中国美学史》，四川人民出版社2006年版，第291页。

注重将日常生活审美与人格修为、人生境界统一起来，注重日常性与非日常性之间的交互生成与转换，等等。这里还要特别处理好传统与当下的关系问题。舒斯特曼曾指出："中国有悠久的美学传统，但是并未被很好地运用于改善和提高当下人们的日常生活质量，当代人的行为举止中没有体现中国美学传统的影响。"[①] 因此，阐扬生活美学的中国智慧必须立足当下，使其能够为当代人实现美好生活提供有益的借鉴和启示，由此才能避免以往美学史研究中传统与当下脱节的缺憾，并使当代人真正从生活美学的中国智慧中汲取养料，将审美内化于自我的日常生活之中，进而创构美好生活。

二　走向中西方生活美学的深入对话与交流

当前中西方学者在生活美学研究领域虽已展开了对话与交流，但还需要进一步走向深入。我们认为，要进一步走向深入，可以从以下三个方面入手。

一是应做好译介工作。中国学者一方面应对中国人谈论日常生活审美的著述进行译介，增进西方学者对于中国生活美学的了解；另一方面也应将西方的生活美学研究著述翻译成中文。当前，托马斯·莱迪、斋藤百合子、卡蒂亚·曼多奇、克里斯多夫·道林、凯文·梅尔齐奥尼、雪莉·欧文、阿托·哈帕拉、奥西·瑙卡里宁、卡勒·普奥拉卡等一批西方学者正活跃在生活美学的研究领域，他们的研究成果值得重视。虽然托马斯·莱迪和斋藤百合子目前已各有一部生活美学研究专著被翻译成中文并出版，但对于西方学界生活美学研究成果的译介热潮在国内还远未形成。同时，相比于环境美学、身体美学的研

① ［美］理查德·舒斯特曼、朱立元、张宝贵：《身体美学·康德美学·新实用主义——对相关问题的商讨与交流》，载朱立元主编《身体美学与当代中国审美文化研究》，中西书局2015年版，第139页。

究，西方学者的生活美学思想、美学方法论以及西方生活美学的理论谱系尚未得到国内学者应有的足够重视和细致的专题性研究，如何在批判性地借鉴、吸纳和消化西方生活美学理论资源的基础上将其创造性地转化为丰富和发展本土生活美学的养分也还有待于国内学者的认真思考。可见，在生活美学问题上中西方尚未对对方有忠实且充分的认知和研习，这也使双方都失去了以对方为“他者”来更深刻地认识自我以及获得彼此认同和共鸣的机会。因此，只有做好译介工作，才能深化彼此之间的理解和认识，为双方的深入对话与交流奠定前提和基础。

二是应促成中西方生活美学资源的互动。这是最根本的。中国学者应从本土生活美学资源出发，为西方学者在生活美学研究中遇到的难题寻求解决之道，从而推动西方生活美学的发展。如关于如何在日常生活中开展审美实践的问题，西方学者尚未很好地解决。而单从中国明清时期的生活美学资源来看，如文震亨的《长物志》、高濂的《遵生八笺》、计成的《园冶》、李渔的《闲情偶寄》等都能够为解决该问题提供有益的借鉴和启发。又如在审美与生活的关系处理上，中国古人不像西方人那样纠缠于二者的分与合，而是始终将二者和谐统一，并以升华人格修养和实现审美化人生为旨归。同时，中国学者还应善于提出西方学者尚未提出，但又是他们感兴趣的且对生活美学研究具有重要意义的问题。如关于日常生活审美对象的类型，西方学者尚未有专门的讨论，而我们在本书中以能够生成审美经验的生活之物、生活环境和生活之事作为日常生活审美对象的三大类型，由此也就廓清了生活美学的研究范围。又如西方学者虽关注到了生活美学与艺术美学、环境美学和身体美学之间的关联，但对于如何借助艺术美学、环境美学和身体美学的理论资源来推进生活美学的理论建构则尚未展开专门的论述，也就尚未真正密切生活美学与艺术美学、环境美学和身体美学之间的关系，而我们在本书第五章第四节对此问题进行了探讨。只有从上述方面着眼，中国学者才能因发挥更多的作用而在国际生活美学研究中获得地位的提升，也才能赢得与西方学者进行平等深入对话的权力和能力。可以说，无论是解决西方学者的既有难题，还是提出研究的新问题，都考验着中国学者在跨文化语境中的学术眼光和问题意识，都需要中国学者创造性地挖掘和阐释本土生活美学资源的世界意义，使其具有全人类的共享性。

此外，中西方生活美学研究者都应综合利用自身和对方的相关资源，从而促进中西方生活美学的相辅相成、相得益彰。如我们在绪论中提及的刘悦笛和张未民将中国本土生活美学资源与杜威进行比较阐发便是很好的例子。再如托马斯·莱迪在论析生活美学与幸福的关系时就同时提及了亚里士多德和孔子的相关理论①，可见西方学者在生活美学研究中已经不再就西方论西方，而开始吸纳和借助来自中国的资源，这是值得肯定的。

三是应开展经常性的国际学术交流活动。如举办生活美学的国际学术研讨会并出版会议论文集。2012 年 9 月，“新世纪生活美学转向：东方与西方对话”国际研讨会在吉林长春召开。值得一提的是，部分会议论文在两年后收录于刘悦笛与柯蒂斯·L. 卡特合编并由英国剑桥学者出版社出版的英文论文集《生活美学：东方与西方》，这就在一定程度上推动了生活美学研究的国际化。类似这样的国际学术研讨会应经常性举行，才有助于中西方学者在生活美学研究中展开持续的对话与合作。此外，生活美学学术工作坊、学术讲演、课题研究合作等也应成为国际学术交流活动的有机组成部分。

三　走向生活美学体系的建构

尽管中西方都存在着十分丰富的生活美学资源，但这些资源又是

① 参见 Thomas Leddy，“Everydey Aesthetics and Happiness”，in Liu Yuedi and Curtis L. Carter (eds.)，*Aesthetics of Everyday Life*：*East and West*，Newcastle upon Tyne：Cambridge Scholars Publishing，2014，pp. 26 – 47。

零星、分散且不成系统的，因此需要将它们联结、组织和整合进一个富有建设性且严谨自洽的体系中，从而推动生活美学成为美学的一个重要研究领域。

由于生活美学研究的是人们日常生活中的审美活动和审美现象，因此生活美学体系的建构应围绕日常生活审美活动和审美现象展开，其包括四大基本问题：一是日常生活审美对象论，即在日常生活中可以对什么进行审美；二是日常生活审美方式论，即在日常生活中如何进行审美；三是日常生活审美价值论，即在日常生活中为何需要审美；四是日常生活审美应用论，即日常生活审美如何参与和介入社会各领域。日常生活审美对象论、方式论、价值论和应用论组构成了生活美学体系，表明生活美学兼具理论性和实践性。

在上述四论中，日常生活审美方式论是核心。在该论中，日常生活审美方式与艺术、环境、身体等审美方式的关系，日常生活审美方式的影响和制约因素以及中西方日常生活审美方式的比较与融通等问题都值得深入探讨。由日常生活审美对象论和方式论，我们就能解决日常生活审美关系的生成，或者说日常生活审美的发生机制问题。日常生活审美价值论意在使我们更深刻地认识日常生活审美的功效，进而明确建立生活美学的必要性。日常生活审美应用论除了应进一步加强日常生活审美在文化创意产业和审美教育领域中的贯彻与落实外，还应积极向社会其他领域延展和渗透。当然，日常生活审美方式论、对象论、价值论和应用论的具体内容还有待于在研究中不断细化和丰富。

总之，生活美学的出场是理论与实践的双重吁求。它一方面使美学重新发现和认识了生活，弥补了以往美学研究的盲点，推进了当今美学话语范式的转型；另一方面又打开并延展了日常生活的审美之维，为人们提供了一条由生活审美走向精神自由的超越之途，表现出了对个体生存境况的关怀。可以说，生活美学既符合当前美学研究转向生活、深入生活的理念指向，又助推当今人们追求和创造美好生活的愿望达成。生活美学不是静止、封闭和排他的，而是动态、开放和包容的；它不仅仅是一种理论、学问和知识，而是可以作为一种生活状态、生活方式和生活智慧来令人心向往之并且努力践行。作为一个新兴的研究领域，生活美学具有广阔的研究前景。中国学者在今后的生活美学研究中应不断增强学术自觉和学术创新，打破古与今、中与西、理论与实践、学者与大众以及生活美学与其他学科专业之间的壁垒和隔阂。一是应加大对本土生活美学资源的当代梳理和重构，并使之进入世界语境。二是应在与西方学者平等深入的交往互动中提高学术主体性意识，积极发出自己的声音，在生活美学的全球共建中承担更多的角色和贡献更大的力量。三是应对日常生活审美现实保持高度的敏锐，善于从鲜活生动的日常生活审美实践中发现、提出和思考问题，使研究更具务实性，从而不断推动生活美学的再生产。四是应成为生活的切入者和反思者而不是久坐书斋中闭门造车、高谈阔论的生活旁观者，应善于在与生活的相遇中而非在纯粹的理念中捕捉和提出虽广泛存在于日常生活经验中但不为大众意识到的美学问题，应善于去发现、体悟和总结蕴含于生活现象中的审美规律，做大众审美生活的表率，并启迪大众由“生活实际是什么”迈向“生活应该是什么”。五是应鼓励不同学科和专业背景的人士参与生活美学研究，形成学科优势互补与专业资源整合，从而以跨学科、跨专业的方式提高生活美学实际应用的针对性和可行性，促进生活美学的整合性和多样化发展。如生活美学在文化创意产业中的应用，应邀请管理学、经济学、社会学和文化学等学科的人士共同参与；又如生活美学在审美教育中的应用，应加强与教育学的专家以及幼儿园、小学、中学和高校教师的合作等。我们相信，生活美学必将在中西方美学学者以及其他学科人士的合力协作下走向成熟和完备。

参考文献

一　中文参考文献

（一）古代文献

（明）陈继儒撰，陈桥生评注：《小窗幽记》，中华书局 2008 年版。

（明）董其昌撰，印晓峰点校：《画禅室随笔》，华东师范大学出版社 2012 年版。

（明）冯梦龙：《情史》，岳麓书社 1986 年版。

（明）高濂著，王大淳、李继明、戴文娟、赵加强整理：《遵生八笺》，人民卫生出版社 2007 年版。

（明）顾起元撰，孔一校点：《客座赘语》，上海古籍出版社 2012 年版。

（清）顾炎武：《顾炎武全集》，上海古籍出版社 2011 年版。

（清）顾炎武撰，华忱之点校：《顾亭林诗文集》，中华书局 1983 年第 2 版。

（明）归有光著，周本淳校点：《震川先生集》，上海古籍出版社 2007 年版。

（明）何良俊撰，李剑雄校点：《四友斋丛说》，上海古籍出版社 2012 年版。

（明）洪应明撰，杨春俏译注：《菜根谭》，中华书局 2013 年版。

（清）黄宗羲著，沈芝盈点校：《明儒学案（修订本）》，中华书局 2008 年第 2 版。
（明）计成著，陈植注释：《园冶注释》，中国建筑工业出版社 1988 年版。
（明）计成著，李世葵、刘金鹏编著：《园冶》，中华书局 2011 年版。
（清）纪昀：《四库全书总目提要》，河北人民出版社 2000 年版。
（春秋）孔丘著，杨伯峻今译，刘殿爵英译：《论语（中英文对照）》，中华书局 2008 年版。
（清）李渔著，陈如江、汪政译注：《闲情偶寄》，人民文学出版社 2013 年版。
（明）李贽著，张建业译注：《焚书·续焚书》，中华书局 2011 年版。
（南朝宋）刘义庆著，毛德富、段书伟主编：《文白对照全译世说新语（修订本）》，中州古籍出版社 1994 年版。
（明）冒襄著，雷振华注译：《影梅庵忆语》，岳麓书社 2019 年版。
（清）沈复著，彭令整理：《浮生六记》，人民文学出版社 2010 年版。
（明）田汝成著，陈志明校：《西湖游览志馀》，东方出版社 2012 年版。
（明）屠隆著，赵菁编：《考槃馀事》，金城出版社 2012 年版。
（明）屠隆撰，王飞评注：《娑罗馆清言·续娑罗馆清言》，中华书局 2008 年版。
（明）王骥德著，陈多、叶长海注释：《曲律注释》，上海古籍出版社 2012 年版。
（明）王士性撰，吕景琳点校：《广志绎》，中华书局 1981 年版。
（明）王阳明著，吴光、钱明、董平、姚延福编校：《王阳明全集（新编本）》，浙江古籍出版社 2010 年版。
（明）文震亨著，陈植校注：《长物志校注》，江苏科学技术出版社 1984 年版。
（明）文震亨著，海军、田君注释：《长物志图说》，山东画报出版社 2004 年版。

（明）文震亨著，李瑞豪编著：《长物志》，中华书局 2012 年版。
（明）文震亨著，汪有源、胡天寿译：《长物志》，重庆出版社 2008 年版。
（明）文徵明著，陆晓冬点校：《甫田集》，西泠印社出版社 2012 年版。
（明）吴从先著，吴言生译注：《小窗自纪》，上海古籍出版社 2016 年版。
（明）吴从先撰，郭征帆评注：《小窗自纪》，中华书局 2008 年版。
（明）谢肇淛撰，傅成校点：《五杂俎》，上海古籍出版社 2012 年版。
（清）徐沁撰，印晓峰点校：《明画录》，华东师范大学出版社 2009 年版。
（明）袁宏道著，钱伯城笺校：《袁宏道集笺校》，上海古籍出版社 1981 年版。
（明）臧懋循编：《元曲选》，浙江古籍出版社 1998 年版。
（明）张岱撰，淮茗评注：《陶庵梦忆》，中华书局 2008 年版。
（明）张岱撰，李小龙评注：《西湖梦寻》，中华书局 2011 年版。
（明）张谦德、袁宏道著，李霞编著：《瓶花谱　瓶史》，江苏凤凰文艺出版社 2016 年版。
（明）张谦德、袁宏道著，张文浩、孙华娟编著：《瓶花谱　瓶史》，中华书局 2012 年版。
（清）张廷玉等：《明史》，中华书局 2000 年版。
（宋）赵佶等著，沈冬梅、李涓编著：《大观茶论（外二种）》，中华书局 2013 年版。
（明）周高起、董其昌著，司开国、尚荣编著：《阳羡茗壶系　骨董十三说》，中华书局 2012 年版。
（明）朱权、田艺蘅著，黄明哲、吴浩编著：《茶谱　煮泉小品》，中华书局 2012 年版。

（二）当代中文著作

艾秀梅：《日常生活审美化研究》，南京师范大学出版社 2010 年版。

曹淑娟：《孤光自照——晚明文士的言说与实践》，天津教育出版社 2012 年版。
长北：《中国艺术史纲》，商务印书馆 2006 年版。
陈宝良：《狂欢时代：生活在明朝》，人民出版社 2020 年版。
陈宝良：《明代社会生活史》，中国社会科学出版社 2004 年版。
陈宝良：《飘摇的传统：明代城市生活长卷》，湖南人民出版社 2006 年第 2 版。
陈宝良、王熹：《中国风俗通史·明代卷》，上海文艺出版社 2005 年版。
陈伯海：《生命体验与审美超越》，生活·读书·新知三联书店 2012 年版。
陈大康：《明代商贾与世风》，上海文艺出版社 1996 年版。
陈江：《明代中后期的江南社会与社会生活》，上海社会科学院出版社 2006 年版。
陈平原：《从文人之文到学者之文：明清散文研究》，生活·读书·新知三联书店 2017 年版。
陈望衡主编：《美与当代生活方式——“美与当代生活方式”国际学术讨论会论文集》，武汉大学出版社 2005 年版。
陈望衡：《我们的家园：环境美学谈》，江苏人民出版社 2014 年版。
陈秀芬：《养生与修身：晚明文人的身体书写与摄生技术》，台北：稻乡出版社 2009 年版。
成远镜、朱晶编著：《生活美学》，湖南大学出版社 2007 年版。
程相占：《哈佛访学对话录》，商务印书馆 2011 年版。
程相占主编：《中国环境美学思想研究》，河南人民出版社 2009 年版。
丛坤赤：《林语堂的生活美学》，山东大学出版社 2016 年版。
杜卫主编：《中国现代人生艺术化思想研究》，上海三联书店 2007 年版。
樊美筠：《中国传统美学的当代阐释》，中国社会科学出版社 1997 年版。
樊树志：《晚明史：1573—1644》，复旦大学出版社 2015 年版。
范玉吉：《审美趣味的变迁》，北京大学出版社 2006 年版。

复旦大学文史研究院编：《都市繁华：一千五百年来的东亚城市生活史》，中华书局 2010 年版。
傅其三：《生活美学》，知识出版社 1993 年版。
傅小凡：《晚明自我观研究》，巴蜀书社 2001 年版。
高建平：《美学的当代转型：文化、城市、艺术》，河北大学出版社 2013 年版。
高岭：《商品与拜物：审美文化语境中商品拜物教批判》，北京大学出版社 2010 年版。
高楠：《生存的美学问题》，辽宁大学出版社 2001 年版。
龚鹏程：《生活的儒学》，浙江大学出版社 2009 年版。
龚鹏程：《晚明思潮（增订版）》，商务印书馆 2008 年版。
顾凯：《明代江南园林研究》，东南大学出版社 2010 年版。
郭继生主编：《中国艺术之特质》，黄山书社 2012 年版。
汉宝德：《美，从茶杯开始：汉宝德谈美》，广西师范大学出版社 2006 年版。
杭间：《中国工艺美学史》，人民美术出版社 2007 年版。
胡晓真、王鸿泰主编：《日常生活的论述与实践》，台北：允晨文化实业股份有限公司 2011 年版。
黄仁宇：《万历十五年》，生活·读书·新知三联书店 1997 年版。
黄仁宇：《中国大历史》，生活·读书·新知三联书店 2007 年版。
黄桃红、刘宗彬编：《徐渭小品》，江西人民出版社 2010 年版。
黄卓越主编：《中华古文论释林·明代下卷》，北京大学出版社 2011 年版。
姜进主编：《都市文化中的现代中国》，华东师范大学出版社 2007 年版。
蒋勋：《天地有大美：蒋勋和你谈生活美学》，广西师范大学出版社 2006 年版。
金学智：《苏园品韵录》，上海三联书店 2010 年版。
金雅：《人生艺术化与当代生活》，商务印书馆 2013 年版。

康格温：《〈园冶〉与时尚：明代文人的园林消费与文化活动》，广西师范大学出版社 2018 年版。
赖勤芳主编：《休闲美学读本》，北京大学出版社 2011 年版。
李健：《魏晋南北朝的感物美学》，中国社会科学出版社 2007 年版。
李娜：《〈湖山胜概〉与晚明文人艺术趣味研究》，中国美术学院出版社 2013 年版。
李世葵：《〈园冶〉园林美学研究》，人民出版社 2010 年版。
李文阁：《复兴生活哲学：一种哲学观的阐释》，安徽师范大学出版社 2010 年版。
李晓愚：《塑造趣味：晚明以西湖为中心的文人艺术生活研究》，中国美术学院出版社 2019 年版。
李修建：《风尚——魏晋名士的生活美学》，人民出版社 2010 年版。
李艳：《美与物——论艺术产业中的审美与经济》，北京大学出版社 2012 年版。
李媛媛：《杜威美学思想论纲》，中国社会科学出版社 2010 年版。
李泽厚：《美的历程》，天津社会科学院出版社 2006 年版。
林语堂：《生活的艺术》，江苏文艺出版社 2010 年版。
林语堂：《吾国与吾民》，黄嘉德译，湖南文艺出版社 2018 年版。
刘德清、刘宗彬编注：《汤显祖小品》，上海三联书店 2008 年版。
刘士林等：《风泉清听：江南文化理论》，上海人民出版社 2010 年版。
刘廷乾：《江苏明代作家研究》，东南大学出版社 2010 年版。
刘悦笛：《生活美学——现代性批判与重构审美精神》，安徽教育出版社 2005 年版。
刘悦笛：《生活美学与艺术经验：审美即生活，艺术即经验》，南京出版社 2007 年版。
刘悦笛：《生活中的美学》，清华大学出版社 2011 年版。
刘悦笛、李修建：《当代中国美学研究（1949—2019）》，中国社会科学出版社 2019 年版。

刘悦笛、赵强:《无边风月：中国古典生活美学》，四川人民出版社 2015 年版。

陆扬:《日常生活审美化批判》，复旦大学出版社 2012 年版。

罗钢、王中忱主编:《消费文化读本》，中国社会科学出版社 2003 年版。

罗筠筠:《华夏审美风尚史　第八卷　残阳如血》，北京师范大学出版社 2016 年版。

罗筠筠:《灵与趣的意境——晚明小品文美学研究》，社会科学文献出版社 2001 年版。

罗筠筠:《审美应用学》，社会科学文献出版社 1995 年版。

罗中峰:《中国传统文人审美生活方式之研究》，台北：洪叶文化事业有限公司 2001 年版。

罗宗强:《明代后期士人心态研究》，南开大学出版社 2006 年版。

毛文芳:《晚明闲赏美学》，台北：台湾学生书局 2000 年版。

毛文芳:《物·性别·观看——明末清初文化书写新探》，台北：台湾学生书局 2001 年版。

孟悦、罗钢主编:《物质文化读本》，北京大学出版社 2008 年版。

莫砺锋:《诗意人生》，江苏人民出版社 2020 年版。

南帆:《无名的能量》，人民文学出版社 2012 年版。

欧明俊主编:《明清名家小品精华》，安徽文艺出版社 2007 年第 2 版。

彭锋:《回归：当代美学的 11 个问题》，北京大学出版社 2009 年版。

彭锋:《美学导论》，复旦大学出版社 2011 年版。

彭立勋:《审美经验论》，长江文艺出版社 1989 年版。

邱春林:《设计与文化》，重庆大学出版社 2009 年版。

邱文颖:《一斋一世界：明代江南文人书斋与书事》，山东画报出版社 2014 年版。

宋立中:《闲雅与浮华：明清江南日常生活与消费文化》，中国社会科学出版社 2010 年版。

滕守尧等:《知识经济时代的美学与设计》，南京出版社 2006 年版。

田自秉：《中国工艺美术史》，东方出版中心 2009 年版。
妥建清：《颓废审美风格与晚明现代性研究》，人民出版社 2018 年版。
王树良：《文心匠意——晚明江南文人意趣与居室陈设思想》，重庆大学出版社 2011 年版。
王正华：《艺术、权力与消费：中国艺术史研究的一个面向》，中国美术学院出版社 2011 年版。
巫仁恕：《品味奢华：晚明的消费社会与士大夫》，台北：联经出版事业股份有限公司 2007 年版。
巫仁恕：《奢侈的女人：明清时期江南妇女的消费文化》，商务印书馆 2016 年版。
巫仁恕：《优游坊厢：明清江南城市的休闲消费与空间变迁》，中华书局 2017 年版。
吴承学、李光摩编：《晚明文学思潮研究》，湖北教育出版社 2002 年版。
吴承学：《晚明小品研究（修订本）》，北京大学出版社 2017 年版。
吴仁安：《明清江南望族与社会经济文化》，上海人民出版社 2001 年版。
夏咸淳：《明代山水审美》，人民出版社 2009 年版。
夏咸淳：《晚明士风与文学》，中国社会科学出版社 1994 年版。
邢建昌主编：《美学》，河北人民出版社 2012 年版。
徐林：《明代中晚期江南士人社会交往研究》，上海古籍出版社 2006 年版。
徐茂明等：《明清以来苏州文化世族与社会变迁》，中国社会科学出版社 2011 年版。
徐永斌：《明清江南文士治生研究》，中华书局 2019 年版。
薛富兴：《山水精神——中国美学史文集》，南开大学出版社 2009 年版。
薛富兴：《文化转型与当代审美》，人民文学出版社 2010 年版。
杨春时：《中华美学概论》，人民出版社 2018 年版。
杨孝鸿：《中国时尚文化史——宋元明卷》，山东画报出版社 2011 年版。
叶朗：《美学原理》，北京大学出版社 2009 年版。

叶朗:《欲罢不能》，黑龙江人民出版社 2004 年版。

叶秀山:《美的哲学（重订本)》，北京联合出版公司 2016 年版。

衣若芬:《艺林探微：绘画·古物·文学》，华东师范大学出版社 2012 年版。

余时英:《士与中国文化》，上海人民出版社 1987 年版。

袁宣萍:《十七至十八世纪欧洲的中国风设计》，文物出版社 2006 年版。

岳毅平:《中国古代园林人物研究》，三秦出版社 2004 年版。

云嘉燕:《传统园林文化与新兴园林文化比较研究——明末清初苏州园林的文化政治学》，中国建筑工业出版社 2019 年版。

曾婷婷:《晚明文人日常生活美学观念研究》，暨南大学出版社 2017 年版。

张法:《中国美学史》，四川人民出版社 2006 年版。

张法:《中国美学史上的体系性著作研究》，北京大学出版社 2008 年版。

张法主编:《美学概论》，北京师范大学出版社 2009 年版。

张晶:《艺术美学论》，中国文联出版社 2012 年版。

张灵聪:《从冲突走向融通——晚明至清中叶审美意识嬗变论》，复旦大学出版社 2000 年版。

张淑娴:《明清文人园林艺术》，紫禁城出版社 2011 年版。

张薇:《〈园冶〉文化论》，人民出版社 2006 年版。

张维昭:《悖离与回归——晚明士人美学态度的现代观照》，凤凰出版社 2009 年版。

张燕校订、注释、编著:《中国古代艺术论著研究》，天津人民出版社 2003 年版。

张轶:《生活美学十五讲》，北京师范大学出版社 2011 年版。

张玉勤:《休闲美学》，江苏人民出版社 2010 年版。

章诗雯:《小艺术：现代生活美学》，四川人民出版社 2015 年版。

赵柏田:《南华录：晚明南方士人生活史》，北京大学出版社 2015 年版。

赵柏田:《岩中花树：十六至十八世纪的江南文人》，中华书局 2007

年版。
赵洪涛:《明末清初江南士人日常生活美学》，四川大学出版社 2018 年版。
赵澧、徐京安主编:《唯美主义》，中国人民大学出版社 1988 年版。
赵连君:《生活境界研究》，吉林人民出版社 2007 年版。
赵强:《“物”的崛起：前现代晚期中国审美风尚的变迁》，商务印书馆 2016 年版。
赵树功:《闲意悠长——中国文人闲情审美观念演生史稿》，河北人民出版社 2005 年版。
赵汀阳:《论可能生活（第 2 版)》，中国人民大学出版社 2010 年版。
赵志军:《作为中国古代审美范畴的自然》，中国社会科学出版社 2006 年版。
郑丽虹:《苏艺春秋——“苏式”艺术的缘起和传播》，山东美术出版社 2009 年版。
周道振、张月尊:《文徵明年谱》，百家出版社 1998 年版。
周明初:《晚明士人心态及文学个案》，东方出版社 1997 年版。
周宪:《美学是什么》，北京大学出版社 2002 年版。
周宪:《审美现代性批判》，商务印书馆 2005 年版。
周宪:《文化表征与文化研究》，北京大学出版社 2007 年版。
朱力:《中国明代住宅室内设计思想研究》，中国建筑工业出版社 2008 年版。
朱立元主编:《身体美学与当代中国审美文化研究》，中西书局 2015 年版。
朱良志:《曲院风荷》，安徽教育出版社 2010 年版。
朱良志:《一花一世界》，北京大学出版社 2020 年版。
朱良志:《中国美学十五讲》，北京大学出版社 2006 年版。
朱良志:《中国艺术的生命精神（修订版)》，安徽教育出版社 2006 年第 2 版。

朱一玄、刘毓忱编：《水浒传资料汇编》，南开大学出版社 2002 年版。
朱志荣：《日常生活中的美学》，上海人民出版社 2012 年版。
朱志荣：《中国审美理论》，上海人民出版社 2019 年版。
朱志荣：《中国艺术哲学》，华东师范大学出版社 2012 年版。
宗白华：《美学散步》，上海人民出版社 1981 年版。
邹振环、黄敬斌主编：《明清以来江南城市发展与文化交流》，复旦大学出版社 2011 年版。
左克厚：《中国美学》，同济大学出版社 2007 年版。

（三）中译著作

［匈］阿格妮丝·赫勒：《日常生活》，衣俊卿译，黑龙江大学出版社 2010 年版。
［美］阿诺德·柏林特：《美学再思考——激进的美学与艺术学论文》，肖双荣译，陈望衡校，武汉大学出版社 2010 年版。
［美］阿诺德·伯林特：《生活在景观中——走向一种环境美学》，陈盼译，湖南科学技术出版社 2006 年版。
［美］阿瑟·C. 丹托：《艺术的终结之后：当代艺术与历史的界限》，王春辰译，江苏人民出版社 2007 年版。
［美］埃里克·布斯：《艺术，是个动词：创意生活手边书》，张颖译，二十一世纪出版社 2009 年版。
［美］艾朗诺：《美的焦虑：北宋士大夫的审美思想与追求》，杜斐然、刘鹏、潘玉涛译，上海古籍出版社 2013 年版。
［美］艾里克·普斯：《经历艺术——生活的第二张面孔》，朱畅译，知识出版社 2000 年版。
［法］奥利维耶·阿苏利：《审美资本主义：品味的工业化》，黄琰译，华东师范大学出版社 2013 年版。
［法］巴尔扎克：《风雅生活论》，许玉婷译，凤凰出版传媒集团、江苏人民出版社 2008 年版。
［美］保罗·福塞尔：《格调：社会等级与生活品味（修订第 3 版）》，

梁丽真、乐涛、石涛译，世界图书出版公司北京公司 2011 年版。
［加］卜正民：《为权力祈祷：佛教与晚明中国士绅社会的形成》，张华译，江苏人民出版社 2005 年版。
［加］卜正明：《纵乐的困惑：明代的商业与文化》，方骏、王秀丽、罗天佑译，生活·读书·新知三联书店 2004 年版。
［日］大木康：《明末江南的出版文化》，周保雄译，上海古籍出版社 2020 年版。
［美］凡勃伦：《有闲阶级论：关于制度的经济研究》，李华夏译，中央编译出版社 2012 年版。
［法］弗雷德里克·鲁维洛瓦：《伪雅史》，李圣云译，上海文艺出版社 2011 年版。
［日］冈大路：《中国宫苑园林史考》，瀛生译，学苑出版社 2008 年版。
［加］格林·帕森斯、艾伦·卡尔松：《功能之美——以善立美：环境美学新视野》，薛富兴译，河南大学出版社 2015 年版。
［日］合山究编选，陈熙中、张明高注释：《明清文人清言集》，上海科学技术文献出版社 2018 年版。
［德］黑格尔：《美学》，朱光潜译，商务印书馆 1996 年版。
［美］黄卫总：《中华帝国晚期的欲望与小说叙述》，张蕴爽译，江苏人民出版社 2012 年版。
［加］简·福希：《设计美学》，杨林译，南京大学出版社 2023 年版。
［德］康德：《判断力批判》，邓晓芒译，杨祖陶校，人民出版社 2002 年版。
［英］柯律格：《大明：明代中国的视觉文化与物质文化》，黄小峰译，生活·读书·新知三联书店 2019 年版。
［英］柯律格：《明代的图像与视觉性》，黄晓鹃译，北京大学出版社 2016 年版。
［英］柯律格：《雅债：文徵明的社交性艺术》，刘宇珍、邱士华、胡隽译，生活·读书·新知三联书店 2012 年版。

[英] 柯律格：《蕴秀之域：中国明代园林文化》，孔涛译，河南大学出版社 2019 年版。

[挪威] 拉斯·史文德森：《时尚的哲学》，李漫译，北京大学出版社 2010 年版。

[美] 理查德·舒斯特曼：《身体意识与身体美学》，程相占译，商务印书馆 2011 年版。

[美] 理查德·舒斯特曼：《生活即审美：审美经验和生活艺术》，彭锋等译，北京大学出版社 2007 年版。

[美] 理查德·舒斯特曼：《实用主义美学——生活之美，艺术之思》，彭锋译，商务印书馆 2002 年版。

[法] 罗丹述，葛赛尔著：《罗丹艺术论》，傅雷译，傅敏编，中国社会科学出版社 2001 年第 2 版。

[德] 马丁·海德格尔：《存在与时间（修订译本）》，陈嘉映、王庆节合译，生活·读书·新知三联书店 2006 年版。

[英] 迈克·费瑟斯通：《消费文化与后现代主义》，刘精明译，译林出版社 2000 年版。

[法] 米·杜夫海纳：《审美经验现象学》，韩树站译，文化艺术出版社 1996 年版。

[美] 牟复礼、[英] 崔瑞德编：《剑桥中国明代史》，张书生等译，中国社会科学出版社 1992 年版。

[法] 皮埃尔·阿多：《别忘记生活：歌德与精神修炼的传统》，孙圣英译，华东师范大学出版社 2015 年版。

[德] 齐奥尔格·西美尔：《时尚的哲学》，费勇等译，文化艺术出版社 2001 年版。

[美] 乔迅：《魅感的表面：明清的玩好之物》，刘芝华、方慧译，中央编译出版社 2017 年版。

[法] 尚·布希亚：《物体系》，林志明译，上海人民出版社 2001 年版。

[美] 孙康宜、宇文所安主编：《剑桥中国文学史（下卷 1375—1949）》，

刘倩等译，生活·读书·新知三联书店 2013 年版。

［德］沃尔夫冈·韦尔施：《重构美学》，陆扬、张岩冰译，上海译文出版社 2006 年版。

［美］杨晓山：《私人领域的变形：唐宋诗歌中的园林与玩好》，文韬译，江苏人民出版社 2009 年版。

［美］约翰·杜威：《艺术即经验》，高建平译，商务印书馆 2010 年版。

［美］周绍明：《书籍的社会史：中华帝国晚期的书籍与士人文化》，何朝晖译，北京大学出版社 2009 年版。

（四）中文论文

陈江：《明代江南文人的文物鉴藏及其审美趣味》，《华东师范大学学报》（哲学社会科学版）2012 年第 2 期。

陈莉：《明清时期城市生活中的乡村审美情怀——以李渔〈闲情偶寄〉为中心的探析》，《文艺评论》2015 年第 8 期。

陈望衡：《环境美学是什么?》，《郑州大学学报》（哲学社会科学版）2014 年第 1 期。

陈雪虎：《生活美学：当代意义与本土张力》，《文艺争鸣》2010 年第 13 期。

代迅：《西方理论与中国文本：费瑟斯通和李渔美学思想比较研究》，《西南大学学报》（社会科学版）2012 年第 6 期。

范金民：《“苏样”、“苏意”：明清苏州领潮流》，《南京大学学报》（哲学·人文科学·社会科学版）2013 年第 4 期。

傅其三：《生活美学的理论构架》，《湘潭大学学报》（社会科学版）1993 年第 2 期。

高建平：《美学的超越与回归》，《上海大学学报》（社会科学版）2014 年第 1 期。

桂强：《〈长物志〉的艺术美学思想》，《南通大学学报》（社会科学版）2010 年第 1 期。

海军：《日常美学》，《设计》2012 年第 4 期。

贺志朴：《李渔的生活美学思想》，《河北大学学报》（哲学社会科学版）2013 年第 5 期。

［美］J. 祖尼加：《一种日常审美冲动：重新认识杜威》，李海译，《哲学译丛》1990 年第 4 期。

蒋继华：《晚明文人的心态与艺术的消费风尚》，《文艺争鸣》2011 年第 6 期。

李芳芳：《文化创意产业中的人文生活美学——诚品书店个案研究》，硕士学位论文，苏州大学，2013 年。

李修建：《如何研究中国古代生活美学——以六朝生活美学为例》，《南京艺术学院学报》（美术与设计版）2012 年第 5 期。

李砚祖：《长物之镜——文震亨〈长物志〉设计思想解读》，《南京艺术学院学报》（美术与设计版）2009 年第 5 期。

李砚祖：《设计：生活的艺术方式与可能》，《中国美术馆》2006 年第 7 期。

廖明君、刘悦笛：《走向全球与回归本土的“生活美学”——刘悦笛博士访谈录》，《民族艺术》2013 年第 3 期。

刘广新、胡友峰：《从理论美学到生活美学》，《东岳论丛》2007 年第 2 期。

刘丽霞：《周作人散文中的日常生活美学研究》，硕士学位论文，南京师范大学，2011 年。

刘淑锋：《张竞生生活美学思想初探》，硕士学位论文，首都师范大学，2008 年。

刘悦笛：《“生活美学”：是什么与不是什么？》，《艺术评论》2011 年第 4 期。

刘悦笛：《从“生活美育”建成“观赏文明”——如何走向审美化的“文明生态”》，《杭州师范大学学报》（社会科学版）2013 年第 4 期。

刘悦笛：《从“实践美学”到“生活美学”——当代中国美学本体论的转向》，《哲学动态》2013 年第 1 期。

刘悦笛：《杜威的“哥白尼革命”与中国美学鼎新》，《文艺争鸣》2010年第9期。

刘悦笛：《今日西方“生活美学”的最新思潮——兼论中国美学如何融入全球对话》，《文艺争鸣》2013年第3期。

刘悦笛：《气氛美学、超逾美学与显现美学——当今德国的“生活美学”取向》，《山东社会科学》2015年第10期。

刘悦笛：《儒道生活美学——中国古典美学的原色与底色》，《文艺争鸣》2010年第13期。

刘悦笛：《儒家生活美学当中的“情”：郭店楚简的启示》，《人文杂志》2009年第4期。

刘悦笛：《生活美育：一种“大美育”》，《北方工业大学学报》2017年第1期。

刘悦笛：《走向生活美学的“生活美育”观——21世纪如何建设中国的新美育》，《美育学刊》2012年第6期。

卢福寿：《崇古摹古及其心态探因》，《高雄师大学报：人文与艺术类》2009年第26期。

毛文芳：《物的神话——晚明文震亨〈长物志〉的物体系论述》，《中国文哲研究集刊》2002年第二十期。

苏状：《“闲赏”范畴与明清文人的审美生活》，《北方论丛》2007年第5期。

陶莉：《“向生活世界的回归”——一种新型美育观的确立》，《长春大学学报》（自然科学版）2016年第2期。

王德胜、李雷：《“日常生活审美化”在中国》，《文艺理论研究》2012年第1期。

王海亚、孙高波：《基于生活美学的工业设计应用探讨》，《艺术与设计》（理论）2007年第11期。

王玲：《台湾创意生活产业研究》，硕士学位论文，山东大学，2014年。

王确：《中国美学转型与生活美学新范式》，《哲学动态》2013年第

1 期。
吴承学、李斌：《隐逸与济世——陈眉公与晚明的士风》，《中国文化研究》2005 年春之卷。
吴承学、李光摩：《晚明心态与晚明习气》，《文学遗产》1997 年第 6 期。
吴世常：《生活美学研究的几个问题》，《上海师范大学学报》（哲学社会科学版）1987 年第 2 期。
吴智和：《明代茶人的茶寮意匠》，《史学集刊》1993 年第 3 期。
徐春燕：《从廷杖看明代的君臣冲突》，《中原文化研究》2013 年第 4 期。
徐美洁：《晚明江南文人隐逸风习的文化共性——以陈继儒与屠隆为例》，《学术界》2013 年第 1 期。
许玲：《丰子恺生活美学思想研究》，硕士学位论文，扬州大学，2013 年。
薛富兴：《“生活美学”面临的问题与挑战》，《艺术评论》2010 年第 10 期。
薛富兴：《生活美学——一种立足于大众文化立场的现实主义思考》，《文艺研究》2003 年第 3 期。
叶朗：《从中国美学的眼光看当代西方美学的若干热点问题》，《文艺研究》2009 年第 11 期。
仪平策：《生活美学：21 世纪的新美学形态》，《文史哲》2003 年第 2 期。
俞香云：《在高雅与世俗之间对自由人格理想的追寻——晚明文人心态新论》，《北方论丛》2008 年第 6 期。
曾辉：《东方设计与慢生活美学》，《新美术》2015 年第 4 期。
张宝贵：《中国生活美学的形态与问题》，《美学与艺术评论》2019 年第 1 期。
张法：《从世界美学的两大类型看美学的当下演进》，《学术月刊》2015 年第 4 期。

张法：《西方理论对日常生活美学的三种态度》，《中州学刊》2012 年第 1 期。

张法：《西方日常生活型美学：产生、要点、争论》，《江苏社会科学》2012 年第 2 期。

张世英：《生活的艺术化与艺术的神圣性》，《文艺研究》2010 年第 11 期。

张天曦：《日常生活审美化：当代审美新景观》，《山西师大学报》（社会科学版）2004 年第 1 期。

张未民：《回家的路　生活的心——新世纪中国文艺学美学的“生活论转向”》，《文艺争鸣》2010 年第 21 期。

张未民：《想起一些与“生活”有关的短语和诗句》，《文艺争鸣》2010 年第 5 期。

张燕：《〈长物志〉的审美思想及其成因》，《文艺研究》1998 年第 6 期。

张忠良：《晚明文人的嗜癖言行》，《台南女院学报》第 23 期。

赵全会：《宗白华生活美学思想初探》，硕士学位论文，山东大学，2007 年。

郑丽虹：《“苏样”与“苏式”——“苏式”工艺美术的含义》，《装饰》2008 年第 11 期。

周积明：《中国文人居舍的美学追求》，《中南民族学院学报》（哲学社会科学版）1993 年第 4 期。

周宪：《“剪不断理还乱”的艺术边界》，《学术月刊》2012 年第 11 期。

朱志荣：《论日常生活的审美现象与审美本质》，《文艺争鸣》2004 年第 5 期。

二　英文参考文献

（一）英文著作

Andrew Light and Jonathan M. Smith（eds.），*The Aesthetics of Everyday Life*，New York：Columbia University Press，2005.

Arthur C. Danto, *The Philosophical Disenfranchisement of Art*, New York: Columbia University Press, 1986.

Carolyn Korsmeyer (ed.), *Aesthetics: The Big Questions*, Oxford: Blackwell, 1998.

Craig Clunas, *Fruitful Sites: Garden Culture in Ming Dynasty China*, Durham: Duke University Press, 1996.

Craig Clunas, *Pictures and Visuality in Early Modern China*, London: Reaktion Books Ltd, 1997.

Craig Clunas, *Superfluous Things: Material Culture and Social Status in Early Modern China*, Cambridge: Polity Press, 1991.

Cynthia J. Brokaw and Kai-wing Chow, *Printing and Book Culture in Late Imperial China*, Berkeley: University of California Press, 2005.

Jerrold Levinson (ed.), *The Oxford Handbook of Aesthetics*, New York: Oxford University Press, 2003.

Katya Mandoki, *Everyday Aesthetics: Prosaics, the Play of Culture and Social Identities*, Aldershot and Burlington: Ashgate, 2007.

Liu Yuedi and Curtis L. Carter (eds.), *Aesthetics of Everyday Life: East and West*, Newcastle upon Tyne: Cambridge Scholars Publishing, 2014.

Stephen Davies, Kathleen Marie Higgins, Robert Hopkins, Robert Stecker and David E. Cooper (eds.), *A Companion to Aesthetics* (Second Edition), Chichester: Wiley-Blackwell, 2009.

Thomas Leddy, *The Extraordinary in the Ordinary: The Aesthetics of Everyday Life*, Peterborough: Broadview Press, 2012.

Yuriko Saito, *Aesthetics of the Familiar: Everyday Life and World-Making*, Oxford: Oxford University Press, 2017.

Yuriko Saito, *Everyday Aesthetics*, Oxford: Oxford University Press, 2007.

（二）英文论文

Christopher Dowling, "The Aesthetics of Daily Life", *British Journal of Aesthetics*, Vol. 50, No. 3, 2010.

Hans Ulrich Gumbrecht, "Aesthetic Experience in Everyday Worlds: Reclaiming an Unredeemed Utopian Motif", *New Literary History*, Vol. 37, No. 2, 2006.

Judith T. Zeitlin, "The Petrified Heart: Obsession in Chinese Literature, Art, and Medicine", *Late Imperial China*, Vol. 12, No. 1, 1991.

Kevin Melchionne, "Aesthetic Experience in Everyday Life: A Reply to Dowling", *British Journal of Aesthetics*, Vol. 51, No. 4, 2011.

Kevin Melchionne, "The Definition of Everyday Aesthetics", *Contemporary Aesthetics*, Vol. 11, 2013.

Kevin Melchionne, "The Point of Everyday Aesthetics", *Contemporary Aesthetics*, Vol. 12, 2014.

Sherri Irvin, "Scratching an Itch", *The Journal of Aesthetics and Art Criticism*, Vol. 66, No. 1, 2008.

Sherri Irvin, "The Pervasiveness of the Aesthetic in Ordinary Experience", *British Journal of Aesthetics*, Vol. 48, No. 1, 2008.

Thomas Leddy, "Everyday Surface Aesthetic Qualities: 'Neat,' 'Messy,' 'Clean,' 'Dirty'", *The Journal of Aesthetics and Art Criticism*, Vol. 53, No. 3, 1995.

Thomas Leddy, "The Experience of Awe: An Expansive Approach to Everyday Aesthetics", *Contemporary Aesthetics*, Vol. 13, 2015.

WAI-YEE LI, "The Collector, the Connoisseur, and Late-Ming Sensibility", *T'oung Pao*, Vol. 81, 1995.

Yuriko Saito, "Everyday Aesthetics", *Philosophy and Literature*, Vol. 25, No. 1, 2001.

索　引

创造生活　268，273－275
淡　5，23，37，42，44，46，50，54，58，59，70，83，87，88，90－92，95，97，99，104，116，123，124，133，135，138，140，144，147，152，154，156，161，162，165，169，177，179，195，197，201，202，228，261，263，274，275，277
氛围　5，41，48，59，63，70，80，84，86，87，113，123，133，193，207，223，230，233，265，279
复古　161－163，165，166
感物　46，90，92，95，97，116，117，189，190，194－196，294
环境美学　9－11，28，203，215，237，238，240－245，249，284，285
简朴　32，51，59，70，90，160，161，276，277
介入　17，24，27，85，146，159，218，219，221－223，225，228，230，233，236，242，249，266，273，287
精致　49，55，71，117，126，131，165，166，174，180，227，229，271，276，277
静观　43，159，216－218，222，223，225，233，239
理想生活　27，70，143，144，151，153，201，271
慢生活　8，124
陌生化　11，89，105，208，209
品鉴　27，31，40，54，98，100－103，134，138，142，157，166，167，176，195，210，214，231，273－275，279
品位与格调　54，58，80，87，88，140，142，155，161，165，227，268，280
品物　90，98，100，102，103，116，117，166，189，190，194－196，239，252
清　3－5，13，23，33，34，37－42，44－46，48－52，54－57，60，61，63－66，69，70，72，74，75，77，

78，80，82，83，86 － 88，91，92，94，97，100，101，103 － 106，108，111 －113，115，118 －124，126，128 －136，140 －142，145 －147，151 －156，158，161，163，164，167 － 171，178，179，183 － 185，187，189，191 － 195，198 －202，205，210，212，214，217，219 －221，223，224，227，234，252，253，260，267，276，280，283，285

区隔　27，139，159，163 －169，172，174 －179，240

认同、 13，27，57，115，159，163，169 －173，243，270，278，285

日常生活审美对象　204，212，225，285，287

日常生活审美经验　11 －15，18，22，66，85，90，98，109，194，196，210，216，219，220，222，223，225 －228，231，239，249，283

日常生活审美实践　17，22，23，25 －27，36，40，49，50，52，54，57，58，117，154，158，166，169，172，216，219，221，222，225，228，243，249，256，277，281，288

日常中的超日常　27，28，182 －188

如画　50，59，71，72，74 － 76，88，89，103 － 109，165，206，207，217，224，225，231，234，235，239，240

商品化　31，51，213

赏物　90，103 －109，116，117，189，190，196，235

设计　8，11，27，34，35，37，40，41，49，50，54，61，66 －69，71，76，81，84 －86，89，103，117 －120，127，153，160，175，191，209，210，213，231

身份　10，27，42，57，83，114，119，149，156，159，163 －170，172，174 －176，178 －181，196，233，240，247

身体美学　2，7，18，28，203，215，237，238，245 －249，284，285

身心　23，27，28，41 －43，60，62，78，85，86，100，101，113，114，129，131，135，136，148 －151，153，182，184，192，197，201，202，206，218，219，221 －223，225，228，233，234，246，261，276

审美创构　27，58，61，76，84，88 －90，143，165，182，226，244，259，260，263

审美方式　28，98，157，170，187，189，194，198，217，225，239，242，243，287

审美观照　27，58，90，109，116，143，157，165，182，194，226，259，261，262，268

审美经营　27，58，117，119，120，122 －125，131，132，141 －143，165，182，226，227，259，268

审美之境　28，272，273，277 －280

审美之趣　28，272，273，275 －277，280

审美之心　28，117，272 －275，280

生活方式　3，8，22，26，60，70，89，

114，116，144，146，147，154，165，177，180，196，211，232，247，252，254，265，269，271，281，288
生活风格　90，162
生活节奏　117，124，150
生活美学　1－12，14－37，42－44，47，53，57，124，131，143，149，154，158，159，163－165，170，172－182，189，191，197，203，204，206，208－216，218，221，223－251，253，254，256－273，276－280，282－288
生活美育　9，26，28，250，272，273，280
生活情境　27，50，58，59，65，70，71，73－77，80－90，104，143，144，165，172，182，207－210，219，224，226，231，234，235，239，244，259，260，274
生活细节　27，58，117，118，120，122，124，125，131，142，143，156，165，182，226，230，231，259
生活与艺术　20，28，125，203，229，232－234，254
生活之物　27，46，58，90，97，100，103，104，108，116，117，143，152，165，182，193，194，196，204，207，211－213，217，218，223，225，226，231，239，259，261，265，285
时尚　32，33，159，163，173－175，179，180，258，259，269，276，280
实用与审美　66，190－192，205
士商　31，176
俗　4，20，23，32，34，35，37，40，46，49，51，52，54，55，57，58，60－63，65，69－71，75，76，80－84，86，88，89，94，97，99－102，106，112－115，118，119，123，131，135，140－142，148，149，151－155，158－161，163－165，167－169，172，174，177－184，192，193，197，202，206，213，215，221，229，239，240，242，245，253，259－262，271，276
天人合一　41，59，136，198，277，278
玩物　73，90，110－117，189，190，196
晚明文人　4，18，22－44，46，47，52－59，61，65－67，69－71，75－78，80－83，85，88－98，100，102－118，120－132，134－137，139－154，157－159，163－167，169，170，172－182，184－190，192－194，196－201，203，204，206－237，239，240，243，244，250，251，253，254，256－280，282
文化创意产业　8，26，28，250，264－272，287，288
物质与精神　27，28，182，188－190，194，196
消费　31，32，167，175，213，239，246，250－253，256，258，261，263，266，269－272
休闲　149，151－154，159，211，215，229，246，252

修养　27，28，40，51，72，107，113－115，118，141，182，196，197，201，202，225，231，248，279，280，285

雅　4，12，20，23，32－35，37，39－42，44，46－52，54，56－58，60，61，63，64，67，68，70，71，74－78，80－84，86－88，90－92，97，100，106，111－114，116，119－122，126－128，131，133－136，139－142，144，146，152，154－156，158－166，168－170，172－174，176－181，183，187，191－195，202，205，206，213，220，227，229，239，240，243，248，253，260，267－269，271，275－277，279

宜　33，35，36，46，54，55，61，64－66，69，70，73，75，77－82，85，86，92，96，111，112，119－123，127－131，134－138，141，144，145，150，155，157，170，171，176，186，193－196，206，210，213，219，244，245，276，277

艺术化　5，49，59，230，233，241，257，265，274

艺术美学　16，21，28，203，208，237－241，249，251，285

意象　96，110，268

隐逸　52，87，88，122，136，144－149，154，155，159

用物　189－192，194－196

自然　9，19，21，23，30，35－37，40－42，44－47，50，56，59－70，80，87－90，94，109，127，131－133，136，139，144，157，160，162－165，168，172，180，186－188，191，196，200，205，207，209，210，214，215，220，233，234，240，243，255，260，271，276－278，280

自我形象　27，44，143，154－156，158，279

后　记

在探讨晚明文人生活美学的过程中，我时常感叹于晚明文人对于生活的高度清雅化、精致化、细腻化和意象化，他们把生活过出了品位与格调，过出了本真与诗意，也过成了自己想过的样子，他们以文人特有的对生活进行审美规划、设计、安排、投射、寄寓、点染、转化等多种方式重新发现、诠释和塑造了生活，亦是对自我的重新发现、诠释和塑造。同时，在研究过程中，我也体认到日常生活审美所内含的经常与偶然、平凡与非凡、熟悉与陌生、强烈与平和、亲近与疏离、私人与公共、身体与心灵、瞬时与绵延、差异与同一以及物质与精神、艺术与生活之间互渗互融互转的辩证法与张力结构，这也许就是日常生活审美本身的魅力所在，也是生活的本然意蕴之一。

在本书的写作中我始终带着这样一种学术追求，即不满足于停留在对晚明文人生活美学本身的探讨，而是力求由此生发、拓展和延伸开去，挖掘晚明文人的生活美学之于当今生活美学理论建构的潜能和之于当代人审美化生存的启示，从理论和实践两个层面对其进行当代再生产，从而形成生活美学史研究、生活美学理论研究和生活美学应用研究这三者之间的有机关联和互动，这当然只是我初步的尝试和探索，以期有更多的学者能够投身到生活美学研究中来，不断开拓生活美学研究的新局面。同时，对于晚明文人的生活美学研究来说，它已不拘囿于单向度的美学研究，而是广泛涉及社会史研究、日常生活史研究、艺术史研究、园林研究、物质文化研究、城市史研和书籍史研究等，本书在这些方面也作了一定的探究，从而展呈晚明文人生活美学所涉问题的丰富性。

本书的写作跨越了我的读博和博士毕业后走上工作岗位两个阶段，它既以我的博士学位论文为基础，又汇集了近年来我对晚明文人的生活美学以及生活美学的研究与思考；它既是对我当年读书求学那些青春时光的美好追忆，也是对我这些年的一次阶段性“小结”。在此我要特别感谢我的导师朱志荣老师，朱老师既是我硕士时期的导师，也是我博士时期的导师，他对学术的热爱、严谨和执着深深打动着我，成为我不断向前的动力。感谢华东师范大学文艺学专业的方克强、朱国华、王峰、竺洪波、陶国山、刘阳等诸位老师，你们对我的关爱和指导至今让我备感温暖。感谢福建社会科学院刘小新老师、郑海婷老师多年来对我的关心和帮助。感谢我的父母和妻子对我的支持、包容和奉献。此书的出版还要感谢中国社会科学出版社郭晓鸿老师和诸位编辑的辛勤付出。同时，感谢各位读者的批评指正！

这是我的第一本学术专著，也是我的第一本生活美学研究专著。我们在生活中会遇到许许多多的第一次，第一次因与熟悉、惯常的相对而总能给我们留下鲜活的记忆，并令我们格外珍惜。愿我们永远保持面对生活中诸多“第一次”时的那份热情、认真、用心以及求索欲和好奇心，也愿生活美学永远与我们相依相伴，照亮我们未来前行的漫漫之路。

田　军

2022 年 6 月 16 日于福州